U1076200

{汉字}汉字文化体验丛书

［编委会］

顾　问：黑建敏

主　任：姚远峰

副主任：郭旭东　刘朴兵

编　委：（按音序排列）

蔡金英　高　远　郭金福　韩江苏　焦会生

金玉甫　李慧芬　李双芬　李银良　刘永革

芦金峰　苗利娟　仇利萍　闫兴潘　张　卉

张秋芳　张同利　赵俊杰

汉字中的干支

李慧芬——著

本书由汉语海外传播河南省协同创新中心提供出版资助

人民出版社

责任编辑：岳改苓
装帧设计：九　五
图片提供：安阳师范学院汉字文化体验馆

图书在版编目（CIP）数据

汉字中的干支 / 李慧芬著 . —北京：人民出版社，2022.2
（汉字文化体验丛书 / 刘朴兵主编）
ISBN 978－7－01－024452－5

Ⅰ. ①汉…　Ⅱ. ①李…　Ⅲ. ①汉字－研究　Ⅳ. ① H12

中国版本图书馆 CIP 数据核字（2022）第 013003 号

汉字中的干支

HANZI ZHONG DE GANZHI

李慧芬　著

人民出版社 出版发行
（100706　北京市东城区隆福寺街 99 号）

天津鑫旭阳印刷有限公司印刷　新华书店经销

2022 年 2 月第 1 版　2022 年 2 月第 1 次印刷
开本：710 毫米 ×1000 毫米 1/16　印张：25.5
字数：310 千字

ISBN 978－7－01－024452－5　定价：88.00 元

邮购地址 100706　北京市东城区隆福寺街 99 号
人民东方图书销售中心　电话（010）65250042　65289539

版权所有 · 侵权必究
凡购买本社图书，如有印制质量问题，我社负责调换。
服务电话：（010）65250042

总　序

刘朴兵

文字是记录语言的书面符号，它的产生是人类进入文明社会的重要标志，它突破了语言口耳相传的模式。有了文字，语言不再受时间的限制，长久保存成为可能，创造了人类隔代交流的条件；有了文字，语言不再受空间的限制，传播远方成为可能，创造了人类异地交流的条件。文字使语言由口头语升华为书面语，一方面使语言更加严密，思想表达更为精确，促进了人类思维的进步；另一方面也使人类的生产劳动成果和历史经验教训得以保存，推动了人类历史的向前发展。

汉字被誉为中国的第五大发明，是当今世界上仍在使用的最古老的文字。从殷墟甲骨文算起，汉字已有3500年的历史了。古埃及的象形文字、古巴比伦的楔形文字、古印度的梵文等蜚声世界的古文字，都早已成为人们不再使用的“死文字”，唯独中国的汉字至今仍被十多亿人广泛使用，保持着旺盛的生命力。汉字承载了上下五千年的华夏文明，对中国的统一、中华民族的形成和凝聚，均具有重大意义。秦始皇的“书同文”政策，使汉字的字体得到统一，从此中国各地便有了一条看不见、剪不断的文化纽带。中国地域辽阔，方言土语众多，南北对峙、诸雄并立的局面在中国历史上时有发生，若没有统一的汉字，中国境内恐怕早已如今日的欧洲一样诸国并立了。

有人说，汉字是世界上最难学习的文字，这完全是误解。众所周知，汉字是一种象形文字，而象形文字是最好认识、最易学习的一种文字。目前人们使用的汉字中，90% 以上者是形声字。形声字既表字义，又表字音，俗语“秀才识字读半边”就揭示了学习汉字的最大秘诀。汉字具有多音、多义的特点，学习汉字的正确方法是从字形入手，而不能像学习英语、法语等拼音文字那样从读音入手。习惯于从拼音入手学习语言的“老外”们，若以读音为切入点学习汉语，多分不清“西服”和“媳妇”的区别！也无怪乎他们感叹汉字难学，不少中国人也搞不清“四”和“十”的发音呢！

仅仅会写几个汉字不能说已掌握汉语了，还必须了解汉字背后的文化。以“家”字为例，其字上宀（mián）下豕（shǐ）。从古老的甲骨文到今天的楷书、行书，上宀下豕，一直是“家”字的写法。宀为房屋，豕即猪。有人误以为“家”为会意字，意为房屋内养猪，猪是家畜，和人一起生活，故称为家。如果是这样，上宀下马、上宀下牛、上宀下羊、上宀下鸡、上宀下犬等字，不应该都是“家”字吗？六畜之中，不选马牛羊鸡犬，为何单选豕（猪）呢？其实，“家”是一个形声字，汉代许慎《说文解字》释“家”为：“家，居也。从宀，豭省声。”可知，“家”的最早字形是上宀下豭（jiā）。由于“豭”笔画较多，不容易书写，后来省略掉了“叚”，只保留下“豕”。不了解此故，仅凭着“秀才识字读半边”就会闹笑话，更难以了解汉字的音义来源。

汉字的含义在漫长的历史长河中更是变化多端。如“饭”字，原义为动词“进食”，后来引申为名词“食物”。名词的“饭”又有四层含义：最广义的饭为一切可吃的东西，广义的饭为主食，狭义的饭为主食中的“粒食”，特指的饭是大米饭。南方人所说的“饭”多特指大米饭，北方人所说的“饭”一般是指一切可吃的东西。南方人一句“我三天没吃饭了”，足以在北方民众中引起广泛的同情！又如“爷”字，今人称祖父为爷，若以此来理解《木兰辞》中“阿爷无大儿，木兰无长兄”便不通了。“爷”在古代即指父亲，阿爷若有大儿，此人即是木兰的长兄，故诗中称“阿爷无大儿，木兰无长兄”。

由单字组成的词、成语更是含有丰富的历史文化知识。每一个成语都有一个著名的历史故事，这里姑且不论。这里仅以几个表示颜色的四字词语为例，我们知道“大红大紫”“红得发紫”都可以形容某个人的得势。但人们的得势和红、紫这些颜色有什么关系呢，为什么不用“大青大绿”“大黑大白”这些颜色来形容呢？这是因为在唐宋时期，以颜色来区分官服等级，紫色为三品以上的高官所穿，红色为四品、五品的中级官员所穿，青色为六品、七品的低级官员所穿。百姓服黑白、奴仆穿青衣。因此，服红穿紫者，必为中高级官员，故称“大红大紫”。由四五品的中级官员进阶为三品以上的高官，官服由穿红变为穿紫，故称“红得发紫”。至于正黄色，那是帝王礼服的专用色，服黄者无疑是“飞黄腾达”的皇帝。

古老的中国文化在广泛吸收世界各国优秀文化的同时，也主动走出国门，传播到全球各地，为各种肤色的人们所接受。随着中国的国际影响力日益扩大，汉语热在海外各国蓬勃兴起。与此相适应，在国家汉语国际推广领导小组办公室（国家汉办）的大力支持下，孔子学院、孔子课堂在海外遍地开花，有力地推动了中华文化在海外的传播。讲好中国故事，做好中华文化“走出去”这篇大文章，是当前中国面临的一项重大战略任务。中国历史悠久绵长，中华汉字所蕴含的文化也极其丰富。“老外”们想要深入了解博大精深的中国文化，绕不开方方正正的汉字，绕不开汉字背后的故事。

安阳师范学院地处有“汉字之都”美誉的河南省安阳市，这里有甲骨文的发现地——世界文化遗产殷墟，有中国唯一的以文字为主题的国家博物馆——中国文字博物馆。多年来，学校充分利用“汉字之都”的地利优势，一直致力于甲骨文的研究和汉语海外传播人才的培养。2014年8月，由安阳师范学院牵头的“汉语海外传播河南省协同创新中心”（以下简称“中心”）获批河南省第三批“2011”计划建设项目。“中心”以大力推进文化传承创新、发挥河南文化资源优势、推进华夏历史文明传承创新区建设、打造中原文化品牌、提升河南文化软实力为己任，本着“优势互补、资源共享、互惠共赢、共同发展”的原则，协同创新中心各成员单位在汉语海外传播、汉字文化研究、汉语国际教育人才培养和汉字文化创意产品研发等领域深度融合，共同为弘扬华夏历史文明、促进中华文化海外传播贡献力量。三年来，“中心”为汉语海外传播等做了大量的工作。为促进汉字文化研究和互动交流，加强汉语海外传播人才的培养，学校建设了现代化的汉字文化体验馆。

2015年底，在汉字文化体验馆建设伊始，我建议编写一套《汉字文化体验丛书》，以加强甲骨文等古文字研究工作，同时促进汉字文化的普及宣传，直接配合汉字文化体验馆的布展。经过充分讨论，最终确定丛书第一辑出版《汉字中的九州》《汉字中的民族》《汉字中的生肖》《汉字中的干支》《汉字中的方位》《汉字中的颜色》《汉字中的美食》《汉字中的餐具》《汉字中的酒具》《汉字中的农具》10册。每册书中，均选取若干代表性的汉字，先以表格的形式列出其甲骨文、金文、小篆、隶书、楷书等字体，让读者明晰该汉字的字体演变过程，再重点阐释该汉字的字义及其变化，介绍与该汉字有关的俗语、词语、成语、典故等文化内涵。在编写上，“丛书”图文并茂，兼顾学术性与通俗性，尽量吸收汉字文化研究的最新成果，在真实性、科学性的基础上，以通俗的语言将深奥的汉字文化讲述出来，达到雅俗共赏的目的。

2016年5月17日，习近平总书记在哲学社会科学工作座谈会上指出："要重视发展具有重要文化价值和传承意义的'绝学'、'冷门学科'。这些学科看上去同现实距离较远，但养兵千日、用兵一时，需要时也要拿得出来、用得上。还有一些学科事关文化传承的问题，如甲骨文等古文字研究等，要重视这些学科，确保有人做、有传承。"习近平总书记的讲话极大地鼓舞了一直默默从事甲骨文等古文字研究的"中心"人员。

经过两个春秋的辛勤工作，《汉字文化体验丛书》（第一辑）就要和读者见面了。希望丛书对汉字文化研究和宣传普及有所裨益，更希望丛书对服务中华文化"走出去"战略、提高国家文化软实力有所帮助。

2017年8月

目录

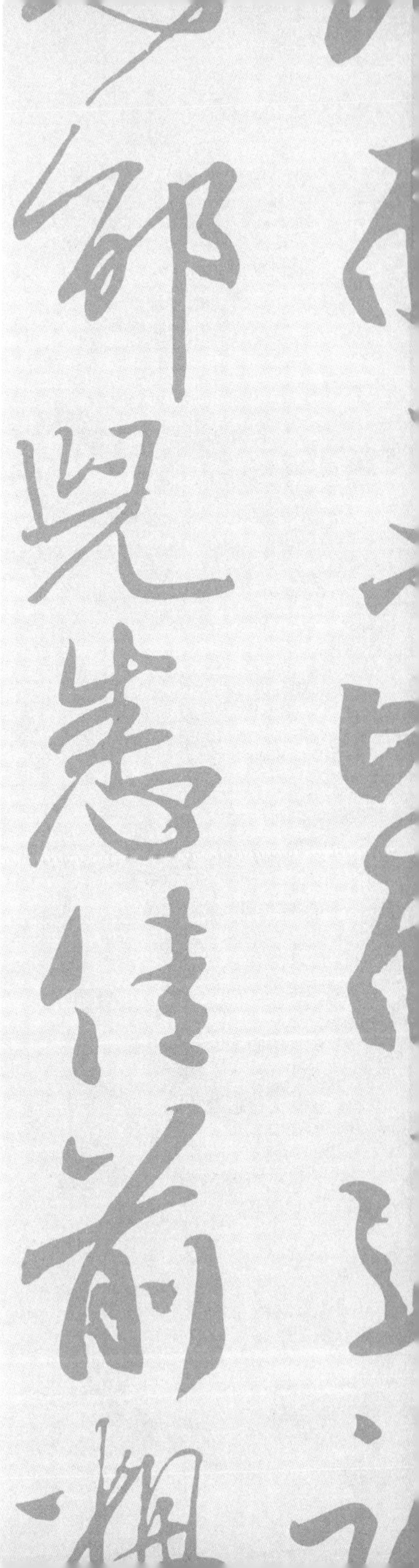

十二地支

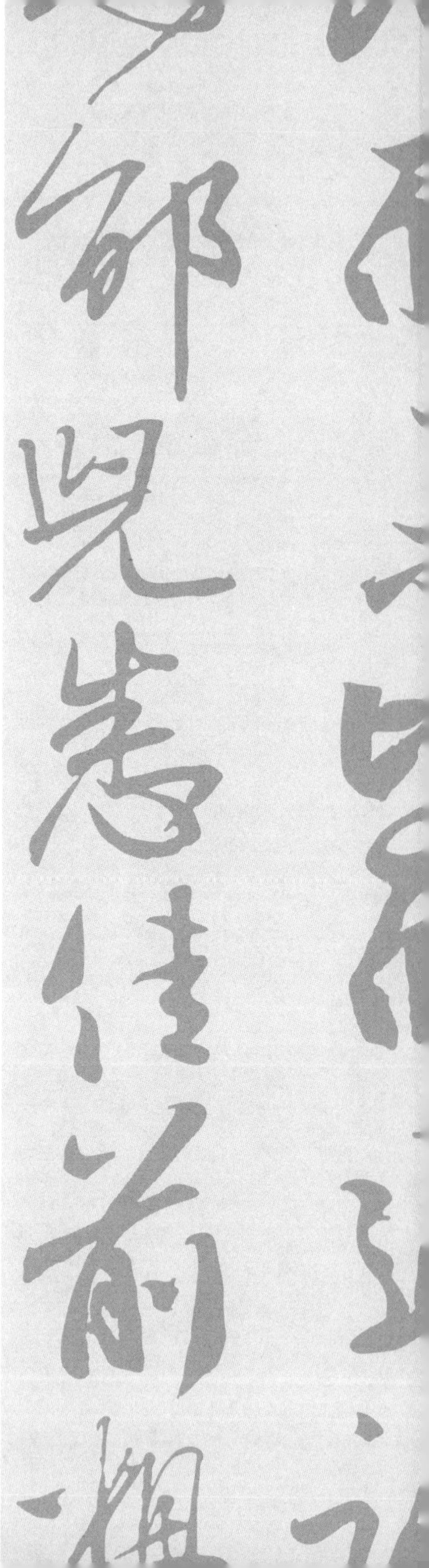

前　言

天干地支（简称“干支”）是我国传统文化中的一个重要组成部分，源自中国远古时代对天象的观测，是祖先留给我们的宝贵遗产。相传黄帝时代，因有蚩尤神扰乱，黄帝忧民之苦，遂与蚩尤大战于涿鹿之野，流血百里不能治之，黄帝于是斋戒沐浴、筑坛祀天、方丘礼地。天乃降十干、十二支，帝乃将十干圆布像天形，十二支方布像地形，始以干为天，支为地，然后乃能治之。后有大挠氏将十天干、十二地支分配成六十甲子，并以黄来开国日定为甲子年、甲子月、甲子日、甲子时。此为天干地支之由来。

天干地支包含的领域广阔，在天文学、历法学、年代学等领域都有体现，并且早在先秦时期就已经同阴阳五行、民俗文化等有了十分密切的关系。从文献记载来看，远古时代已有天干地支，其中十二地支分别代表着每年十二个不同的月令、节令。天干地支是应用易学在实践方面的重要手段和途径之一，很多事物的发展规律都通过它来认知。十天干和十二地支依次相配，组成六十个基本单位，两者按固定的顺序相互配合，组成干支纪元法。天干地支的发明影响深远，至今依旧用于历法、术数、计算、命名等各方面。

天干地支用于纪年，即公元纪年，在我们的日常学习和生活中常能见到。每年春节前后，人们在电视、户外展板、特别是传统的日历上随处可见今年是丙申年、丁酉年的说法，这是干支纪年法较常见的例子。再比如在历史课中，特别是在中国近代史上，有甲午中日战争、戊戌变法、《辛丑条约》等用干支纪年法表述的重大历史事件。然而，干支用来纪日和纪月的方法现在并不是太常见，只有少数从事与民俗学有关的专家学者会用到。干支用于计时则比较常见。一天有 24 个小时，十二个地支把这 24 小时划分为 12 个时辰，从 23：00 至凌晨 1：00 起，为子时，依此类推，每两个小时为一个时辰，直至亥时。当然，农历上用干支纪元的方法还远远不止于此。由于干支具有顺序性，故也常被用来评价等级，如企业生产的产品质量有甲、乙、丙、丁等不同的等级。当然这种方法使用天干的情况比较多，十二地支用得很少。

天干地支被用于俗语、成语、歇后语的例子也有不少。如女子怀孕时，俗语说“身怀六甲”等；成语日月参辰，指日、月、参、辰此出彼没，用以比喻双方隔绝或作对；寅吃卯粮，比喻入不敷出，前吃后空等；歇后语有“兔子宴请老虎——寅吃卯粮”，“半夜三更出世——骇（亥）死人”，“午后见阳光——每况愈下”等。

本书从探讨干支的字形演变、干支各个字的含义以及干支的文化内涵等入手，以期让读者对干支这一特殊的传统文化有一个全面、形象的认识，并能把这个内涵广阔的传统文化传承下去。

十天干

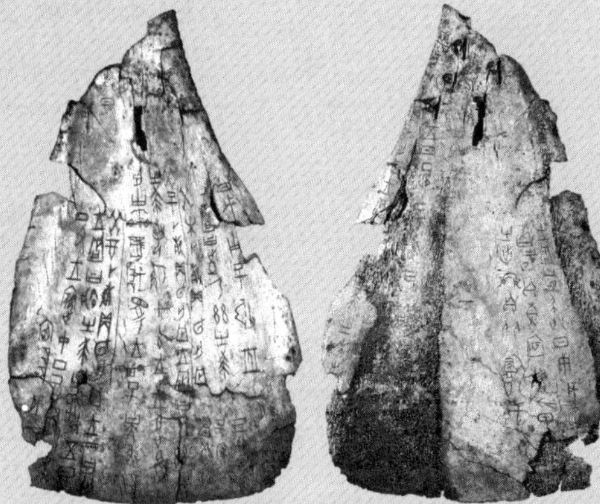

甲

东汉·许慎《说文解字》释“甲”：“东方之孟，阳气萌动，从木戴孚甲之象。一曰人头宜为甲，甲象人头。凡甲之属皆从甲。”

一、“甲”字的形体演变

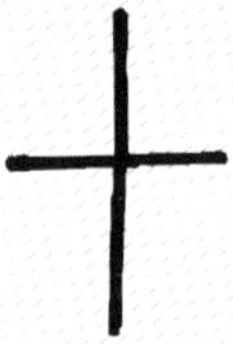

甲骨文“甲”字

金文“甲”字

小篆“甲”字

马王堆帛书隶书“甲”字

李邕所写楷书“甲”字

楷书简体“甲”字（印刷体）

王羲之所写行书“甲”字

智永所写草书“甲”字

二、“甲”字的含义

(一)“甲”字考源

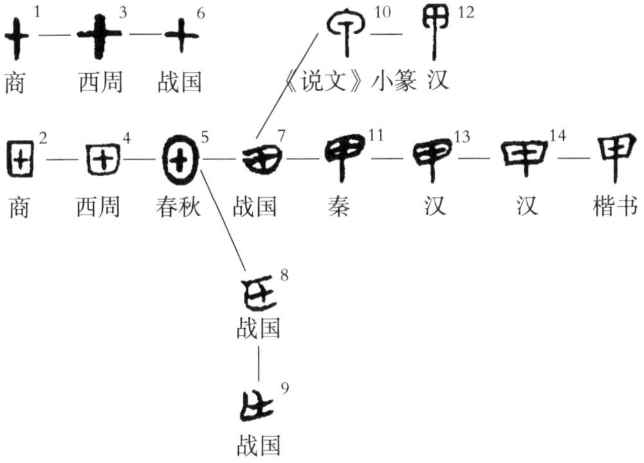

1、2《甲文编》545页。3、4、5《类编》428页。6、11—14《篆隶表》1048—1049页。7、8、9《楚系简帛》1054—1055页。10《说文》308页。

图1—1 “甲”字字形演变表[①]

1. 造字法

甲，象形字。像动物身上起保护作用的硬壳，其上常有交错的纹路，或由鳞片连缀而成。字形在甲骨文中最初有两种写法：或作“⊞”[②]，或作“十”[③]。二字最初有别，前者用于“上甲”之类的人名，后者用于干支。后来多借“⊞”来表示干支，以至于“十”这种写法到战国以

① 参见李学勤：《字源》，天津古籍出版社2019年版，第1270页。本书字形演变序号代表的书目，见《字源》第2—3页主要参考书目及其简称，本书其他字形均同。

② 郭沫若：《甲骨文合集》第14849片，中华书局1978年版，第2116页。

③ 郭沫若：《甲骨文合集》第00094正，中华书局1978年版，第17页。

后即不传。“甲”字在战国楚系文字中有“[古文字]”“[古文字]”两种异体，随着楚国的灭亡而消失。秦系文字将中间一竖拉长作“[古文字]”，《说文解字》小篆作“[古文字]”，汉印中写作“[古文字]”，最后演变成楷书“甲”。

图 1—2　甲骨文中的“甲”

2. 字义

（1）甲，本义即指鳞甲

《大戴礼记·易本命》：“有甲之虫三百六十，而神龟为之长。”引申为“铠甲”，即古代军人作战时穿的革制护身服，上面缀满金属硬片，以防止兵刃的伤害。《尚书·说命中》：“惟甲胄起戎。”有人认为此义是甲的本义，但从逻辑上讲，当是人类注意到某些动物具有天然的保护功能之后，模仿其功能而造的盔甲。同样由于功能上的相似，甲又引申指手指或脚趾上的角质硬壳，即指甲。《管子·四时》：“西方曰辰，其时曰秋，其气曰阴，阴生金与甲。”尹知章注：“阴气凝结坚实，故生金为爪甲也。”还引申为草木萌生时的外皮。《说文解字·甲部》：“甲，东方之孟，阳气萌动。从木戴孚甲之象。”这成为后世最常用的义项。[①]

（2）也有学者认为，甲骨文“甲”像植物果实成熟时外壳十字裂纹形

因其形“十”容易和“十”字相混，于是在外围增加一个方框，写成“[古文字]”表示果实的轮廓。金文承接甲骨文。又由于其形与“田”接近，容易相混，篆文进一步变其形以相区别。隶变后楷书写作甲。[②]

甲骨文“甲子”之甲作“十”[③]，与数字“七”形体相

① 李学勤：《字源》，天津古籍出版社 2012 年版，第 1270 页。

② 谷衍奎：《汉字源流字典》，语文出版社 2008 年版，第 165 页。

③ 郭沫若：《甲骨文合集》第 00094 片正，中华书局 1978 年版，第 17 页。

同，“七”甲骨文写作“十”[①]或“+”[②]。也有的学者认为“七”字横长竖短，而甲字与之相反。甲、七二字初文本无异，原义实同，当属一字。正如今日的汉字仍有一字多音多义一样，是语言文字发展的固有现象。丁山先生谓“十”（七）为“自中切断之象”[③]，七为切字。其说是。切从七从刀，许慎谓“从刀七声”[④]，学界多从之。其实七正是切的本字。七用为数，后始有切字。七之与切，如才之与在。甲骨文“才”（↓[⑤]、+[⑥]）字为草木枝苗上加一横画，表示切断。其造字为象形、指事、会意兼备。“才”字卜辞用作“在”。“在”者，截草木竖于地，示所在也。才以裁截为本义。“十”（甲）用为天干之甲，正取义于割杀之祭。

造字之初，远在原始时代，先民剖割常用甲壳类动物的介壳为利器，如蚌镰、蚌刀之属，故割切的“十”又可转义为介壳之甲。介壳之甲又引申为动物外壳的甲，进而用为战士护身的铠甲，再为戴甲之士的甲，乃至植物种子硬壳的甲或外皮的甲。故许慎说甲为“木戴孚甲”。又《说文解字》有“人头宐为甲”[⑦]一说，《集韵》引“宐”作“空”，空、壳形音皆近，疑“空”为“壳”之讹。若谓“人头壳为甲”则近之。远古人类以头壳为器，这大概是篆文甲字像头顶戴甲之形的依据。天干之“甲”源于割杀之祭，故“甲”与割头有关。[⑧]

（二）“甲”字的本义

甲为象形字，关于甲字的本义有多种说法，其最主要

① 郭沫若：《甲骨文合集》第00093片正，中华书局1978年版，第15页。

② 郭沫若：《甲骨文合集》B03448片正，中华书局1978年版。

③ 丁山：《数名古谊》，“中央研究院”历史语言研究所集刊，1928年第1期。

④（汉）许慎：《说文解字》，中华书局2006年版，第308页。

⑤ 郭沫若：《甲骨文合集》第00007片，中华书局1978年版，第3页。

⑥ 郭沫若：《甲骨文合集》第38224片，中华书局1978年版，第4761页。

⑦（汉）许慎：《说文解字》，中华书局2006年版，第308页。

⑧ 参见李裕：《干支字义考原》，《武汉大学学报（哲学社会科学版）》1997年第5期。

者有“孚甲”说和“鳞甲”说。

1. 种子萌芽后所戴的种壳

在天干之中，甲代表最东边的方位，阳气萌发，运行于万物之间，字形像草木初生时头戴甲壳的样子。《说文解字·甲部》：“甲，东方之孟，阳气萌动，从木，戴孚甲之象。一曰人头宜为甲，甲象人头。古文甲，始十，成于千，见于木之象。”[①]“甲，似物有孚甲以自御也”[②]，“木戴孚甲”的“甲”是指植物种子上的坚硬外壳，因为植物萌芽出土时往往戴着包裹种仁的外壳，所以有“戴孚甲之象”。“孚”指芦苇秆茎里面的薄膜，也指包裹种仁表面的内膜。

图 1—3　甲字像种子萌芽后所戴的种壳

《周易·解》有“甲坼”一词：“雷雨作而百果草木皆甲坼。”孔颖达正义曰：“雷雨既作，百果草木皆孚甲开坼，莫不解散也。”[③]坼一作圻，或作拆，或作宅。古训不一。《经典释文》：“坼，勑宅反。”[④]《说文解字》云：“裂也。”[⑤]《广雅》云：“分也。”是“坼”释为动词。李鼎祚《周易集解》引荀爽：“仲春之月，草木萌芽。”[⑥]程颐《周易程氏传》：“雷雨作而万物皆生发甲坼。”[⑦]是“甲”为

①（汉）许慎：《说文解字》，中华书局 2006 年版，第 308 页。

② 吕广平：《楚辞》，岳麓书社 2001 年版，第 119 页。

③（魏）王弼、韩康伯注，（唐）孔颖达正义：《周易正义》（《十三经注疏》影印本），中华书局 2003 年版，第 52 页。

④（唐）陆德明：《经典释文》，上海古籍出版社 1985 年版，第 103 页。

⑤（汉）许慎：《说文解字》，中华书局 2006 年版，第 298 页。

⑥ 李鼎祚：《周易集解》，北京市中国书店 1984 年版，第 213 页。

⑦（宋）程颐：《周易程氏传》，中华书局 2011 年版，第 159 页。

名词，“坼”为动词，“甲坼”是主谓结构的短语，谓草木发芽时种子外壳裂开。全句意为：天地解散而成雷雨，百果草木全都甲皮绽裂，生出芽来。还有另一解，《文选·蜀都赋》李善注引郑玄《周易注》：“皆，读如人倦之解，解谓坼呼。皮曰甲，根曰宅。宅，居也。”[①]王引之《经义述闻》：“宅乃乇字之假借。”[②]《说文解字》曰：“乇，草叶也。”是“甲坼”二字皆释为名词，而“皆甲坼”之“皆”则释为动词。全句意为：天地解散而成雷雨，百果草木之甲皮根叶亦松解破绽，生发新芽。[③]

2. 鳞甲——动物的保护壳

也有学者认为甲骨文中甲有“田”和“十”两种写法，前者像动物身上起保护作用的硬壳，其上常有交错的纹路，或由鳞片连缀而成，故甲字本义应指“鳞甲”。“鳞甲”原义是指鳞介类的鳞片和甲壳。某些动物身上的外壳，质地坚硬，有保护身体的作用，如虾、蟹的壳等。“甲壳”是节肢动物门、甲壳纲动物的外骨骼的通称。如“蜩甲”，指的是蝉所蜕之壳。《庄子·寓言》：“予蜩甲也。”唐代训诂学家陆德明释文引司马彪注：“蜩甲，蝉蜕皮也。”宋·黄庭坚《弈棋二首呈任公渐》诗：“心似蛛丝游碧落，身如蜩甲化枯枝。”

图1—4　甲壳

《本草纲目·鲮鲤》：“日中出岸，张开鳞甲如死状，诱蚁入甲，即闭而入水，开甲，蚁皆浮出，因接而食之。”《大戴礼记·易本命》：“有甲之虫二百六十，而神龟为之长。”[④]古人用乌龟的硬壳占卜，甲骨文就是商代王室刻在占卜用的龟甲、兽骨上的记录文字。殷商时代无纸，就在

①（梁）萧统：《文选》，商务印书馆1959年版，第87页。

②（清）王引之：《经义述闻》，商务印书馆1935年版，第65页。

③ 吕绍纲：《周易辞典》，吉林大学出版社1992年版，第208页。

④（清）王聘珍：《大戴礼记解诂》，中华书局1983年版，第253页。

龟甲和兽骨上刻写卜辞，以及与占卜有关的记事文字。占卜所用龟甲多为腹甲，少数为背甲。由于刻刀和甲骨材质坚硬，难以表现圆转、粗壮的笔画，所以笔画线条比较单一，多呈直线和折线状，弧形线的弧度也较大，常带刀锋痕迹，这样其笔画的视觉形象具有瘦硬、尖刻、劲直、匀称的特征。

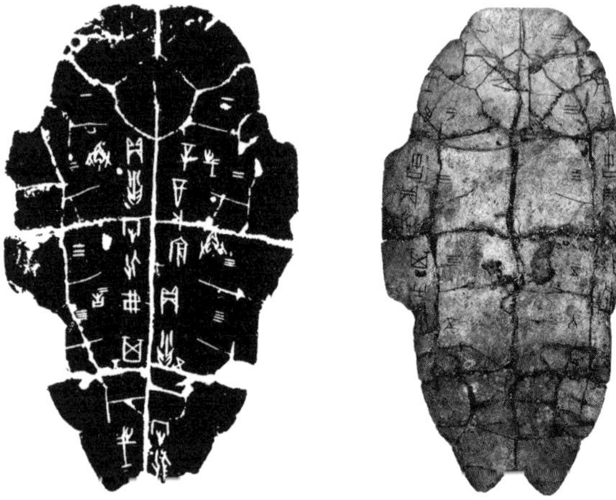

图 1—5　龟甲[①]

基于"甲"字这一项本义，与坚硬的外壳有关的事物均加"甲"表示。如昆虫中有坚硬外壳的虫叫"甲虫"，乌龟坚硬的外壳叫"龟甲"，古代战士作战时的护体衣装称为"甲""铠甲"和"甲胄"。

围在人体或物体外面起保护作用的装备，用皮革、金属等制成的"甲"，作战时可以防止外来兵器穿透，它是中国古代军队中不可缺少的防护装备。传说"甲"是上古时期浇（音傲）发明的，制"甲"的材料主要是野生动物的皮。《周礼·考工记》："函人为甲，犀甲七属，兕甲六

① 郭沫若:《甲骨文合集》第 6654 片正，中华书局 1978 年版。

属。”[1] 犀牛和野牛皮又硬又韧，是制甲的上好材料，将士作战时身披铠甲，相当于给身体裹了一层硬壳，故而“甲”像动物的坚硬的外壳。《孟子·梁惠王上》：“弃甲曳兵而走。”《战国策·秦策》：“厚养死士，缀甲厉兵。”《楚辞·九歌》：“操吴戈兮被犀甲，车错毂兮短兵接。”《史记·秦本纪》：“负力而骄，数动兵甲。”“甲胄”在古代军事战争中指铠甲和头盔，因身披甲胄的通常是将士，所以“甲”也由护装逐渐指代军队。“旅”是“甲”发明之前战士的护体衣装，亦是用皮革或金属制成。《释名·释兵》：“凡甲聚众札为之谓之旅，上旅为衣，下旅为裳。”“汤谋易旅，何以厚之”就是指代护装。

无论是种子坚硬的外壳，还是甲虫身上坚硬的甲壳，或者是士兵身上坚硬的铠甲，都是为了防止外物攻击时使自身免受伤害而设立的，这种保护作用实际上起着遮挡的作用。但“装甲兵”并非有坚硬外壳的士兵，而是他们的武器装备如坦克装甲车之类具有坚硬外壳，不容易被敌人的枪弹穿透。

（三）“甲”字的引申义

1. 引申为“铠甲”

古代军人作战时穿的革制护身服，上面缀满金属硬片，以防止兵刃的伤害。《尚书·说命中》：“惟甲胄起戎。”

2. 引申为人手指或脚趾上的角质硬壳，即指甲

人类注意到某些动物具有天然的保护物，于是模仿其功能而造盔甲。由于功能上的相似，又引申为趾甲或

①（清）孙诒让:《周礼正义》，中华书局2019年版，第3285页。

指甲。

《管子·四时》："西方曰辰，其时曰秋，其气曰阴，阴生金与甲。"尹知章注云："阴气凝结坚实，古生金为爪甲也。"手指足趾的爪甲，又名筋退。爪为筋之余，筋为肝所主，肝与筋的精气盛衰，常反映于爪甲。《素问·五脏生成篇》："肝之合筋也，其荣爪也。"《素问·六节藏象论》："肝者，罢极之本……其华在爪，其充在筋。"爪甲位于手指（脚趾）末节背侧，对手指（脚趾）末节起重要的保护和支持作用。

3. 引申为草木萌生时的外皮

《说文解字》："甲，东方之孟，阳气萌动，从木，戴孚甲之象。"这成为后世最常用的义项。

4. 在甲骨文中假借为天干的第一位，与地支相配，用以纪年、纪月、纪日

甲居十天干首位，子居十二地支首位。干支依次相配，如甲子、乙丑、丙寅之类，统称甲子。古人主要用以纪日，后人主要用以纪年，故常以甲子指岁月、年龄。又自甲子至癸亥，其数凡六十，六十次轮一遍，因称为六十花甲子。

（1）用以纪年

六十年为一"花甲"，亦称"一个甲子"。花，形容干支名号错综参差。花甲之年，指六十岁。成语出自宋·计有功《唐诗纪事》："对酒曰：'手挼六十花甲子，循环落落如弄珠。'"[①]

关于花甲，我国朝鲜族有一个古老的传统，年满60

①（宋）计有功著，王仲镛笺注：《唐诗纪事校笺》，中华书局出版社2008年版，第1792页。

岁，儿孙要为其献寿并大摆酒宴。这天，年臻花甲的老者身穿新衣，头戴礼帽，如果这个老人父母健在，还要穿上儿童般的七色上衣以娱年迈的双亲。花甲寿宴设于大厅或宽敞的房间或庭院里。老人与其老伴在正席坐定后，子孙与远近亲戚按辈分依次为其敬酒祝寿，行跪拜礼，寿桌上还要摆满各种献上的食物。若这个老人的父母健在，则其父母先受祝贺。仪式结束后，老人的子孙宴请亲戚与宾客。此宴一般在当天结束，也有一连设宴多日者。

图 1—6　花甲之寿

相传，乾隆下江南时遇到一位老寿星，141 岁。乾隆问他年纪，寿星作副对联的上联：花甲重开，外加三七岁月；纪晓岚听后对出了下联：古稀双庆，内多一个春秋。表示已知其岁数。

上联中的“花甲”指六十岁，“重开”指两个花甲共一百二十岁，“三七”为二十一岁。上联中的两个花甲年再加一个二十一岁，总共一百四十一岁。下联中的“古稀”指七十岁。“双庆”指两个古稀年，总共一百四十岁，一个春秋，即一岁。下联中的两个古稀年再加一岁，加起来也是一百四十一岁。联语的特点在巧于用数。可见这些俗语在日常生活中也常被文人玩巧，妙趣横生。

（2）用以纪月

唐·杜甫《雕赋》中曾提道：“阴乘甲子。”[①]杜甫又有《春归》诗曰：“别来频甲子，倏忽又春华。”用来表示光阴乘着岁月飞逝，时间过得很快。

（3）用以纪日

如辛壬癸甲，指一心为公，不以私害公。出自《尚书·益稷》：“娶于涂山，辛壬癸甲。”孔安国传曰：“（夏禹）辛日娶妻，至于甲日，复往治水，不以私害公。”[②]辛、壬、癸、甲，是天干纪日之名。禹于辛、壬日娶妻，癸、甲生启。大意是夏禹在辛、壬日娶妻，到第三天甲日就去治水了，在家只过了两宿。后“辛壬癸甲”演变为一心为公，不计私人利益。邹容在其诗作《涂山》中也曾用到此典故：“苍崖坠石连云走，药叉带荔修罗吼。辛壬癸甲今何有？且向东门牵黄狗[③]。”以此比喻正值国家多难、理应为国奔走之时，自己却被困铁窗，再也不能自由自在地追求真理、投身革命了。另，《说文解字》说“民以辛、壬、癸、甲之日嫁娶”[④]，江淮之地有以辛壬癸甲为嫁娶日的风俗。

再如身怀六甲，古代指称女子怀孕。传说甲子、甲寅、甲辰、甲午、甲申、甲戌六个甲日，是上天创造万物的日子，也是妇女最易受孕的日子，故称女子怀孕为身怀六甲。除了这个传说之外，“身怀六甲”也指怀孕早期的情况，即肚子未大、别人看不出来的“有孕在身”之期。

① 周绍良：《全唐文新编》，文史出版社2000年版，第4116页。

②（汉）孔安国传，（唐）孔颖达正义：《尚书正义》（《十三经注疏》影印本），中华书局2003年版，第143页。

③“牵黄狗”用的是李斯的典故。据载，李斯被赵高杀害前曾说，再不能牵上黄狗到家乡东门去打猎了。

④（汉）许慎：《说文解字》，中华书局2006年版，第191页。

怀孕四五个月之时，腹部已见隆起，则谓之“出怀”了。《东周列国志》：“妾……身怀六甲，已两月矣。”[①]《初刻拍案惊奇》卷三三：“成婚未久，果然身怀六甲……”皆可为“身怀六甲”乃怀孕早期之参证。[②]《镜花缘》第十回：“偏偏媳妇身怀六甲，好容易逃至海外，生下红蕖孙女，就在此处敷衍度日。”[③]就是这种用法。

（4）用以纪时

如甲夜，指初更时分。《汉官典职仪式选用》：“凡中宫漏夜尽，鼓鸣则起，钟鸣则息，卫士甲乙徼相传。甲夜毕，传乙夜，相传尽五更。”《汉官仪》：“黄门持五夜，甲夜、乙夜、丙夜、丁夜、戊夜，亦如今五更也。”五更即指夜里七时至九时。[④]《东观汉记·明帝记》：“甲夜读众书，乙更尽乃寐。”[⑤]

5. 表示位居第一

甲在天干中排第一位，通常表示位居第一，这是甲子在现代汉语中最常用的义项。

“桂林山水甲天下”就是指桂林的山水风景天下第一；成语“甲冠天下”用来形容人或事物十分突出，无与伦比；“甲等”即第一等，用来表示事物的等级次第。

6. 代词，指称佚名之人

用来指称佚名的人或文学作品中虚构的人名，如某甲或某乙。例如，成语“张甲李乙”，张、李是《百家姓》中最常见的姓氏，用以假设某个人或某些人的姓名，犹言“张三李四”。汉·张奂《诫兄弟书》：“不自克责，反云张甲谤我，李乙怨我，我无是过，尔亦已矣。”[⑥]曹操在《与

①（明）冯梦龙：《东周列国志》，华夏出版社 2013 年版，第 11 页。

② 丁忱：《常语典》，武汉大学出版社 2012 年版，第 152 页。

③（清）李汝珍：《镜花缘》，三秦出版社 2018 年版，第 43 页。

④ 夏征农、陈至立：《大辞海》，上海辞书出版社 2015 年版，第 3829 页。

⑤ 转引自钟明立：《古代汉语词汇引论》，广东高等教育出版社 2015 年版，第 01 页。

⑥（清）严可均辑：《全后汉文》，商务印书馆 1999 年版，第 652 页。

王修书》中写道："张甲李乙，尚犹先之，此主人意待之不优之效也。"[①]

7. 旧时户口编制单位——保甲

保甲是户口编制单位，是旧时统治者通过户籍编制来统治人民的制度，始于北宋王安石变法，是一种带有军事管理性质的户籍管理制度。自宋朝以来，地方一直推行保甲制。保设保长，甲设甲长。每甲所辖户数历代不等，有十户、数十户，亦有百户者。

宋元之际马端临撰《文献通考》："熙宁三年（1070年）十二月诏行保甲法，保甲之名由是起。"保甲法把农户加以编制，十家为一保，有保长；五十家为一大保，有大保长；十大保为一都保，设正副都保正。

清代，每十户立一牌头，十牌立一甲头，十甲立一保长。每户给印牌，填写姓名、丁口，人员外出则注其所往，入则稽其所来，寺观、客店亦照此办理。

民国时期，为严密控制城乡居民，民国二十一年（1932年）八月开始在湖北、河南、安徽三省建立保甲组织。保甲的编组以户为单位，设户长；十户为甲，设甲长；十甲为保，设保长。此外，一乡一镇中住户过多，经编成二保以上者由各保合设保长联合办公处，设主任一人、书记一至二人。保甲组织实行各户互相监视和互相告发的连坐法，以及各项强迫劳役、征抽壮丁的办法。民国二十三年（1934年）以后，在全国推行。[②]

8. 火甲

"火甲"，亦称火夫、排门夫，是明代城市商民承担的

① （晋）陈寿：《三国志》，崇文书局2009年版，第160页。

② 俞鹿年：《中国官制大辞典·上卷》，黑龙江人民出版社1992年版，第804页。

差役，其职责是巡夜关厢，以救火防贼。同时还要负责检查各店铺使用的斛斗称尺。充当火甲者须由地方官府审编。《明史·循吏传·李骥》：“河南境多盗，骥为设火甲，一户被盗，一甲偿之。”[①]《西游记》第九十七回：“渐渐天晚，听得楼头起鼓，火甲巡更。”

图 1—7　火甲

①（清）张廷玉：《明史》，岳麓书社 1996 年版，第 4081 页。

三、“甲”字的文化内涵

（一）历史文化中的“甲”

1. 古代科举制度中的“甲”

在我国古代选官制度中，有甲科、甲榜、甲第等考试科目的名称。

（1）甲科：在汉代指考试录用官吏的等级

甲科始于汉武帝时设五经博士，置弟子员，岁末考试，以成绩定为甲、乙、丙三科，其高等为甲科。平帝时，岁课甲科四十人为郎中。依选拔方法不同，又有射策甲科、明经甲科之别，皆得为郎。东汉沿之。顺帝时又增十人。自南朝梁时起，指选拔人才的科目等第，对策第一称甲科。魏晋以来，官员的选举依据门第。南朝梁武帝天监四年（505 年）开五馆，立国学，总以五经教授。五馆生皆引寒门俊才，“甲科间出”。梁时甲科指明经而言。其时不论牛监、羊肆、寒品、后门，只要明经射策甲科，并可随才试吏。梁重明经、甲科而不重阀阅，是选举制之一大变革。甲科后来成为科举考试用语。唐代明经分甲、乙、丙、丁四科，进士亦分甲、乙二科。宋代指进士高科，其中包括礼部试前十名，别试、国子、开封解试及武举第一名，经明行修进士，以及应特奏而预正奏者。辽亦分甲、乙科。明清指经殿试录取的一、二、三甲进士，而以举人为乙科。[1]

（2）甲第：指科举考试中的第一等

《新唐书·选举志上》：“凡进士，试时务策五道、帖一大经，经、策全通为甲第，策通四、帖过四以上为乙第。”后代沿用，指科举考试取中的最高一等，即进士。元·王实甫《西厢记》第五本第一折：“上赖祖宗之荫，下托贤妻之德，举中甲第。”明·凌蒙初《二刻拍案惊奇》卷二：“他自登甲第，在京师为官，一载有余。”由于“第”有宅第、房第的意思，我们也用甲第表示旧时豪门贵族的宅第。《史记·孝武本纪》有“赐列侯甲第，僮千人”[2]。成语“甲第连天”，就是形容富豪显贵的住宅非常之多。明·高则诚《琵琶行·牛氏规奴》：“门外车轮流水，城中甲第连天，琼楼酬月十二层，锦障藏春五十里。”“甲第星罗”，指富丽堂皇的宅院像繁星一样密布，形容富家大院众多。宋·杨侃《皇畿赋》：“甲第星罗，比屋鳞次，坊无广巷，市不通骑。”

成语“丹黄甲乙”中的“甲”也是此义，指点校书籍，评定次第。“丹黄”指旧时点校书籍，用朱笔书写评语，遇误字用雌黄涂抹。成语出自清·钱谦益《葛端调编次诸家文集序》：“句读之有析，文理之不通，而俨然丹黄甲乙，衡加于经传，不已傎乎！”亦作“丹铅甲乙”。清·戴名世《〈陈大士稿〉序》：“干子慨然悯之，取一代之文，丹铅甲乙，辨其黑白。”[3]

① 郑天挺、吴泽、杨志玖：《中国历史大辞典·上卷》，上海辞书出版社2000年版，第762页。

②（汉）司马迁：《史记》，中华书局2002年版，第2299页。

③ 汉语大词典编纂处：《汉语成语大辞典》，上海辞书出版社2007年版，第158页。

（3）三甲

科举考试的等级有“三甲”之说。《宋史·选举制》中指出了“三甲”的由来：“太平兴国八年，进士诸科，始试律义……进士始分三甲。”即从宋代太平兴国八年（983 年）开始称甲科，考中进士的称甲榜，然后进入殿试。殿试是科举制中最高级别的考试，皇帝在殿廷上对会试录取的贡士亲自策问，以定甲第。录取分为三甲：一甲三名，赐“进士及第”的称号。其中，第一名称状元（鼎元），又称魁甲，第二名称榜眼，第三名称探花，合称“三鼎甲”，赐“进士及第”。进士及第的名册以黄纸书写，称为“黄甲”。二甲若干名，赐“进士出身”的称号。三甲若干名，赐“同进士出身”的称号。二、三甲第一名皆称传胪，一、二、三甲统称进士。

然而，现代生活中经常有对三甲误用的现象，认为“三甲”指的是前三名。比如，新闻标题“×× 三甲下月同台唱”，看过内容始知是把“三甲”当作冠军、亚军和季军了。实际上，这里该用“三鼎甲”，而不是三甲。

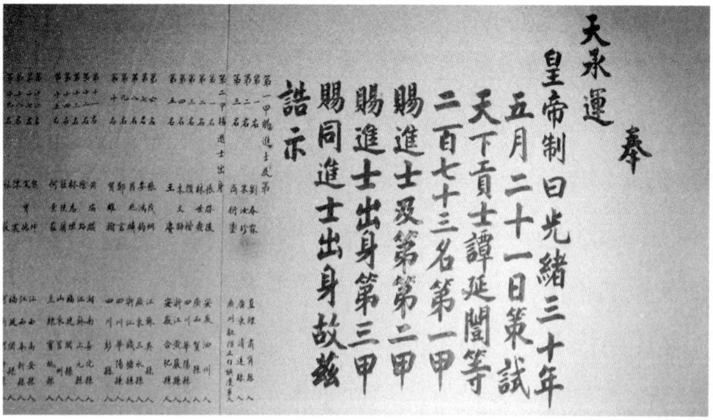

图 1–8 “三甲”诰示

2. 我国古代军事中的“甲”

（1）用作古时战士的护身衣，亦称介、函

甲是我国古代在作战中用于防身的装备，形似衣服。最初出现于夏朝，以后历代都曾广泛使用。春秋时多用皮制，战国时出现铁甲。秦汉后称为“铠甲”，因铁制，又称“玄甲”。秦以后，甲的种类增多，卫体部位增大，形制有面罩、鸡劲、当胸、身甲、搭后等部分。南北朝时出现由一片胸甲和一片背甲组成的两裆铠，前胸后背各有金属圆护心的明光铠。唐代有明光甲、光要甲、细鳞甲、山父甲、锤甲、锁子甲、马甲、皮甲等，均制作精良。宋代有铜铁锁子甲、光明细钢甲、山字铁甲等。元代有柳叶甲、罗圈甲等。明代有红漆齐腰甲、水磨腰钢甲等。清初，甲以绸、布、棉花、铁叶、铜铁合制而成。19 世纪中叶，甲逐渐被废弃。①

魏晋南北朝时期的铠甲主要有筩袖铠、两裆铠和明光铠。“明光铠”一词的来源，据说与胸前和背后的圆护有关。因为这种圆护大多以铜铁等金属制成，并且打磨得颇为光亮，颇似镜子。在战场上穿明光铠，由于太阳的照射，会发出耀眼的“明光”，所以取名“明光甲”。这种铠甲的样式很多，而且繁简不一：有的只是在两裆的基础上前后各加两块圆护，有的则装有护肩、护膝，复杂的还有数重护肩。身甲大多长至臀部，腰间用皮带系束。

——宋朝步人甲。步人甲为宋代重步兵的主要装备。宋代步人甲是在唐代步人甲的基础上发展而来的，是一种

① 卢德平：《中华文明大辞典》，海洋出版社 1992 年版，第 173 页。

能覆盖全身的重型鳞甲。宋朝时身着步人甲的重步兵手持长柄武器，组成严密的步兵方阵，可以有效地抵抗骑兵的冲击。但重步兵的最大缺点是缺乏机动性，在胜利时无法有效追击敌人，失败时无法及时撤退。绍兴十年前后是宋朝军队最强大的时期，名将岳飞、韩世忠等率领以铁甲、长枪强弩为主要装备的重步兵，组成密集阵型，屡屡击败金朝骑兵。包括兵器在内，当时宋军重步兵的负荷高达40—50公斤。由于装备过重，军队作战的机动性受到影响。如绍兴十一年（1141年）的柘皋战役，以步兵为主力的宋军由于身被重甲，负荷过重，加上过于长大的兵器，导致未能全歼已溃不成军的金朝骑兵。

图 1—9　南北朝时期的明光铠

图 1—10　宋朝步人甲

——纸甲。古代用纸制作的一种应急用的铠甲。其制作方法是，用极柔韧的纸，将其锤软，叠成三寸厚，每方寸四钉，箭不能射穿。《涌幢小品》：“纸甲，用无性极柔之纸，加以锤软，迭厚三寸，方寸四钉，如遇水雨浸湿，铳箭难透。”纸甲大约始制于唐代，如《新唐书·徐商传》：“徐商劈纸为铠，劲矢不能洞。”五代继承了这种方法。宋代纸甲常为乡兵或水军使用。宋神宗《熙宁编敕》规定：私造纸甲五领者处绞刑。明代尚传其法。[①]

——藤甲。藤甲是中国南方发展起来的一种铠甲，将青藤经过特殊处理后编制而成，对冷兵器有很强的防护力。藤甲的制作方法是：把青藤放入水中浸泡半月，然后晾晒三日，再经油浸一周之后取出来晒干，最后涂以桐油编制而成。藤甲的防护部位以头部和上身为主，多和盾配合使用，以防护身体其他部位。与金属铠甲相比，藤甲

① 陈高春：《中国古代军事文化大辞典》，长征出版社1992年版，第1024—1025页。

具有重量轻、不怕水、透气性强等特点，很合适中国南方潮湿地域使用，深受一些少数民族部落的喜爱。其缺点是怕火易燃。

《三国演义》第九十回《驱巨兽六破蛮兵　烧藤甲七擒孟获》中就提到了藤甲：诸葛亮出征南蛮，遇上南蛮孟获的兀突骨率领藤甲兵，屡战不能胜。多亏诸葛亮足智多谋，抓住油浸藤甲的这一致命弱点，诱敌于山谷，采用火攻，终于大胜藤甲兵。

（2）引申为披甲的人

甲士：古代战车上披甲的战士。西周制度，一乘战车有甲士十人，三人在车上，七人在车下，均由贵族或平民中的士担任，称为虎贲，具有军官身份。春秋时一乘战车仅有甲士三人，都在车上：左一人持弓，称车左或甲首；中一人驾车，称御；右一人持矛，称车右或参乘。《春秋谷梁传》文公十四年："长毂五百乘。"范宁集解："……长毂，兵车四马曰乘，一乘甲士三人，步卒七十二人。"[①] 此外，如晋阳之甲，指代晋阳地方的甲兵。《春秋公羊传》定公十三年："晋赵鞅取晋阳之甲，以逐荀寅与士吉射。荀寅与士吉射者曷为者也？君侧之恶人也。此逐君侧之恶人，曷为以叛言之？无君命也。""晋阳之甲者赵简子之邑，以邑中间甲逐之。"[②] 指晋国的赵鞅带领晋阳的甲兵，以清君侧的名义，来驱逐荀寅和士吉射。后常指地方官因不满朝廷而举兵的行为。唐·杜甫《八哀诗·故司徒李公光弼》中有"司徒天宝末，北收晋阳甲"之句，借用赵鞅之事，喻指李光弼有守太原抗击安史叛军之功。

①（晋）范宁注，（唐）杨士勋疏：《春秋谷梁传注疏》（《十三经注疏》影印本），中华书局2003年版，第2408页。

②（汉）何休注，（唐）徐彦疏：《春秋公羊传注疏》（《十三经注疏》影印本），中华书局2003年版，第2342页。

3. 甲骨文与甲骨卜辞

甲骨文主要指商周时期契刻在龟甲兽骨上的文字。商代甲骨文主要出土在殷墟（今河南安阳小屯村一带），是商代后期遗物。其中绝大多数是占卜记录，称甲骨卜辞，非占卜的记事刻辞为数较少。因出土于殷墟，又称殷墟文字、殷墟书契、殷墟甲骨文等。清光绪二十四年（1898年）开始发现，次年得到学者鉴定，迄今出土约有十万片。光绪二十九年，刘鹗编辑出版第一部著录《铁云藏龟》，次年孙诒让写成第一部考释著作《契文举例》，其后研究日益展开，形成一门学科即甲骨学。甲骨文内容涉及天文、历法、气象、动植物、农事、方国、地名、征伐、祭祀、人物活动、商王世系和吉凶梦幻等。目前已发现的单字有五千余个，考释过的约两千个，文字结构已由独体趋向合体，晚期形声字增多，是中国最早已有系统的古文字。1976年起，在陕西扶风和岐山交界周原遗址陆续发现西周甲骨文，已有约三百片。西周甲骨文还在山西洪洞坊堆、陕西长安张家坡、北京昌平白浮村和房山镇江营、河北邢台南小汪等地零星出土过。

刻于甲骨上之占卜辞称为甲骨卜辞。商周两代用龟甲和兽骨作占卜材料，祭祀时将卜问之事或结果用当时的文字刻于甲骨上。目前殷墟出土的商代甲骨中，这种记事卜辞数量最多、最完整。《礼记·表记》："殷人尊神，率民以事神，先鬼而后礼。"[1] 商人迷信鬼神很深，凡事必占卜断决而后行。卜辞所反映的内容很广泛，从中可了解商代社会生活各方面的基本情况。

①（清）孙希旦：《礼记集解》（《十三经清人注疏》本），中华书局2019年版，第1310页。

（二）语言文化中的“甲”

1. 成语中的“甲”

（1）一鳞半甲

原指龙在云中，东露一鳞，西露半爪，看不到它的全貌。比喻零星片段的事物。出自唐·高仲武《中兴闲气集·苏涣》：“三年中作变律诗九首，上广州李帅，其文意长于讽刺，亦有陈拾遗一鳞半甲。”

（2）败鳞残甲

“败”指毁坏，意思是残败零碎的鳞甲，如宋·张元《咏雪》：“战退玉龙三百万，败鳞残甲满空飞。”此处用来形容满空飞舞的雪花。

（3）凤毛龙甲

即凤的羽毛、龙的鳞甲，比喻珍贵之物。明·袁中道《石浦先生传》：“旧有传奇二种，置于笥中，为鼠子嚼坏，凤毛龙甲，竟不存于世。”

（4）龟龙片甲

比喻无论巨细都搜罗进来的好东西。出自唐·张怀瓘《书议》：“麟凤一毛，龟龙片甲，亦无所不录。”

（5）腹中鳞甲

用鳞甲比喻人多巧诈之心，比喻居心险恶。《三国志·蜀志·陈震传》：“都护李平坐诬罔废。诸葛亮与长史蒋琬、侍中董允书，曰：‘孝起前临至吴，为吾说正方腹中有鳞甲，乡党以为不可近。吾以为鳞甲者但不当犯之耳，不图复有张、苏之事出于不意。可使孝起知之。’”

（6）片甲不归

片：单，只；甲：铠甲。形容全军覆没。出自《平鬼传》第六回：“不如俺先杀向前去，给他一个措手不及，杀他一个片甲不归，方知俺的厉害。”

（7）按甲束兵

甲：铠甲；兵：兵器。按捺约束兵卒，停止进攻。出自元·王实甫《西厢记》第二本楔子：“将军若要做女婿呵，可按甲束兵，退一射之地。”

（8）按甲寝兵

收拾起铠甲武器，比喻停止军事行动。出自晋·司马彪《九州岛春秋·傅干》：“吴有长江之险，蜀有崇山之阻，难以威服，易以德怀。愚以为可且按甲寝兵，息军养士，定土分封，论功行赏。”

（9）案甲休兵

指停止战事，休养士卒。出自《史记·淮阴侯列传》：“方今为将军计，莫如案甲休兵，镇赵抚其孤。”[①]

（10）按甲休兵

收拾起铠甲武器，比喻停止军事行动。出自东汉·班固《汉书·韩信传》：“当今之计，不如按甲休兵，百里之内，牛酒日至，以飨士大夫，北首燕路，然而发一乘之使，奉咫尺之书以使燕，燕必不敢不听。”

（11）鞍不离马，甲不离身

甲：铠甲。马不卸鞍，人不解甲，指处于高度警惕状态。出自《敦煌变文集·卷一·汉将王陵变》：“鞍不离马背，甲不离将身。”

（12）倒戈弃甲

倒：颠倒，翻转；弃：抛弃。比喻放下武器认输。出自明·无名氏《杨家将演义》第一卷：“汝若上识天时，下穷人事，倒戈弃甲，束手归命，犹不庙绝血食。”

①（汉）司马迁：《史记》，中华书局2002年版，第2618页。

（13）贯甲提兵

贯：穿；甲：盔甲；兵：武器。身穿盔甲，手提武器，形容杀气腾腾的样子。出自明·吴承恩《西游记》第四十三回：“兄长既来赶席，如何又劳师动众？不入水府，扎营在此，又贯甲提兵，何也？”

（14）躬擐甲胄

谓亲自穿上铠甲和头盔，指长官坐镇军中亲自指挥。出自《左传》成公十三年：“文公（晋文公）躬擐甲胄，跋履山川，逾越险阻，征东之诸侯。”[①]

（15）裹粮坐甲

携带干粮，披甲而坐，形容全副武装，准备迎战。出自《左传》文公十二年：“十二月戊午，秦军掩晋上军。赵穿追之，不及。反，怒曰：‘裹粮坐甲，固敌是求。敌至不击，将何俟焉？’”[②]

（16）丢盔撂甲

丢：抛；盔：作战用的金属帽；甲：作战用的金属防护衣。形容吃了败仗狼狈逃跑的情形。出自路遥《平凡的世界》第五卷第四章：“许多人丢盔撂甲，矿帽不时碰落在煤堆中，慌乱得半天摸不着……”

（17）弃甲曳兵

丢掉盔甲，拖着武器，形容打败仗狼狈逃跑的样子。出自《孟子·梁惠王上》：“填然鼓之，兵刃既接，弃甲曳兵而走。或百步而后止，或五十步而后止。”[③]

（18）束戈卷甲

捆起兵器甲胄，谓缴械投降。出自《宋史·韩世忠

① 杨伯峻：《春秋左传注》，中华书局2000年版，第862页。

② 杨伯峻：《春秋左传注》，中华书局2000年版，第591页。

③ 杨伯峻：《孟子》，岳麓书社2002年版，第4页。

传》:“大军至矣,亟束戈卷甲,吾能保全汝,共功名。”[①]

(19)缮甲治兵

亦作“缮甲厉兵”。缮甲:修治铠甲,比喻作军事准备。出自《诗经·郑风·叔于田序》:“叔处于京,缮甲治兵,以出于田。”[②]

2. 历史典故中的“甲”

(1)积甲山齐

兵甲堆积如山,极言其多。后用为形容战绩辉煌之典。出自《后汉书·刘盆子传》:“樊崇乃将盆子及丞相徐宣以下三十余人肉袒降,上所得传国玺绶、更始七尺宝剑及玉璧各一,积兵甲宣阳城西,与熊耳山齐。”汉光武帝大破赤眉军,樊崇等率众归降,兵甲堆积,高与熊耳山齐。唐·张说《赠凉州都督上柱国太原郡开国公郭君碑》:“积甲山齐而有余,收马谷量而未尽。”宋·陆游《中夜闻大雷雨》:“已闻三箭定天山,何啻积甲齐熊耳。”多用于写军备实力。也作“积甲如山”。

(2)甲胄生虮虱

甲胄:古代战士用的铠甲和头盔。虮虱:虱子和虱卵。形容由于长期的战争,将士穿在身上的铠甲和头盔都长了虱子,多用于写战争时期的艰苦生活。语出《尉缭子·武议》:“起兵直使甲胄生虮虱者,必为吾所效用也。”《韩非子·喻老》:“天下无道,攻击不休,相守数年不已,甲胄生虮虱,燕雀处帷幄,而兵不归。”《淮南子·氾论训》:“礼义绝,纲纪废,强弱相乘,力征相攘,甲胄生虮虱,燕雀处帷幄,而兵不休息。”也作“介胄生虮虱”。介

① (元)脱脱:《宋史》,中华书局1985年版,第7966页。

② (汉)毛亨传,郑玄笺,(唐)孔颖达正义:《毛诗正义》(《十三经注疏》影印本),中华书局2003年版,第337页。

胄：即甲胄。《史记·主父偃列传》：“于是强国务攻，弱国备守，合纵连横，驰车击毂，介胄生虮虱，民无所告愬。”《资治通鉴·汉纪·献帝建安八年》：“操谓（辛）毗曰：‘谭必可信，尚必可克不？’毗对曰：‘显甫（袁谭字）见显思（袁尚字）困而不能取，此力竭也。兵革败于外，谋臣诛于内，兄弟谗阋，国分为二，连年战伐，介胄生虮虱。此乃天亡尚之时也。’”

（3）甲子之事

武王伐纣发生在甲子日，因以“甲子之事”代表武王伐商的“牧野大战”，也即武王克纣之事。记载这件事的是利簋铭文：“武王征商，唯甲子朝，岁鼎，克昏夙有商。”明确记载了“武王征商”之役发生在“甲子”日的早晨，并逢岁星当空，印证了《尚书·牧誓》中所记载的“时甲子日昧爽，王朝至于商郊牧野”[①]。周武王征伐商纣王时，一夜之间就战胜了昏乱的商纣王，将商灭亡，在岁星当空的甲子日早晨，占领了朝歌。《吕氏春秋·孝行览·首时》：“圣人之于事，似缓而急，似迟而速，以待时。王季历困而死，文王苦之，有不忘羑里之丑，时未可也。武王事之，夙夜不懈，亦不忘王门之辱。立十二年，而成甲子之事，高诱注：“立为天子也。甲子之日，尅纣牧野，故曰：成‘甲子之事’。”[②]

（4）甲第连云

宅第一幢幢直接云端，极言房屋众多，形容王侯显贵的住宅非常高大的富贵景象。唐·崔颢《长安道》：“长安甲第高入云，谁家居住霍将军。”[③]清·文昭《踏灯竹枝

图 1—11　利簋及利簋铭文

①（清）孙星衍：《尚书今古文注疏》，中华书局 2004 年版，第 282 页。

②（战国）吕不韦著，（汉）高诱注：《吕氏春秋》，中华书局 1989 年版，第 105 页。

③ 王全：《全唐诗》，中华书局 1960 年版，第 1323 页。

词》：“甲第连云夜宴开，照天烟火紫崔嵬。”[①]《二十年目睹之怪现状》一五回：“他们起先投身入善会，做善事的时候，不过是一个光蛋；不多几年，就有好几个甲第连云起来了。”[②]清·李慈铭《越缦堂诗话》：“更无甲第连云起，剩有辛夷作雪开。”[③]

（5）甲兵在胸

甲兵指铠甲和兵器，泛指武器。比喻胸中富有韬略。《魏书·崔浩传》：“汝曹视此人尪纤懦弱，手不能弯弓持矛，其胸中所怀乃逾于甲兵。”

（6）甲坚兵利

甲：盔甲；坚：坚固；兵：兵器；利：锋利。坚固的盔甲，锋利的兵器，比喻坚强善战的精锐部队。战国·齐·孙膑《孙膑兵法·客主人分》：“受敌者不得相以为固，甲坚兵利不得以为强。”也称“坚甲利兵”“坚甲利刃”。

（7）甲申之变

李自成农民军推翻明王朝的事变。崇祯十七年（1644年）三月十九日，李自成大顺军攻占北京，崇祯皇帝在煤山自缢，明朝灭亡。因这一年为甲申年，史称“甲申之变”。

（8）甲申易枢

甲申易枢是指光绪十年（1884年）四月八日，慈禧突然发布懿旨，将以恭亲王奕訢为首的军机处大臣全班罢免的事件。因这一年是农历甲申年，也称“甲申易枢”。

（9）甲午战争

中日甲午战争（日本称日清战争，朝鲜半岛称清日战

① 雷梦水、潘超等编：《中华竹枝词》，北京古籍出版社1997年版，第65页。

②（清）吴趼人：《二十年目睹之怪现状》，华文出版社2018年版，第88页。

③ 转引自：朱祖延主编、湖北大学语言研究室编纂：《汉语成语大词典》，河南人民出版社1985年版，第548页。

争，西方称 Sino–Japanese War：第一次中日战争），是 19 世纪末日本侵略中国和朝鲜的战争。按中国干支纪年，战争爆发的 1894 年为甲午年，故称甲午战争。

3. 人名中的“甲”

夏代末期的帝王有孔甲、胤甲、履癸（桀），都用天干为名，说明当时用天干作为序数已经普遍。

（1）辛甲

辛甲，又称辛公甲，或辛甲大夫，原委殷商旧臣，后归西周。《左传》襄公四年：“昔周辛甲之为大史也，命百官，官箴王阙。”①《史记·周本纪》：“西伯曰文王，遵后稷、公刘之业，则古公、公季之法，笃仁，敬老，慈少。礼下贤者，日中不暇食以待士，士以此多归之……太颠、闳夭、散宜生、鬻子、辛甲大夫之徒皆归之。集解引刘向《别录》云：‘辛甲，故殷之臣，事纣，尽七十五谏，耳不听，去至周。召公与语，贤之，告文王。文王亲自迎之，以为公卿，封长子。’长子今上党所治县是也。”②

辛甲多次进谏商纣王被拒绝后，他投奔了西伯姬昌。《史记·殷本纪》载：“西伯归，乃阴修德行善，诸侯多叛纣而往归西伯。西伯滋大，纣由是稍失权重。”③在辛甲和一大批仁人贤士的辅佐之下，姬昌、姬发父子治理西周不断发展壮大，最终灭掉殷商王朝。辛甲著有《辛甲》，《汉书·艺文志》道家有《辛甲》29 篇。

（2）胤甲（姒廑）

姒廑，夏朝第十三任王，名顼（xū），亦名胤（yìn）甲。夏王姒扃（jiōng）之子。姒扃元年，议立姒廑为太

① 杨伯峻：《春秋左传注》，中华书局年 2000 年版，第 939 页。

②（汉）司马迁：《史记》，中华书局 2002 年版，第 107 页。

③ 同上书，第 116 页。

子，廑认为自己德行不够，三次推让太子之位，认为自己堂兄孔甲年长且是先王之子，应该立储，群臣数次请立，廑才接受了太子之位。

姒廑是夏朝的一位守成之君，在其治下国势依然强盛。但也有一部分人认为姒廑时期夏朝已经开始衰落。廑在位时，商的势力已崛起，夏的国势又趋衰落，退居于西河地区（今河南省洛阳到陕西华阴之间）。

（3）孔甲

“帝廑崩，立帝不降之子孔甲，是为帝孔甲。帝孔甲立，好方鬼神，事淫乱。夏后氏德衰，诸侯叛之。”[①] 孔甲的荒淫暴虐激起了民众的普遍反抗，许多诸侯开始反叛，达到了“乱夏”的严重程度。《国语·周语下》：“昔孔甲乱夏，四世而陨。”孔甲之后，夏王朝的统治逐渐走向衰败。

但《左传》召公二十九年载：“及有夏孔甲，扰于有帝，帝赐之乘龙，河、汉各二，各有雌雄。孔甲不能食，而未获豢龙氏。有陶唐氏既衰，其后有刘累，学扰龙于豢龙氏，以事孔甲，能饮食之。”杜预注：“孔甲，少康之后九世君也。其德能顺于天。”[②] 认为孔甲能顺于天，从下文“帝赐之”看，杜预之说是正确的。[③] 孔甲即位以后，对夏朝的祭祀制度进行了部分改变，着重恭顺天帝。孔甲的祭祀制度的部分革新，顺应了当时的民意，安抚了民心，得到朝野的好评。清华简《厚父》篇中把夏王孔甲赞为先哲王，孔甲明君的形象是清晰的，深刻揭示了孔甲在夏代君王中的榜样地位，与禹、启一样成为当时所崇拜的

①（汉）司马迁：《史记》，中华书局 2002 年版，第 87 页。

②（晋）杜预注，（唐）孔颖达正义：《春秋左传正义》（《十三经注疏》影印本），中华书局 2003 年版，第 2123 页。

③ 杨伯峻：《春秋左传注》，中华书局 2000 年版，第 1501 页。

明君。

（4）上甲（上甲微）

上甲，又名上甲微或殷侯微，一说微是名，上甲是字，子姓。从商族始祖契到汤建立商朝前共14代，微是第8代，处在当中，是商族历史上一位重要的首领。

《史记·殷本纪》载："振卒，子微立。微卒，子报丁立。"胡厚宣认为上甲微乃王亥之子，《山海经·大荒东经》记载有"王亥讬于有易、河伯仆牛。有易杀王亥，取仆牛"。郭璞注曰："《竹书》曰：殷王子亥宾于有易而淫焉，有易之君緜臣杀而放之。是故殷主甲微假师于河伯以伐有易，灭之，遂杀其君緜臣也。"①《竹书纪年》也有类似记录：帝泄（音薛）"十二年，殷侯子亥宾于有易，有易杀而放"。王亥和弟弟王恒一起从商丘出发，载着货物，赶着牛羊，长途跋涉到了河北的有易氏（今河北易水一带）。有易氏的部落首领緜臣见财起意，杀了王亥，赶走了王亥的随行人员，夺走了货物和牛羊。王亥的弟弟王恒日夜兼程逃回商丘。王亥之子上甲微非常悲愤，欲为王亥报仇。但由于诸多原因，当时未能立即出兵，4年后才借助河伯之师，灭了有易氏，灭了緜臣替父报了仇，并将商部族的势力扩充到易水流域。这一史实说明商部族到上甲微时期已经强大起来，开始向外扩张势力。《国语·鲁语上》："上甲微，能帅契者也，商人报焉。"②《史记·殷本纪》索隐云："皇甫谧云：'微字上甲，其母以甲日生故也。'商家生子，以日为名，盖自微始。"③上甲微继承祖契的事业，振兴商族，在商族历史上具有重要地位，对商

①（晋）郭璞：《山海经注》，《四库全书荟要》（乾隆御览本）。

② 徐元诰：《国语集解》，中华书局2002年版，第161页。

③（汉）司马迁：《史记》，中华书局2002年版，等93页。

族有大功德，上甲微死后受到殷人隆重祭祀。上甲微是商人祭祭的第一位先公，说明商部族由上甲微始已进入信史时代。

（5）大甲（大甲）

太甲，子姓，名至。商汤嫡长孙，太丁之子，外丙和仲壬之侄，商朝第四位王。

太甲继位之初，由四朝元老伊尹辅政，为了教育太甲，伊尹相继写了《伊训》《肆命》《徂后》等几篇文章，教导太甲遵照祖先的法制，不能背弃祖训为所欲为，努力做一位明君。在伊尹的督促下，太甲在继位后的前两年尚能克制自己，但从第三年起就不行了，他破坏汤制定的法规，任意地发号施令，一味享乐，暴虐百姓，致使朝政昏乱。伊尹虽百般规劝，但他都听不进去，伊尹只好将他放逐到商汤墓地附近的桐宫（今河南偃师县西南）居住，让他自己反省，史称"伊尹放太甲"。太甲在桐宫经过三年的深刻反思，悔过自责，决心痛改前非，励精图治，尽自己的能力治理好国家，让天下的百姓安居乐业。伊尹看到太甲悔过自新，就带领文武大臣将太甲接回亳都，将政权交还与他。伊尹又作了《太甲》三篇，记述了太甲被放逐桐宫之缘由，以教育太甲。重新当政的太甲能修德，诸侯都归顺商王，百姓得以安宁，商王朝进入了一个稳定发展的时期。《史记·殷本纪》载："帝太甲居桐宫三年，悔过自责，反善，于是伊尹乃迎帝太甲而授之政。帝太甲修德，诸侯咸归殷，百姓以宁。伊尹嘉之，乃用《太甲训》三篇，褒帝太甲，称太宗。"[①] 太甲受到后世的尊重，常常

①（汉）司马迁：《史记》，中华书局 2002 年版，第 93 页。

和其祖父商汤一道受到隆重祭祀。

太甲共在位23年，病死，传说其死后葬于历城。在今山东济南仲宫卧虎山水库东南有太甲山，据说是太甲的陵墓。《后汉书·郡国志》注《皇览》云“太甲有冢在历山上”，并附于“济南国历城”之下。《通典》亦谓“历山有太甲冢”。后来古历山消失，民间将太甲的陵墓安在了“历城南四十余里”的太甲山。

（6）小甲

小甲，商王朝前期的第七位王，子姓名高，太庚之子。小甲在位时，以亳为都。《史记·殷本纪》记载：“帝太庚崩，子帝小甲立。”[①]关于小甲的身份，《史记·三代世表》等文献记载则是太庚之弟。有文献记载小甲在位17年，另有记载为36年等。小甲时期，商王朝开始出现衰败的势头，《史记·三代世表》载：“帝小甲，太庚弟。殷道衰，诸侯或不至。”[②]殷墟卜辞将他列为旁系先王祭祀。

（7）河亶甲

河亶甲，商代中期国王，子姓名整（《今本竹书纪年》）。商王太戊之子，中丁、外壬之弟。《史记·殷本纪》载：“帝外壬崩，弟河亶甲立，是为帝河亶甲。”河亶甲在位时，商朝继续衰落，统治者聚敛财富，纷争不已，边疆方国诸侯不断反叛侵扰。为了摆脱困境，缓解内外交困的局面，河亶甲由隞都迁于相。《古本竹书纪年》载：“河亶甲即位，自嚣迁于相。”《史记·殷本纪》亦载：“河亶甲居相。”关于相的地望，古今存在多种说法，概括起来有

①（汉）司马迁：《史记》，中华书局2002年版，第99页。

② 同上书，第496页。

三种。一是河南内黄说，见《古本竹书纪年》《尚书·序》《史记》《帝王世纪》《括地志》《元和郡县图志》等古文献；一是河南安阳说，见《通典》《通鉴·地理总释》等古文献。近年在安阳殷墟的东北部，紧邻殷墟发现的时代早于殷墟的洹北商城，更被认为是“河亶甲居相”之地；一说是沛郡相县，其地即今安徽宿县之北的符离集。王震中认为内黄说相对较为优一些。河亶甲迁都于相，在一定程度上缓解了王族内部的矛盾。待稍事整饬国势有所恢复后，便发动了对外战争，使一些原来反叛的诸侯方国重新归顺，纳贡称臣。《太平御览》卷八十三引《纪年》：“河亶甲征蓝夷，再征班方。”《今本竹书纪年》：“（河亶甲）三年，彭伯克邳。四年，征蓝夷。五年姺人入于班方彭伯、韦伯伐班方，姺人来宾。”河亶甲在位 9 年，死后由祖乙继位。河亶甲在位时对商朝的稳定是有贡献的，为其后祖乙即位后一度复兴奠定了基础。

（8）羌甲（沃甲）

羌甲（沃甲），商朝中期国王，子姓名逾（《今本竹书纪年》）。《史记·殷本纪》载：“帝祖辛崩，弟沃甲立，是为帝沃甲。”为商王祖乙之子，商王祖辛之弟。《世本》《竹书纪年》作“开甲”。沃甲、开甲可以互用，均指同一人。《今本竹书纪年》称沃甲在位 5 年，《太平御览》引《史记》称他在位 25 年。死后葬于狄泉，由其兄祖辛之子祖丁继位。甲骨卜辞不见沃甲，但有羌甲，郭沫若、于省吾等考证认为，甲骨文中“羌甲”即为“沃甲”，“沃”“羌”两字互通。

（9）阳甲

阳甲，商朝中期国王，子姓名和（《今本竹书纪年》）。商王祖丁之子，商王南庚之侄。《史记·殷本纪》有“帝南庚崩，立帝祖丁之子阳甲，是为帝阳甲”“废适而更立诸弟子，弟子或争相代立”[①]的记载，阳甲是在南庚死后夺回了政权。长期争夺王位的斗争削弱了统治力量，使商王朝再度出现衰落，故司马迁曰：“帝阳甲之时，殷衰。”[②]原来臣服于商王朝的诸侯方国纷纷反叛，阳甲不得不出兵平叛。《今本竹书纪年》载：“阳甲，名和。元年壬戌，王（阳甲）即位，居奄。三年，西征丹山戎。”《古本竹书纪年》亦载：“和甲西征，得一丹山。”阳甲在位7年，另有《太平御览》等文献载其在位17年，死后由弟盘庚即位。

（10）祖甲

祖甲，商王朝后期国王，子姓名载（《今本竹书纪年》）。《史记·殷本纪》载：“帝祖庚崩，弟祖甲立，是为帝甲。”商王武丁之子，商王祖庚之弟。

《尚书·无逸》载：“其在祖甲，弗义惟王，旧为小人。作其即位，爰知小人之依，能保惠于庶民。”[③]祖甲曾在民间长期过着平民的生活，非常清楚民众疾苦。当他即位后，“重作汤刑”，加强法制。体察民情，限制贵族对民众的过分榨取，施加恩惠于民众，减轻老百姓的负担，缓和了矛盾，稳定了社会。他推行新政，改革历法，创新祭祀制度。

祖甲之后，商王朝开始真正确立了嫡长子继承制，保证了政权的平稳过渡，这与祖甲行政有密切的关系。在武

①（汉）司马迁：《史记》，中华书局2002年版，第101页。

② 同上。

③（清）孙星衍：《尚书今古文注疏》，中华书局2004年版，第438页。

丁的基础上，祖甲继续开边拓疆，《今本竹书纪年》载：“（祖甲）十二年，征西戎。冬，返至西戎。十三年，西戎来宾，命邠侯组绀。”邠侯是周人的先祖，对周人的先祖发号施令。祖甲崩后葬于洹水北岸武官村、侯家庄西北之殷墟王陵区。经杨锡璋先生考订，王陵区 HPKM1400 号大墓即祖甲之墓。[1]

4. 谜语中的“甲”

谜题：李甲不正有思迁（打一植物）；谜底：柚子。

提示：‘李甲’不正，那么就演化成‘柚子’，李甲为《杜十娘》中的负心汉。

谜题：马甲（打一礼貌用语）；谜底：上午好。

提示：“马”扣“午”，“甲”扣“上好”，因此谜底是“上午好”。

谜题：甲乙（打一成语）；谜底：数一数二。

提示：“甲”数第一、“乙”数第二。

谜题：甲子（打四字体育用语）；谜底：并列第一。

提示：“甲”，天干第一位；“子”，地支第一位。

谜题：甲乙丙丁（打一数学用语）；谜底：代数。

提示：用“甲乙丙丁”代表数字“1、2、3、4”。

谜题：平头甲子（打一数字）；谜底：60。

提示：60 岁称为“平头甲子”。

谜题：六甲在身，从轻发落（打一成语）；谜底：宽大为怀。

提示：六甲指的是怀孕，从轻发落的意思就是宽容一点。

① 杨锡璋：《殷代墓地制度》，《考古》1983 年第 10 期。

谜题：甲午年大有可为（猜一字）；谜底：骑。

提示：甲午年是马年，大和可组成奇字。

谜题：甲午新年到“钢都”（打一地名）；谜底：马鞍山。

提示：甲午新年即是马年，钢都也就是鞍山。

谜题：中华甲午面貌新（打一成语）；谜底：龙马精神。

提示：中华就是代表了龙字，甲午年就是马年，面貌新的意思就是有精神气。

谜题：片甲不留（打一数学名词）；谜底：整除。

提示：就是整体消灭，数学名词为整除。

谜题：甲天下（打一政治用语）；谜底：第一世界。

提示：“甲”扣“第一”，“天下”扣“世界”，用作政治用语“第一世界”。

谜题：身怀六甲（打一乐器）；谜底：腰鼓。

提示：身怀六甲即古代称女子怀孕，女子怀孕时从远处看腰的部位是鼓起来的。

5. 诗词中的“甲”

甲辰八月辞故里

［明］张煌言

国亡家破欲何之？西子湖头有我师。
日月双悬于氏墓，乾坤半壁岳家祠。
惭将赤手分三席，敢为丹心借一枝。
他日素车东浙路，怒涛岂必属鸱夷！

创作背景：明弘光元年（1645 年），清兵大举南下，连破扬州、南京，擒杀弘光帝。张煌言与刑部员外钱肃乐、浙东志士董志宁等遂组成数千人的队伍在宁波城隍庙集会，拥立鲁王朱以海北上监国。张煌言亲赴台州迎鲁王，被授以“行人”之职；至绍兴，又被授以翰林修撰，并任“入典制诰，出领军旅”之事。诗歌表现了诗人在国亡家破后，矢志不渝的抗清精神和为国捐躯的决绝之心。

6. 歇后语中的“甲”

成绩优良——学甲（地名）。

乌龟进沙罐——丢盔卸甲。

卸甲山的松树——一边歪（一边倒、一顺儿歪）。

山中无甲子——寒尽才知年。

四大天王丢盔卸甲——大败而逃（大败而归）。

铁指甲——抓得紧。

癞蛤蟆穿铠甲——踢腾不开（蹬打不开）。

六十甲子轮流转——老一套（接连不断、周而复始）。

蚂蚁咬了脚趾甲——无关痛痒（无关大体）。

慢火炖甲鱼——一点一点儿加柴。

年过花甲得贵子——老来喜。

甲鱼逃走——豁边。

甲鱼生蛋——隔河照（对岸远照）。

甲鱼咬人——死不松口。

甲鱼吃甲鱼——六亲不认。

甲鱼的肉——藏在肚子里。

甲鱼翻跟头——四脚朝天。

甲鱼的头——能伸能缩。

甲鱼翻筋斗——四脚朝天。

扛起锄头放下枪——解甲归田。

肥猪戴盔甲——浑身不自在。

隔着马甲的外套——不贴心。

甲板上画鲍鱼——好看不好吃。

甲虫掉在粪坑里——越陷越深。

指甲肉里扎刺——受不了。

指甲离肉——痛不可言。

年过花甲不成才——虚度年华（枉活了大半辈子）。

壁上挂甲鱼——没有依靠（四脚无靠）。

剥皮的鱼儿——片甲不留。

出壳的小鸡——嘴甲不老（资格不老）。

穿山甲的本事——会钻的勇气和胆量。

穿山甲过路——空空洞洞。

穿山甲下坡——大团圆。

穿山甲拱泰山——攻不倒（拱不倒）。

穿山甲的本领——会钻。

穿山甲扒窝——越掏越空。

穿山甲的脑袋——能钻研（能钻眼）。

螺蛳拜蚌壳——假碰假（甲碰甲）。

乙

东汉·许慎《说文解字》释“乙”：“象春草木冤曲而出，阴气尚强，其出乙乙也。”是将“乙”释为象春天草木发芽时弯曲着破土而出的样子。

一、“乙”字的形体演变

甲骨文“乙”字

金文“乙”字

小篆“乙”字

马王堆帛书隶书“乙”字

楷书“乙”字

楷书简体“乙”字（印刷体）

行书“乙”字

草书“乙”字

二、“乙”字的含义

（一）“乙”字考源

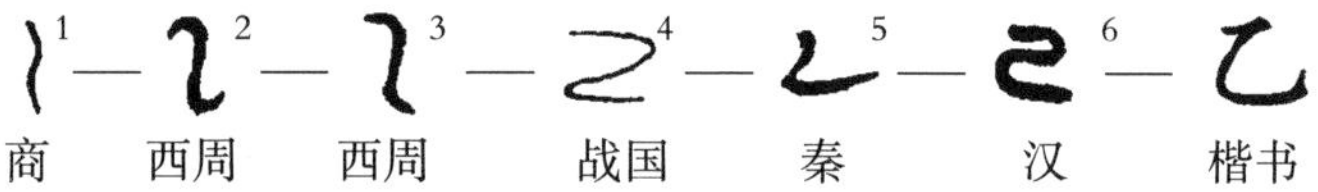

1《甲文编》546 页。2、3、4《类编》428 页。5、6《篆录表》1094 页。

图 2—1 “乙”字字形演变表①

1. 造字法

乙，象形字，所象之物不明。“乙”字最早见于商代甲骨文，有左向和右向两种写法，秦汉以后右向写法被淘汰，左向写法逐渐规范，成为今天楷书的样子。

2. 字义

东汉·许慎《说文解字》释“乙”：“象春草木冤曲而出，阴气尚强，其出乙乙也。”是将“乙”释为像春天草木发芽时弯曲着破土而出的样子。因无书证，未可轻信。《尔雅·释鱼》：“鱼肠谓之乙。”是将“乙”释为鱼肠。《礼记·内则》：“鱼去乙。”郑玄注：“乙，鱼体中害人者名也。今东海容鱼有骨，名乙，在目旁，状如篆乙，食之鲠人，不可出。”是将“乙”释为鱼鳃骨。这两种说法其实都不能算是对“乙”的正确解释，而只是说明了鱼肠、鱼

① 李学勤主编:《字源》，天津古籍出版社 2019 年版，第 1271 页。

鳃形状似篆文的“乙”字而已。李圃《甲骨文文字学》谓“象水流形”，并指出甲骨文中“河”“涉”等字中表示河流义的部分就是“乙”，“乙”即“移”的初文。这种解释有一定道理，但尚需更多的材料证明。“乙”字早期在甲骨文中就已经被借用，表示天干第二位，而且成为其最常用的义项。由于殷商时期的贵族习惯用天干字作为死后的庙号，所以甲骨文、金文中“乙”字常用作人的称呼。此为，由“天干第二位”引申为“第二”的意思，常与“甲”“丙”等连用表示等级或数目，还指称不确定的某人。

（二）“乙”字的本义

乙，古文字皆为屈曲之形。关于乙字的本义，诸家立说无数。《尔雅》说乙似鱼肠，《说文解字》说乙像草木冤曲而出。据《说文解字》以乙为部首的“乱”字可知，乙为理丝工具：“丝乱则治理之，故乱字兼有治、乱的正反二义。从乙的乱字后起，为会意，即以乙理丝。”[①] 按许氏“凡乙之属皆从乙”的思路推考，从以下三个例子中或可明其真相。

1.“乞”字

《说文解字》释“乞”：“乞，空大也。从穴，乙声。”[②] 段玉裁谓徐铉本作“空大也”非是，并依小徐本及《玉篇》作“空也”。但空非之本义。[③] 清・朱骏声《说文通训定声・泰部》：“今苏俗谓窃贼穴墙曰乞。”“乞”即是“挖”的本字，会意为以乙挖穴，故当释为：“挖也。从穴从乙，乙亦声。”“挖”字古音如客家方言，读乙为乌揭切，读挖

①（汉）许慎：《说文解字》，中华书局 2006 年版，第 308 页。

② 同上书，第 152 页。

③（清）段玉裁：《说文解字注》，上海古籍出版社 1981 年版，第 345 页。

为乌乙切或乌刮切。其形音义表明乙确实是挖掘工具。

2.“轧”字

《说文解字》释“轧”：“从车，乙声。”[①] 郑玄及《释名》《广雅》皆训乙为轧。吴其昌据此谓“乙义为刀”，其说虽欠确，但也不无可取。乙为挖掘或割杀之器，自有似刀之杀伤毁败之意。轧从车从乙，是以乙之割杀比类车之辗轧，取杀伤之共意。按乙之形，与刀有别，当为勾刀。

3.“孔”字

此字从子从乙，金文像勾刀在子头上刻割，实为雕题刻额之象形会意，与契刻之“契”形、音、义实通。又，“克”与“孔”亦合。金文“克”字像锥凿刻人头，克、刻同音，义亦相通。刻额雕题为太古成丁之礼，蛮夷承此俗。《礼记·王制》：“南方曰蛮，雕题交趾。”雕题、穿耳、穿鼻、文身、凿齿、拔牙等缺损身体的习俗，曾广泛地流行于人类早期社会中。《山海经》和《淮南子》中都记有凿齿族，与尧、羿同时代。新石器时代的东夷人普遍存在凿齿、拔牙和头骨人工变形的习俗。考古发现，大汶口文化时期的东夷人，死后大都有獐牙随葬。尽管学界对獐牙随葬的意义有不同的见解，但从经过加工的獐牙尖利而有锋刃并且有不少装有手柄的情况看，这种兽牙勾形器可作挖割刻划之用是毫无异议的。乙的形制和功用与这种勾形器十分相似。郭沫若先生《甲骨文字研究·释干支》中释“辛”字时所说的剞，与乙的形制功用正相契合。然郭氏以剞释辛未当，若以释乙则甚确。[②]《楚辞·哀时命》：“捐剞劂而不用兮，操规矩而无所施。”洪兴祖补注引应劭

① （汉）许慎：《说文解字》，中华书局2006年版，第301页。

② 郭沫若：《甲骨文字研究·释干支》，《郭沫若全集》考古编第一卷，科学出版社1982年版，第183页。

云："剞，曲刀；劂，曲凿。" 剞劂形弯有锋刃，是一种多用工具，凡勾割剖划、契刻刳挖，无不便利。

综上所考，乙是一种可用于割杀挖刻的勾形器。

（三）"乙" 字的引申义

1. 表天干的第二位

乙早在甲骨文中就已经被借用，表示天干的第二位，而且成为其最常用的义项，与地支相配，用以纪年、月、日。《礼记・月令》："其日甲乙。"《周易・泰》："帝乙归妹。"《左传》哀公九年："微子启，帝乙之元子也。" [1]

2. 代词，作人的称呼

其一，指示代词，代替人的名字。如据《旧杂譬喻经》卷上，中古答曰："此沙门从天竺来，师名某乙，姓某名某，有慧明，达经。"《太平广记・尉迟敬德》：尉迟不得已，令书生执笔，曰："钱付某乙五百贯。"

其二，人称代词，第一人称。有自负的语气，可译成"我"。如据《敦煌变文集・太子成道变文》，中古［如来］口称："唯我独尊，某乙向上更无人。"《敦煌变文集・不知名变文》："八万个徒弟，上坐善惠，曾闻不闻？" "曾闻。" "既已知闻，某乙便是善惠。"

3. 常与 "甲" "丙" 等连用表示等级或数量

作为天干的第二位，由此引申出序数词第二的意思，如 "乙科"，即古代考试科目的第二等级。汉时博士弟子射策甲科，补郎中，乙科补太子舍人。《汉书・儒林传序》："岁课甲科四十人为郎中，乙科二十人为太子舍人。"

① 杨伯峻：《春秋左传注》，中华书局 2000 年版，第 1654 页。

唐宋后进士皆有甲乙科。《新唐书·韩休传》："休工文辞，举贤良……与校书郎赵冬曦并中乙科，擢左补阙。"《文献通考·选举一》："自武德以来，明经唯丁第，进士唯有乙科而已。"清·周春《辽诗话·杨皙》："〔杨皙〕擢进士乙科，仕至宰相枢密使。"明清称举人为乙科，进士为甲科。清·龚自珍《己亥杂诗》之七四："登乙科则亡姓氏，官七品则亡姓氏。"

再如"乙部"，即古代群书四部分类法的第二部。隋以前称子部书为乙部，唐以后称史部书为乙部。西晋·荀勖因魏郑默《中经》，更着《新簿》，分图书为甲、乙、丙、丁四部；以经书为甲部，子书为乙部，史书为丙部，集书为丁部。东晋·李充以其时典籍混乱，重分四部，以经书为甲部，史书为乙部，子书为丙部，集书为丁部。自此以后，经、史、子、集之次序乃定，故后人皆称史部为乙部。

4. 作为天干用字常被用来计时，为时间名词

如"乙夜"，指二更时候，约为夜间十时。古人谓夜有五更，一更为甲夜，二更为乙夜，三更为丙夜，四更为丁夜，五更为戊夜。"乙更"义同。《后汉书·百官志三》注引《汉仪》："凡中宫漏夜尽，鼓鸣则起，钟鸣则息，卫士甲乙徼相传。甲夜毕，传乙夜，相传尽五更。"《旧唐书·李百药传》："杂以文咏，间以玄言，乙夜忘疲，中宵不寐。"《旧五代史·梁书·康怀英传》："独以二千余人，抗数万之众，自乙夜至四鼓，身被十余创。"《东观汉记·明帝纪》："〔明帝〕甲夜读众书，乙（更）尽乃寐。"

5. 指鱼鳃骨

《礼记·内则》："狼去肠……鱼去乙。郑玄注：'乙，鱼体中害人者名也。今东海容鱼有骨，名乙，在目旁，状如篆乙，食之鲠不可出。'"又如"鱼乙"，指鱼目旁呈乙字状的骨头。

6. 作为动词的“乙”，表示碾压

如《后汉书》：“西太守，乙卯金。”李贤注：“乙，轧也。述言西方太守能轧绝卯金也。”

7. “乙”作形容词

乙乙，意思为难出之貌，还指一一、逐一，也作象声词，读 yàyà。有三层意思：其一，指难出的样子。晋·陆机《文赋》：“理翳翳而愈伏，思乙乙其若抽。”其二，指绵绵不断的样子。古直《忆亡友朝露次残梦韵》：“忧心乙乙似抽丝，且自挑灯读楚辞。”冰心《〈寄小读者〉四版自序》：“年来笔下消沉多了，然而我觉得那抒写的情绪，总是不绝如缕，乙乙欲抽。”其三，指逐一。清·田雯《缫车辞》：“初长如蚁今成茧，乙乙上簇黄白满。”

三、“乙”字的文化内涵

（一）姓氏文化中的“乙”

乙姓是现行较常见的汉族姓氏，中国最古老的姓氏之一。2013 年，中华人民共和国公安部对全国户籍人口进行了统计分析，数据显示：乙姓在中国百家姓中排名第 104 位，主要分布在北京、山东、河北、江苏、上海、浙江、广东、河南、湖南、山西、四川、安徽、甘肃、广西、福建、台湾等地。

（二）语言文化中的“乙”

1. 成语中的“乙”

（1）越凫楚乙

凫，野鸭；乙，通“鳦”，指一种燕。《尔雅·释鸟》：“燕燕，鳦。”

图 2—2　越凫楚乙

注："诗云：'燕燕于飞。'一名玄鸟。齐人呼鳦。"同一只飞鸿，有人以为是野鸭，有人以为是燕子。比喻由于主观片面，对于事物认识不清而判断错误。出自《南齐书·高逸传·顾欢》："昔有鸿飞天首，积远难亮。越人以为凫，楚人以为乙。"

（2）甲乙丙丁

古代天干排序的一至四位，指事物的顺序或事物的大概轮廓。出自毛泽东《改造我们的学习》："或作讲演，则甲乙丙丁、一二三四的一大串；或作文章，则夸夸其谈的一大篇。"

（3）丹黄甲乙

指点校书籍，评定次第。语出清·钱谦益《葛端调编次诸家文集序》："句读之有析，文理之不通，而俨然丹黄甲乙，衡加于经传，不已傎乎！"

（4）丹铅甲乙

指点校书籍，评定次第。出自清·戴名世《〈陈大士稿〉序》："千子慨然悯之，取一代之文，丹铅甲乙，辨其黑白。"

2. 历史典故中的"乙"

（1）玄乙

燕子的别名。清·厉荃《事物异名录·禽鸟·燕》："玄乙，燕也。"[1]

（2）面乙

指面向东方。古人以天干地支、阴阳五行配五方，甲、乙、木为东方。

图 2—3　玄乙

① 郑恢：《事物异名分类词典》，黑龙江人民出版社 2002 年版，第 174 页。

（3）勾乙

指在报刊书籍的某些词句两端，画上形状像“乙”的记号（「」），表示要抄录下来，作为资料。还有一种说法，认为水族对非正常死者的一种超度形式，流传于贵州省黔南布依族苗族自治州东南部的三都水族自治县等地区。水族人凡因伤而死者，如虎伤、落水、刀枪伤、跌伤、烧伤、难产等，家人都要请鬼师择吉进行“勾乙”念经超度仪式。意为丢掉遗留的伤灾。

（4）甲乙帐

指汉武帝所造帐幕。饰琉璃珠、夜光珠等珍宝者为甲帐，以居神；其次为乙帐，以自居。《汉书·西域传赞》：“于是广开上林，穿昆明池，营千门万户之宫，立神明通天之台，兴造甲乙之帐，落以随珠、和璧。”颜师古注：“其数非一，以甲乙次第名之也。”

（5）涂乙

字多余了抹去叫涂，字遗漏了勾添称乙。指修改文章。例如，凡涂乙处都已注明。

（6）乙正

谓勾正词句，改正倒文的方法。即用符号“乙”将次序颠倒的两个字钩正。指勾正词句的倒误。郭沫若《古代文字之辩证的发展》：“‘毋或弗敬’原作‘毋弗或敬’，乃误倒，今为乙正。”

（7）左乙

《汉武帝内传》载，上元夫人授武帝道经，其第四篇为“左乙混沌东蒙之文”。《云笈七签》卷三有《左乙混洞东蒙录》。后即以“左乙”为道经的通称。

（8）小乙

古代对年轻男性排行第一者的俗称。

3. 神话、历史人物中的“乙”

（1）报乙

上甲微之子，是报丙的父亲，商汤的六世祖。报是供奉祖先牌位的神龛。

（2）天乙（大乙）

——即成汤。汤即商汤，商朝的创建者，子姓名履，又称汤、成汤、武汤、大乙、成商、商侯履、武王等。商部族首领主癸之子，任商族首领 17 年后灭夏，又 13 年而卒。《史记·殷本纪》：“主癸卒，子天乙立，是为成汤。”[①]《荀子·成相》称：“契玄王生昭明，居于砥石迁于商。十有四世乃有天乙，是成汤。”卜辞中称汤为大乙。《书序》记载：“自契至于汤八迁，汤始居亳，从先王居。”关于亳的地望历来众说纷纭，史书记载五家之多。今学术界接受的主要有西亳说、郑亳说和南亳说。西亳即今河南偃师，郑亳即今河南郑州，南亳指今河南商丘。夏前商汤曾是夏的诸侯，代替夏桀出征讨伐有罪之国，力量逐步发展强大起来。在这过程中，商汤行仁义，订礼制，加强刑法，招引贤才，得到伊尹、庆辅、女鸠、仲虺、女房等贤士良臣的辅佐，力量发展更快，为灭夏创造了有利条件。商汤的强大引起夏桀的不安，于是就借故召商汤，并将其囚于夏台（又称钧台，今河南禹州）。伊尹、仲虺闻讯后，在国内搜集珍宝美女贿赂桀，桀放回商汤。桀囚禁商汤引起诸侯不满，汤获释后，一天之中叛夏桀奔商者多达五百，夏朝统治基础陷于分崩离析的境地。商汤回师亳都大会诸侯，召开了“景亳之会”，表明自己是秉承天意征

①（汉）司马迁：《史记》，中华书局 2002 年版，第 92 页。

伐夏桀，让百姓脱离暴政与苦难。《史记·殷本纪》载：“当是时，夏桀为虐政淫荒，而诸侯昆吾氏为乱。汤乃兴师率诸侯，伊尹从汤，汤自把钺以伐昆吾，遂伐桀。”[①]商汤陆续灭掉葛国（今河南宁陵）、韦（在今河南滑县，彭姓，即为后来大彭）、顾（在今河南范县）、昆吾（在今河南许昌）等夏的属国部族，十一征而无敌于天下。而后作《汤誓》：“夏王率遏众力，率割夏邑。有众率怠弗协，曰：‘时日曷丧？亡。’夏德若兹，今朕必往。”乃兴师伐夏。“桀败于有娀之虚，桀犇于鸣条，夏师败绩。”汤与桀大战于鸣条（今河南封丘东，一说在晋东南之安邑或南夷之地），桀败，“桀走鸣条，遂放而死”。此后三千诸侯大会，“汤乃践天子位，代夏朝天下。”汤被推为天子，都于亳，建立商朝，成为中国继夏王朝之后第二个奴隶制王朝。汤建国后，鉴于夏朝灭亡的经验教训又作《汤诰》，要求其臣属“有功于民，勤力乃事”，否则就要“大罚殛汝”。对那些亡了国的夏民，则仍保留“夏社”，并封其后人。汤注意“以宽治民”，因此在他统治期间，阶级矛盾较为缓和，政权较为稳定，国力也日益强盛。《诗经·商颂·殷武》称：“昔有成汤，自彼氐羌，莫敢不来享，莫敢不来王，曰商是常。”13年后，汤卒。因其长子太丁早殇，由次子外丙继王位。甲骨卜辞中常见商汤受到隆重的祭祀。有时候与其他先公先王一同被祭祀，有时候则是单独受祭祀，而且祭祀种类繁多，有时各种祭祀同时进行。商汤王陵在全国有多处，比较著名的有洛阳偃师汤王陵、扶风汤陵、虞城汤陵、商丘汤陵、亳州汤陵等。亳州汤陵坐落在

①（汉）司马迁：《史记》，中华书局2002年版，第95页。

山东曹县城南10公里的阎店楼镇土山集村西，东距菏商公路约3公里。现存封土南北长70米，东西宽50米，高1.5米。陵前现存有明、清两代的“重修汤陵碑”。

——星官名。亦作“天一”，古代汉族传说中三神之一,三神中太乙为尊，天乙次之，地乙再次。天乙系汉族民间尊奉的神仙，祭祀的传统节日即今天的元宵节。汉武帝时，祭祀活动定在正月十五。属紫微垣，即天龙座星。《星经》:“天一星在紫微宫门外右星南。”

（3）祖乙

祖乙，生卒年不详，亦称且乙，子姓名滕（一作“胜”)(《今本竹书纪年》)。商王河亶甲之子，商朝第十三任王。河亶甲死后，祖乙继任王位。祖乙在位19年去世，庙号中宗，死后由其子祖辛继位。甲骨卜辞中称“且辛”(“且”是“祖”的本字，实为同一字)。祖乙在位时期，将都城从相（今河南省内黄县）迁耿（今山西省河津市）。次年，又从耿迁到邢（今河北省邢台市）。后因邢发生河患，于是再次迁都于庇（即沙丘平台，今河北省邢台市广宗县北大平台）。在商王朝建国后的五次迁都中，“祖乙迁徙”在文献中有多种记载，邢的地望异议纷呈,《太平御览》卷八三三皇王都部引《竹书纪年》:“祖乙胜即位，是为中宗，居庇。”《史记·殷本纪》:“祖乙迁于邢。”《史记·周本纪》:“商祖乙迁于邢。”《尚书序》:“祖乙圮于耿。”根据文献和考古资料考证，邢、耿、庇三个地方应为一地，即为邢。王震中先生将文献资料和考古资料结合起来，主张河北邢台说。[1]

① 王震中:《商代都邑》，载宋镇豪主编:《商代史》卷五，中国社会科学出版社2001年版，第213—214页。

祖乙是一位很有作为的君主，他任用太戊时期的名臣巫咸的儿子巫贤辅佐朝政，几次出兵平服了蓝夷、班方等方国部族的反叛，解除了东南方的夷族对商的威胁，并任用巫贤辅政，使商朝的社会经济得到恢复和发展，使商朝国势再度兴盛。《史记·殷本纪》载："帝祖乙立，殷复兴，巫贤任职。"[①] 孟子把他列入了商朝的"贤圣之君"。《孟子·公孙丑上》说："由汤至于武丁，贤圣之君六、七作；天下归殷久矣。"其中包括商汤、太甲、太戊、祖乙以及后来的晚商的盘庚、武丁。《晏子春秋·内篇谏上》也说："汤、太甲、祖乙、武丁，天下之盛君也。"甲骨文中称他为中宗祖乙，经常受到隆重的祭祀。祖乙在位19年，死后葬于狄泉，由其子祖辛继位。

（4）小乙

小乙，商王朝后期王，子姓名敛，商王祖丁之子，商王阳甲、盘庚、小辛之弟。《史记·殷本纪》载："帝小辛崩，弟小乙立，是为帝小乙。"[②] 商王小乙注重对后继者的培养，确立其子武丁为世子，并对其进行教育。《今本竹书纪年》载："六年，命世子武丁居于河，学于甘盘。"殷墟甲骨文又作小祖乙、后祖乙、亚祖乙。小辛之弟。小乙是庙号。继小辛即位，殷墟卜辞列为直系先王祭祀。

（5）武乙

武乙，商代后期王，子姓名瞿（《今本竹书纪年》）。《史记·殷本纪》载："帝庚丁崩，子帝武乙立。"[③] 商王庚丁之子，于公元前1147年继位，卒于公元前1113年，在位35年（《夏商周断代工程年表》）。死后由其子太丁（也

①（汉）司马迁：《史记》，中华书局2002年版，第101页。

② 同上书，第102页。

③ 同上书，第104页。

作文丁）即位。

武乙作为商代后期的一个重要君王，却被司马迁称为“无道”。这一认识盖源于《尚书·无逸》中周公的一段话，周公曰：“呜呼！我闻曰……自时厥后立王，生则逸。生则逸，弗知稼穑之艰难，弗闻小人之劳，惟耽乐之从。自时厥后，亦罔或克寿。或十年，或七八年，或五六年，或四三年。”将晚商后期几代商王全部予以否定。

其实，武乙是商代很有作为的一个国王，他致力于社会生产的发展，武乙时期的甲骨卜辞中，有新开垦的地名“厅”“望”，说明耕地面积有了扩大。手工业中青铜器制作得到发展，青铜器作坊面积不断扩大，产品数量增多，造型更加精美。骨器制作和玉石器制作也得到发展，在小屯西北地发现一处新的玉石器制造作坊。甲骨文中出现了和手工业生产相联系的“百工”“司工”。这一时期“原有的居民点迅速膨胀”，殷墟的面积得到了扩大，殷都更加繁荣。[①] 在政治上整个官制得到充实和完善，各个部门分职设官明显增多和明确。军事组织趋向严密，甲骨卜辞载：“丁酉，王作三师：右、中、左。”[②] 说明“三师”编制正式形成，戍守活动频繁，有了定期轮换驻防的制度。在意识形态方面，这一时期“透过浓重的迷信神权的氛围，也开始出现较为趋向现实的薄明的晨曦”。殷人在举行祭祀的时候，用人为牲的数量逐渐减少，不再大量用人作无谓的牺牲。祭祀中改变了原来的重自然神而为重祖先神，确立了祖先崇拜的主导地位。对祖先神崇拜也由原来的重远祖变为重视先祖父辈。武乙在迷信鬼神很深的历代商王

① 陈邦怀：《〈小屯南地甲骨〉中所发现的若干重要史料》，《历史研究》1982年第2期；中国社会科学院考古研究所编著：《中国考古学·夏商卷》，中国社会科学出版社2003年版，第296页。

② 郭沫若：《甲骨文合集》第33006正，中华书局1978年版，第4061页。

中，敢于藐视天神，打破神权，加强王权，难能可贵。《史记·殷本纪》载："帝武乙无道，为偶人，谓天神。与之博，令人为行。天神不胜，乃僇辱之。为革囊，盛血，卬而射之，命曰'射天'。"[①]这就是与天神对弈和革囊射天的故事，反映了中国古代朴素的"人定胜天"的思想在萌生。武乙对周边方国部族继续实行怀柔政策，出兵讨伐反叛者。旨方在殷的西部，势力逐渐强大，经常进犯中原，武乙多次调动重兵加以征伐，参战军队常常在几千人以上，最后征服了旨方。武乙还曾经征服了南方的归（今湖北秭归县境）和东部的夷人。对西方的周部族则友好相待，《今本竹书纪年》载："（武乙）三十四年，周公季历来朝，王赐地三十里，玉五十瑴，马十匹。"然而，周人的崛起构成了对商的威胁，武乙到周巡视，结果"武乙猎于河渭之间，暴雷，武乙震死"[②]。雷震致死是一种自然现象，同时，武乙之死也不排除被周人杀害。武乙之子文丁即位杀掉季历，就含有替父报仇之因素。

由于武乙之子文丁继承王位，武乙本人及其配偶都列入祀谱受到周祭。《今本竹书纪年》载，武乙在位35年，与夏商周断代工程年表一致。武乙死后葬于洹水北岸武官村、侯家庄西北之殷墟王陵区。经杨锡璋先生考订，王陵区HPKM1500号大墓即武乙之墓。[③]

（6）帝乙

《史记·殷本纪》载："帝太丁崩，子帝乙立。帝乙立，殷益衰。"[④]帝乙，商代后期王，子姓名羡（《今本竹书纪年》）。商王文丁之子，商王帝辛之父。于公元前1101

①（汉）司马迁：《史记》，中华书局2002年版，第104页。

② 同上。

③ 杨锡璋：《殷代墓地制度》，《考古》1983年第10期。

④（汉）司马迁：《史记》，中华书局2002年版，第104页。

年继位，卒于公元前1076年，在位26年（《夏商周断代工程年表》)。《今本竹书纪年》载其在位9年，《皇极经世》《通鉴外纪》载其在位37年。甲骨卜辞中不见帝乙尊号，商代青铜器《邲其卣》铭文称其为“文武帝乙”。帝乙即位之时，东方夷人各部趋于强盛，夷人中的人方、盂方等不断在边界上侵扰渗透。《后汉书·东夷传》载其“分迁淮岱，渐居中土”。帝乙为了不至于腹背受敌，遂对周部族继续采取和亲政策，把一个妹妹嫁给姬昌，并封其为西伯。姬昌认为商周交恶对双方来说都没有好处，即接受和亲，并亲自前往渭水边上迎娶。《诗经·大雅·大明》描述了这场隆重的盛大婚礼，用“天作之合”形容婚姻的美好。《周易·泰》之六五爻辞亦曰：“帝乙归妹，以祉，元吉。”自此，商王帝乙和西伯姬昌在世时，商周之间未曾发生过战争。商王帝乙缓和了与周人的矛盾之后，平定了东夷叛乱，周人也得到迅速发展。为了解除边患，帝乙对东方夷人展开了长期的战争。人方，是夷人的一支，又称尸方、夷方。它发展迅速，经常进入商境攻掠，与商为敌。武乙在位时曾攻打过人方。小臣尊铭文“……唯王来征夷方……”[1]上海博物馆收藏着一片未经著录的征伐夷方的卜辞：“……〔比〕多侯甾伐夷方白……夷方白〔率〕……”帝乙在立王位继承人时，由于废长立幼，即废长子微子启，立幼子受（纣）造成了内部的分裂。文献中有两种不同记载。《史记殷本纪》载：“帝乙长子曰微子启，启母贱，不得嗣。少子辛，辛母正后，辛为嗣。帝乙崩，子辛立，是为帝辛，天下谓之纣。”[2]微子启和纣在政

① 中国社会科学院考古研究所：《商周金文集成》，中华书局1994年版，第5990页。

②（汉）司马迁：《史记》，中华书局2002年版，第105页。

见上有很大的分歧，必然导致分裂。《今本竹书纪年》载："（武乙）三年，自殷迁于河北。五年，自河北迁于沬。"皇甫谧的《帝王世纪》亦载："帝乙……徙朝歌，其子纣仍都焉。"据此，有学者认为晚商帝乙、帝辛迁都朝歌，但多数学者根据《竹书纪年》所载"自盘庚迁殷至纣之灭，二百七十三年更不徙都。南距朝歌，北距邯郸及沙丘，皆为离宫别馆"及安阳殷墟考古发掘资料，认为帝乙并未迁都并引起了争论。[①] 商王帝乙在位时，将他的儿子子期封于山西郝乡（今山西省太原），商朝被周朝灭亡（前 11 世纪）之后，其后子孙也以地为氏，称郝氏，故帝乙被奉为郝姓之始祖。一说郝乡在今陕西省西安附近，是为山西郝氏或陕西郝氏。帝乙崩后葬于洹水北岸武官村、侯家庄西北之殷墟王陵区。经杨锡璋先生考订，王陵区 HPKM1005P 号大墓即帝乙之墓。[②]

（7）乙瑛

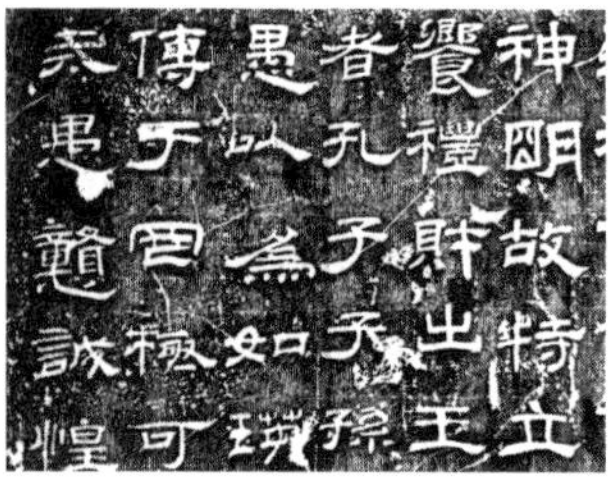

图 2—4　乙瑛碑

东汉末年官员，平原高唐（今高唐）人。汉桓帝时为鲁相。元嘉三年（153 年）上奏朝廷，请为孔子庙置百石卒史一人，掌朝中礼品、祭器及往返公文。诏准之日，乙瑛已满秩离去，后相名平者遵诏杂试，得孔和一人，除为百石卒史。后人为此事立碑记之，今碑仍在，简称《乙瑛碑》，全名《汉鲁相乙瑛奏置孔庙百石卒史碑》，又称《孔和碑》，现存曲阜孔庙。此碑为隶书，端庄凝重，气象雍容，是汉碑中的精品。未书书人姓名。民国十五年（1926 年）《高唐县志》谓："乙瑛事迹除请百石卒史碑外无可考，对于本县无直接影响。然其请置白石卒史一事，关心先

① 秦文生：《殷墟非殷都考》，《郑州大学学报（哲学社会科学版）》1985 年第 1 期；田涛：《谈朝歌为殷纣帝都》，戴志强、郭胜强：《试论帝乙帝辛时期殷都未迁》，载胡厚宣主编：《全国商史学术讨论会论文集》，《殷都学刊》（增刊），1985 年 2 月，第 160、147 页。

② 杨锡璋：《殷代墓地制度》，《考古》1983 年第 10 期。

圣，裨补儒教，其及于人者非浅鲜，且其事列入他篇，举非所直，故以为德范之首。”

（8）乙弗

高句丽第15位王（？—331年），又名忧弗、乙弗利，系药庐（西川王）之子古邹加咄固之子、前王之侄。其父被杀时他出逃于野，遭受了很多苦难。公元300年继大王位（有资料记为晋惠帝元康九年，即公元301年继王位），即位后开始接二连三地发动战争，企图用武力夺取辽东及乐浪地区。

（9）乙力支

乙力，复姓。北魏有乙力支，见《魏书·勿吉传》。勿吉国，位于高句丽之北。勿吉是在肃慎、挹娄的基础上，不断发展扩大而形成的，在政治、经济上与中原皇王朝保持密切关系。乙力支，生卒年无文献记载，公元475年担任勿吉国使臣，率领使团往返行程万里到中原洛阳，向当时的北魏政权朝贡。乙力支不畏难辛，克服了行途中的重重困难，完成了这次出使任务，为加强北方少数民族与中原政权的联系、增进民族团结作出了杰出的贡献。

4. 谜语中的“乙”

谜题：甲乙丙丁都不对；谜底：罪。

谜题：乙丑盛夏；谜底：伏牛。

谜题：眼下只认甲乙丙；谜底：目不识丁。

谜题：乙丑历书；谜底：牛得草。

丙

东汉·许慎《说文解字·丙部》："位南方，万物成，炳然。阴气初起，阳气将亏。从一入冂。一者，阳也。丙承乙，象人肩。凡丙之属皆从丙。"

一、“丙”字的形体演变

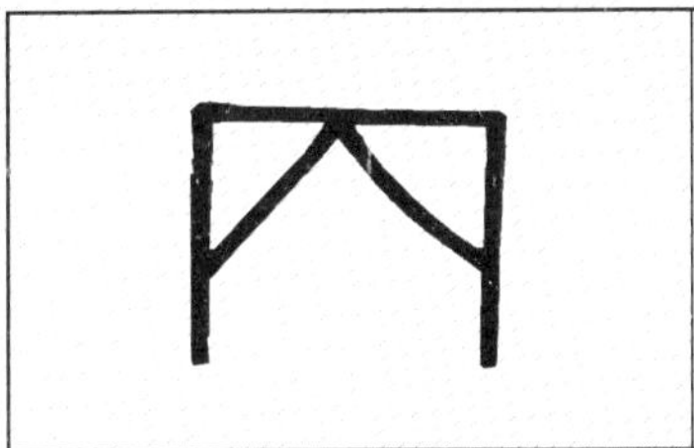

甲骨文“丙”字

金文“丙”字

小篆“丙”字

《三体石经》隶书“丙”字

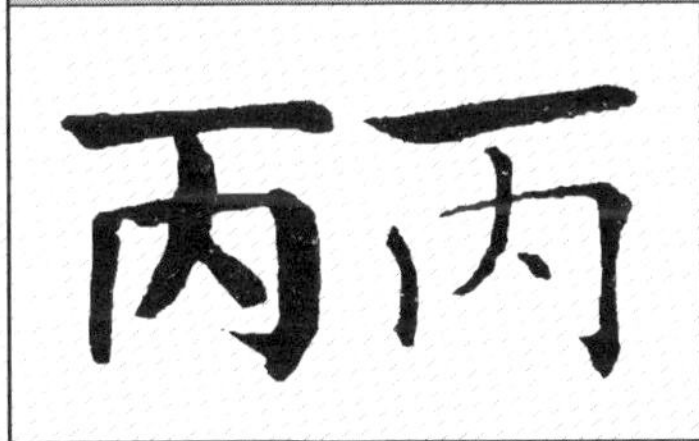

颜真卿、褚遂良所写楷书“丙”字

楷书简体“丙”字（印刷体）

米芾所写行书“丙”字

欧阳询所写草书“丙”字

二、“丙”字的含义

（一）“丙”字考源

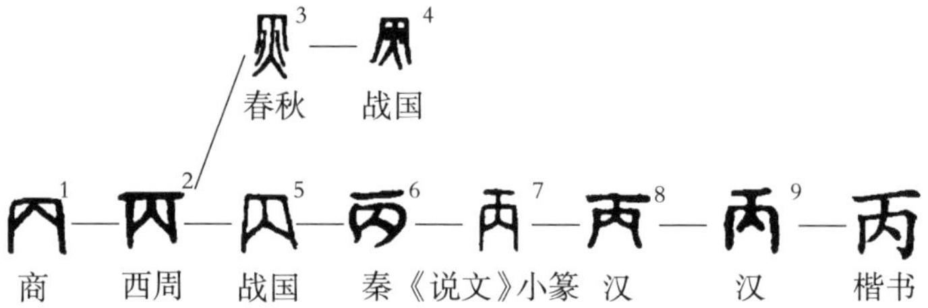

1《甲文编》527 页。2《金文编》962 页。3、4《类编》3 页。5《古文典》710 页。6、8、9《篆隶表》1050—1051 页。7《说文》308 页。

图 3–1 “丙”字字形演变图[①]

1. 造字法

丙，象形字，所像之物不明。丙最早见于商代甲骨文，作“ ”，西周金文曾有一种中间填满的写法“ ”，颇为古拙，但并未进入主流。春秋时期出现另一种异体，在中间人字形的两侧添加饰笔作 形，至战国时期楚系文字或作“ ”，是最为繁复的写法，为后世不取。但秦代文字在继承西周金文的基础上，或作“ ”，或作“ ”。汉代隶书分别延续了这两种构形，楷书则选择了整体性更强的前者。

① 李学勤主编：《字源》，天津古籍出版社 2019 年版，第 1272 页。

2. 字义

甲骨文中，“丙”的字形为，可以看出与小篆字形有一些差异。

晚期金文丙字从火，《释名》与《广雅》皆云“丙，炳也”，表明丙与火应有某种联系。其字形有两大特征：一是有凹缺朝下，弯似镰刀；二是扁形，且两端有突出的锋刃，形类砭石。若将丙字从中对分则成两块磐石之状，这正是甲骨文石字的原形。由此推考，丙当属石镰或砭石之类的石器。诸石与火关系密切者莫过于燧石，而燧石碰击恰能生火，这正合从火的丙字之形义，故认为丙为砭之本字。打火之石器，俗称“火镰石”，石镰形弯而锋利，正像甲骨文、金文丙字之形，亦合从火之丙的形义，故后有炳字。砭石主要为燧石所制，用于切割针砭，为石片之属的燧石工具。丙与砭、片音近，形用亦似。丙为手持之器，故有秉义，甲骨文有从丙从又一字，当会意为持丙，疑即秉之或体。丙、秉同音，义亦可通，故柄从丙声，声中有义。由上证之，丙为砭之本字。由此认为，丙为天干名源于以砭为法器的巫祭。[1]

“丙”是《说文解字》中一个单独的部首，被编排在《说文解字》的第十四卷。《说文解字 · 丙部》：“位南方，万物成，炳然。阴气初起，阳气将亏。从一入冂。一者，阳也。丙承乙，象人肩。凡丙之属皆从丙。”[2]意思是，丙在天干诸位中代表南方，南方代表四季中的夏天，这时万物长成，一派光明的样子。阴气初起，阳气将亏。字形采用“一、入、冂”三形会义。这里的“一”，表示阳气。

① 李裕：《干支字义考原》，《武汉大学学报（哲学社会科学版）》1997 年第 5 期。

② （汉）许慎：《说文解字》，中华书局 2006 年版，第 308 页。

丙承乙，象人肩。所有与丙相关的字，都采用“丙”作偏旁，并且在此部首之下没有其他从“丙”的字。许慎对于“丙”的解说释义附会阴阳之说，然而从这一角度是无法得出字的形体与意义之间关系的，并且天干地支这类用字一般因无法造字而假借用字，所以许慎之说不可信。

（二）“丙”字的本义

其一，郭沫若和一些学者认为像鱼尾。[①]《尔雅》曰：“鱼尾谓之丙。”郝懿行义疏：“鱼尾鳍与燕尾同状，如篆书丙字。”

其二，叶玉森曾经认为像“几”之形，后又删除此说。

其三，于省吾认为“丙像物之安，安亦谓之堤”。[②]安与堤“即是今俗所称物之底座”。于氏的证据是的上面可以置物，下面像底座之足，与爵（）、鼎（）的足部相似。另外，甲骨文中有一个字为，像两手捧牲，置于底座之形，而底座从字形上看正是“丙”的字形。

其四，康殷先生曾谓丙“象鬲（或款足鼎）足部分，或像被火烧得炽热的鬲足”，又谓“象鬲、鼎的下部分形，大分樀、款足的两足之形，或表示烧热的鬲”。刘敬扬先生也赞成这一观点并进行了自己的论证。他提出“丙”实际上是一种饮器，是鬲的象形，也与“秉”通假作地名。

（三）“丙”字的引申义

1. 天干第三位

由于“丙”字早在甲骨文中就被假借作天干第三位之

① 郭沫若：《甲骨文字研究·释干支》，《郭沫若全集》考古编第一卷，科学出版社 1982 年版，第 169 页。

② 于省吾：《甲骨文字诂林》，中华书局 2014 年版，第 2052 页。

名，此后假借义成为常用义项而本义则湮没不闻。“丙”与地支相配，用以纪年、纪时、纪日。明·黄道周《节寰袁公传》：“如丙（天启六年丙寅）丁（天启六年丁卯）之间，天子贤达，士夫无出其（袁可立）右者。”

2. 代称“第三”或“火”

由“天干第三位”又引申为序数第三的代称，且由于古人讲干支与五行相配，“丙”属火，故又成为“火”的代称。《淮南子·天文训》：“其日丙丁。”高诱注：“丙丁，皆火也。”

另，由“火”再度引申出“光明”的意思，后作“炳”。

三、“丙”字的文化内涵

（一）姓氏文化中的“丙”

丙姓的来源有三：其一，相传古三皇神农之臣有丙封（一作屏封），兹被认为是丙姓来源的开始。炎帝时，丙封被当作丙姓的始祖。《姓源》记载炎帝之裔封于丙（故城在今山东泰山附近黄县东），后为宋邑，其后以邑为氏。其二，晋大夫邴豫食邑邴，子孙因丙氏。其三，齐亦有邴邑丙氏。还有说法认为李陵降匈奴，裔孙归魏，魏主丙殿召见，因赐姓。如汉有丙吉之名。

（二）历史文化中的“丙”

1. 历史人物中的“丙”

（1）报丙

子姓，报乙之子、报丁之父，商朝开国君主成汤的曾祖父（一说为汤的高祖父），商部族的杰出首领。

（2）外丙

子姓，商朝第二任君主，名胜，成汤之子。由于成汤的长子太丁早逝，因此成汤去世后就由他继位，伊尹摄政。《史记·殷本纪》记载：“汤崩，太子太丁未立而卒，于是乃立太丁之弟外丙，是为帝外丙。”[①] 外丙在位仅 3 年

① 司马迁：《史记》，中华书局 2002 年版，第 98 页。

便得病而亡，传位其弟仲壬。一说外丙是商汤的弟弟，汤子太丁叔，商汤卒，太子太丁已先商汤而亡，遂继位为王。外丙继位后，任用伊尹、仲虺二相继续辅政，以宽治民。外丙尊商汤为“汤宗”，给予隆重的祭祀。《礼记·祭法》说：“商人祖契而宗汤。”[①]

（3）丙吉

丙吉，汉时鲁国人，曾代魏相为丞相，博阳侯。《史记》里面称作“邴吉”。与丙吉相关的有一成语典故——“丙吉问牛”，意思是看到牛的异常想起天气变化，赞扬官员关心百姓疾苦。出自明·程登吉《幼学琼林》第四卷：“楚王轼怒蛙，以昆虫之敢死；丙吉问牛，恐阴阳之失时。”

这里引用了丙吉问牛的典故，是说西汉宣帝时期，丞相丙吉十分关心百姓的疾苦，经常外出考察民情。丙吉一次外出，碰上争道群斗，死伤的人横路，丙吉经过却不问，掾史独自深感奇怪。丙吉向前走，碰上有人赶牛，在吃力地拉车，牛喘气吐舌，丙吉停下来，派骑吏问那人：“赶牛走了几里路？”掾史独自认为丞相前后失问，有人甚至因此指责丙吉只重畜不重人。丙吉说：“百姓斗殴死人，有长安令、京兆尹管，我只一年一次检查他们的政绩优劣，上奏皇上或赏或罚而已。宰相不过问小事，但春日未热，牛喘气吐舌，恐季节失调，又有什么灾害，好预先防备，这是三公要管的大事，因此过问。”掾史心服，认为丙吉识大体。后世用丙吉问牛赞扬官员关心百姓疾苦。

①（清）孙希旦：《礼记集解》，中华书局2019年版，第1192页。

甘露三年（前51年），汉宣帝（刘询）因匈奴归降，回忆往昔辅佐有功之臣，乃令人画十一名功臣图像于麒麟阁以示纪念和表扬，丙吉位列其中。康熙六十一年（1722年），丙吉与历代功臣四十人入祀历代帝王庙。

图3—2　丙吉问牛

2. 四部分类之丙部

四部分类即书目类例上的甲、乙、丙、丁或经、史、子、集四分法。四部分类是随着我国目录事业的发展而产生的。魏晋南北朝时期，历史书籍大增，佛经大量翻译，文学受到重视，文学总集和别集出现，这些特点在图书目录类例上必有所反映，四分法遂应运而生。三国时曹魏秘书郎郑默于魏末校理皇室藏书时，编成了一部目录——《中经》。西晋人荀勖据之编《中经新簿》，始创四分法。该书分甲、乙、丙、丁四部："一曰甲部，纪六艺及小学等书；二曰乙部，有古诸子家、近世子家、兵书、兵家、术数；三曰丙部，有史记、旧事、皇览簿、杂事；四曰丁部，有诗赋、图瓒、汲冢书。"东晋人李充整理皇室书籍，编成《晋元帝四部书目》，对荀勖分类加以调整。李充将乙、丙次序更换，乙部改为史部，丙部改为子部。从此，经史子集四分法的体制便正式确立了，奠定了后世四分法的顺序。至《隋书·经籍志》，已有按经、史、子、集排列类名及细目的系统用书。[①]

① 刘干先、董莲池、张玉春等主编：《中华文明实录》，黑龙江人民出版社2002年版，第1507页。

3. 历史语境中的“丙”

（1）丙科

官制用语。汉代通过考试录用官吏的第三等级。西汉自武帝始，设五经博士，置弟子员。岁末课试，其高第为甲科，次为乙、丙科。据《汉书·儒林传》，平帝时，岁课甲科四十人为郎中，乙科二十人为太子舍人，丙科四十人补文学掌故。东汉罢，唯设甲、乙科。唐代明经分为甲、乙、丙、丁四科。

（2）丙舍

其一，后汉宫中正室两边的房屋，后世叫作偏殿、配殿，以甲乙丙为次，其第三等舍称丙舍。《后汉书·清河孝王庆传》：“遂出贵人姊妹置丙舍。”王先谦曰：“丙舍，宫中之室，以甲乙丙丁为次也。”唐·温庭筠《走马楼三更曲》：“帘间清唱报寒点，丙舍无人遗烬香。”这里用“丙舍”借指唐玄宗第十八子寿王李瑁的居舍，暗讽唐玄宗李隆基抢走了寿王妃（杨贵妃）。

《千字文》中有“丙舍傍启，甲帐对楹”之句。因为丙舍不是正房，而是配房、别室，其门户自然也都是朝东西方向开启的，故称“傍启”。傍是旁的通假，傍启就是旁启。“甲帐对楹”的意思是，豪华的幔帐对着高高的楹柱。甲帐是汉武帝时所造的帐幕，《汉武故事》中记载：“武帝以珍宝为甲帐，其次为乙帐。”汉武帝的幔帐用珊瑚、宝石翡翠、珍珠镶嵌，是第一等的幔帐，故称甲帐。楹是堂屋前部的柱子，此处指宫殿中的第一排柱子。楹柱上面通常都挂上木头镌刻的对联，叫作楹联。

其二，泛指正室旁的别室，或简陋的房舍。清·袁枚《上尹制府乞病启》：“伏念枚东浙之鄙人也，世守一经，家徒四壁，对此日琴堂之官烛，忆当年丙舍之书灯。”清·姚际唐《零丁洋》诗：“我家丙舍两三楹，性命苟全聊复寄。”

其三，指在墓地的房屋。古人认为：“亥为天门，巳为地户。”亥是十二地支的最后一位，后面接着又是子时一阳生，新一轮的生命又开始了，所以亥主生，为天门。巳是阳尽之时，巳的后面就是午，午时一阴生，生命体的负面过程开始了，所以巳主死，为地户。“丙舍于巳”，故凡地户皆称丙舍。地户就是专与死人打交道的地方，均称为丙舍，如寄柩所、祠堂、陵园内的房子，等等。三国时期曹魏著名书法家钟繇有著名的《丙舍帖》传世，内有“墓田丙舍”之语，指墓地的小屋，后来指停放灵柩的房屋。元·乃贤《秋夜有怀侄元童》：“墓田丙舍知何所，一夜令人白发长。”清·黄周星《补张灵崔莹合传》：“六如既合葬灵、莹，检莹所遗橐中装，为置墓田，营丙舍，命崔恩居之以供春秋奠扫之役。”清·钱谦益《重修素心堂记》：“余方营先墓于拂水，筑丙舍墓之西偏。”

（3）丙字库

官署名，明代户部所置内府仓库，设大使一人，正九品，副使一人，从九品。掌收存浙江、河南、山东并北直隶真定府新丝棉花绒，南直隶池州府、扬州府岁解土丝等物，以备各项奏讨及供内官之冬衣、军士之布花。以掌库一人为主官。

（4）令丙

指第三道诏令或法令的第三篇。古代令又称“诏”或“诏令”，是最高统治者就某一事项向臣属发布的命令文告。令具有法律效力，在形式上是律的补充。《汉书·宣帝纪》文颖注：“天子诏所增损，不在律上者为令。”令都是根据需要随时颁布的，实际上它的法律效力高于律，可以变更或代替律的有关规定，当令与律相悖逆时从令。战国和秦代的令表现为单行法规，如秦的《焚书令》等。汉代因所颁之令繁多，使用不便，宣帝时便把令分类整理，汇编成集，编成令甲、令乙、令丙。魏晋以后，某一方面的专门法典也称为令，如魏有《州郡令》。隋、唐、宋令的规模庞大。明洪武元年的《大明令》是明初法律的主干《大明律》编撰的基础。清代重例，令已无专典。古代令常与律、式、科、比、制、廷行事等法律形式并存。从内容来看，令有政令、军令等区别，如三国时曹操颁布的《败军令》《船战令》《步战令》等为军令，《求言令》《举贤勿拘品行令》等为政令。[①]

（5）丙殿

又称邴殿，就是帝王宫廷的第三进宫殿，相当于后世明、清时期故宫中的保和殿。（历代）东宫，即太子宫别称。汉时称太子宫为丙殿，也用来代指太子。据《汉书·元后传》载，汉元帝为太子时，“皇后使侍中杜辅、掖庭令浊贤交送政君太子宫，见丙殿”。

明朝时，丙殿是皇帝大典前更衣，及册立皇后、太子时受百官祝贺之所；每年除夕日、元宵节，皇帝赐宴外藩、王公及一二品大臣、赐额驸之父、有官职家属宴及每科殿试等举行之所。后来还是清朝宗人府、吏部在保和殿填写宗室满、蒙、汉军以及各省汉职外藩世职黄册之地，也是皇帝大婚之所，还是御见钦点状元、榜眼、探花之所。[②]

（6）丙夜

旧时一夜分成甲、乙、丙、丁、戊五个更次，丙夜即三更时，夜里二十三时至次日一时。《南史·梁武帝纪》：“先是一日丙夜，南郊令解涤之等到郊所履行。”宋·范成大《中秋无月》诗：“丙夜清光些子见，儿童惊喜强雄

① 陈高春主编：《中国古代军事文化大辞典》，长征出版社1992年版，第1049—1050页。

② 龚延明：《中国历代职官别名大辞典》，上海辞书出版社2006年版。

夸。”这里用丙夜泛指深夜。

（三）语言文化中的“丙”

1. 与“火”相关的“丙”

（1）付丙

古以天干配五行，丙、丁属火，故称用火焚毁为付丙丁或付丙。阅后付丙，指看完之后就用火烧掉，是书信惯用语。清·平步青《霞外捃屑·阅后付丙》：“按今人于密机要事，末一行书‘阅后付丙’。”清人孟瓶庵曾题惜字炉上一副对联：能知付丙者，便是识丁人。上联之“付丙”，意为烧掉。下联之“识丁”，意为识字，语出《旧唐书·张延赏传》：“今天下无事，汝辈挽得两石力弓，不如识一丁字。”全联意谓能够把自己写的东西因觉得不够满意而烧掉的人，乃真正识字文人。[①]

（2）付诸丙丁

丙丁，火日，借指火。指用火烧掉。成语出自清·李百川《绿野仙踪》第三回：“已被陶大人付诸丙丁，你从何处领起？”

（3）丙丙

丙，通“炳”。同“炳炳”。光明的样子。出自唐·无名氏《灌畦暇语》：“卒其所以师焉，丙丙如丹夫，是之谓善学。”

（4）丙火

即火。意思是明亮的火光，亦特指太阳。古以十天干配五行，丙属火，日为火精，故称。如：“这排民居尽付

① 苏渊雷主编：《名联鉴赏辞典》，上海辞书出版社 2012 年版，第 537 页。

丙火。”

（5）丙鉴

丙，通“炳”。明察，裁察。清·尹会一《上东轩先生》：“抱此区区，亦有不能已于言者，伏惟丙鉴。”清·黄六鸿《福惠全书·升迁·迎东兖李道台》：“仰祈丙鉴，无任寅恭。”

（6）丙明

丙，通“炳”。光耀炳然。指光明，明亮。汉·扬雄《太玄·玄测序》：“盛哉日乎，丙明离章，五色淳光。”范望注：“丙，炳也；离，散也。……言日炳然明朗，光耀离散于天下。”

（7）丙向

古代以十天干配五方，丙为南方之位，因以指南方。南向，即朝南。宋·龚鼎臣《东原录》：“《地理新旧志》：‘江淮间宅与墓，则随五音取向，宅则皆须西北高、东北下，流水辰巳间出，兼同用丙向为上。’非也。凡宫寺、祠庙、邮馆，皆无常主，故用丙向，宅舍则当各随本音。”

2. 其他词语中的“丙”

（1）丙穴

地名。大丙山之穴，在今陕西省略阳县东南，与勉县接境。四川省城口县南、广元市北、雅安县南亦有丙穴。

图 3–3　嘉鱼图

引申为鱼名，亦泛指嘉鱼。汉中沔阳有丙穴，内产嘉鱼，晋人在《蜀都赋》中曾加以赞美。如《文选》卷四晋·左太冲（思）《蜀都赋》：“嘉鱼出于丙穴。”唐·李善引刘渊林注：“丙穴，在汉中沔阳县北，有鱼穴二所，常以三月取之。丙，地名也。”北魏·郦道元《水经注》卷二七《沔水上》：“褒水又东南，得丙水口，水上承丙穴，穴出嘉鱼，常以三月出，十月入地，穴口广五六尺，去平地七八尺，泉悬注，鱼自穴下透入水，穴口向丙，故曰丙穴。”后世常用此典咏鱼或鱼穴。宋·洪适《渔家傲引》：“巨鱼漏网成虚设；圉圉从它归丙穴。”这里用“丙穴”叙写漏网之鱼逃回它的栖息之所。

（2）青丙

青丙，指上天、苍天。

（3）鱼丙

鱼丙，指鱼尾。鱼的尾部形如丙字，故称。《尔雅·释鱼》曰：“‘鱼枕谓之丁，鱼肠谓之乙，鱼尾谓之丙’。乙之象鱼肠，丙之象鱼尾，可无庸说。”

（4）丙魏

丙魏为丙吉与魏相的合称。二人于汉宣帝朝先后为宰相，同心辅政，有较高声誉，史称“丙魏”。后世常用作称美贤相的典故。北宋·毛滂《武陵春》：“丙魏萧曹总下风，千载友夔龙。”这里借“丙魏”为衬托，颂美对方是一代贤相。[①]《汉书》卷七四《魏相丙吉传》：“魏相字弱翁，济阳定陶人也……韦贤以老病免，相遂代为丞相，封高平侯……时丙吉为御史大夫，同心辅政，上皆重之。”“丙吉字少卿，鲁国人也……代魏相为丞相。吉本起狱法小吏，后学《诗》、《礼》，皆通大义。及居相位，上宽大，好礼让。”又，《传赞》：“孝宣中兴，丙、魏有声。”

① 金启华主编：《全宋词典故辞典》，吉林文史出版社 1991 年版，第 188 页。

（5）大丙

传说中的仙人，能御阴阳。《淮南子・原道训》："昔者冯夷，大丙之御也，乘风车，入云蜺，游微雾……"高诱注："夷或作犀，丙或作白。皆古之得道能御阴阳者也。"东汉・张衡《东京赋》："大丙弭节，风后陪乘。"①

3. "丙夜问书"典故

"丙夜问书"指的是清朝乾隆年间的进士邵晋涵幼年刻苦读书的故事。邵晋涵，清余姚人，字与桐，一字二云。四库馆开，特旨改庶吉士，充纂修官，累官至侍读学士。博闻强识，四部七录，无不研究，其著作有《南江诗文集》等。据《清朝野史大观》载：邵二云幼年时，曾夜寝在祖父房间里。每至丙夜，老人睡醒，就拽着二云的脚，令他背诵白天所读之书或举出经史疑义、前贤掌故等让他讲解。如若白天学的东西不能熟记，祖父就摇晃二云双脚，不让他好好睡觉。为此，二云白天必须好好读书，夜晚才能安眠，终为博学通儒。②

① 张衡：《东京赋》，萧统：《文选》，中华书局1977年版。

② 韩式朋、吴国忠主编：《中国古代文人掌故辞典》，黑龙江人民出版社1999年版，第585页。

丁

东汉·许慎《说文解字》释“丁”：“夏时万物皆丁实。象形。丁承丙，象人心。凡丁之属皆从丁。”

一、"丁"字的形体演变

甲骨文"丁"字

金文"丁"字

小篆"丁"字

陈鸿寿、邓石如所写隶书"丁"字

褚遂良所写楷书"丁"字

楷书简体"丁"字（印刷体）

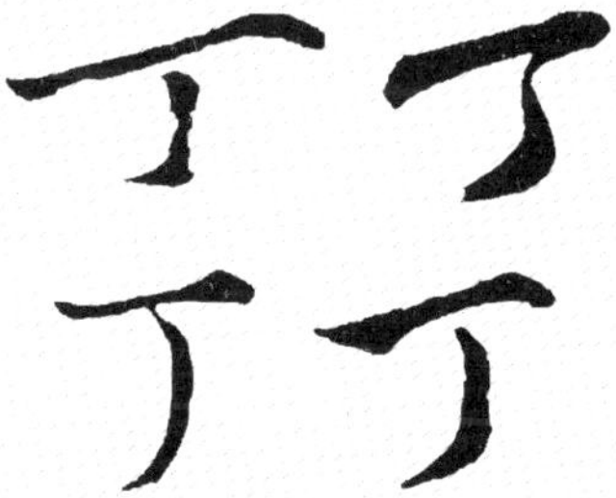

黄庭坚、米芾、欧阳询、智永
所写行书"丁"字

陆游、赵构、赵佶
所写草书"丁"字

二、“丁”字的含义

(一)“丁”字考源

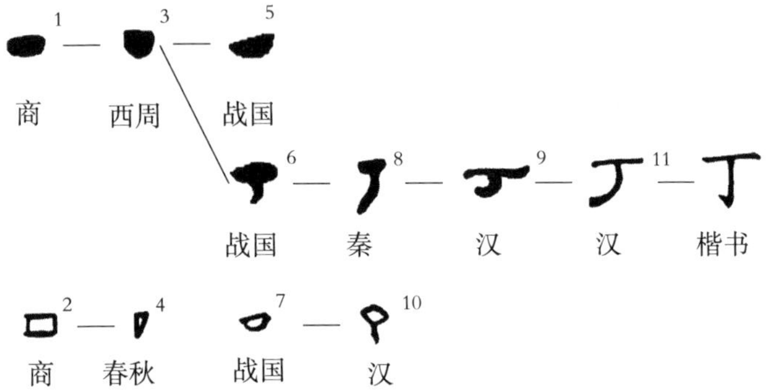

1、2《甲文编》549 页。3、4《类编》2 页。5、6、7《楚系简帛》1060 页。8—11《篆隶表》1051 页。

图 4—1 “丁”字字形演变图[①]

1. 造字法

丁，象形字。传统认为其字形像钉子的俯视形，是“钉”字的初文。“丁”字最早见于商代甲骨文，有中空和填实两种写法，分别作“”“”，从其字形都可以看出像是钉帽的俯视图；西周金文里“丁”字多数写成“▽”，字形有椭圆形或倒三角形；秦始皇书同文统一文字之后，小篆“丁”字的写法逐渐线条化，上部为一个“人”字，下部为居中的一竖；战国及西汉时分别出现像侧视图的写法，作“”和“”；此后二者合流，“丁”字的字形

① 李学勤主编:《字源》，天津古籍出版社 2019 年版，第 1273 页。

又有了新的变化，就是把小篆上部的“人”字拉平，将上面像钉帽的部分简化为一横，即今天见到的楷书“丁”。①

由于小篆的“丁”字与楷书简化字“个”字字形类似，因此有学者认为“丁”字是“个”字的讹变。许多中文工具书在援引此语的出处时都明确指出“丁”与“个”字形相近，“丁”即“个”之误。但这种观点已经被学者证明是错误的。篆书的“丁”字与楷书的“个”字虽然在字形上存在着大部分的相同点，但是这只是一种偶然的巧合，可能是后代人印刷或书写之误。所以“丁”与“个”是两个独立的字体，并且也不存在意义上的直接关联。现在的“丁”字是钉子的象形，一横表示钉帽，一竖表示钉子主体的形状，籀文的“丁”字是古代钉子的象形，它的形体使人确信“丁”的本义就是“钉子”。②

然而，近年有学者认为“丁”字本像上古时期房屋顶上的窗子，是“顶”的初文，可备一说。顶，为丁的复合字，是个会意、形声兼有的字。甲骨文选自《甲骨文字典》1551页，从亟丁声。③与金文各体形义相符，是顶之初文。人能顶天立地可谓至极，亟与顶的义项相同。文字演变，金文从页鼎声，汗简从页丁声。顶的义项则专指头顶。引申为顶子，是指人戴的官帽。顶作为动词，有替代、承载、抵、撞的意思。④

2. 字义

《说文解字》释“丁”为：“夏时万物皆丁实。象形。丁承丙，象人心。凡丁之属皆从丁。”⑤徐灏注笺：“疑丁即今之钉字，象铁戈形。”清·段玉裁《说文解字注》：“夏时

① 王颖：《天干用字本义试探》，《廊坊师范学院学报》2005年第2期；丁一欢：《“丁”字考释》，《连云港职业技术学院学报》2014年第1期。

② 丁一欢：《“丁”字考释》，《连云港职业技术学院学报》2014年第1期。

③ 徐中舒：《甲骨文字典》，四川辞书出版社2003年版，第1551页。

④ 祝家君：《甲乙丙丁是谁，说个子丑寅卯——解读天干地支》，《阴山学刊》2006年第3期。

⑤（汉）许慎：《说文解字》，中华书局2006年版，第308页。

万物皆丁实。丁实，小徐本作‘丁壮成实’。”《律书》曰：“丁者，言万物之丁壮也。”《律历志》曰：“大盛于丁。”[①]

综观“丁”字的字形演变，我们可以看出其本义是“钉子”，并由此引申出诸多义项。它虽然字形简单，却内涵丰富，再一次证明了汉字的博大精深、中国文化的魅力超群。

3.“丁”字的读音问题

以上提到的“丁”字均读作“dīng”，但“丁”字另有读音作“zhēng”者，是在“丁丁”连用做象声词时出现的。此读音早期出现在《诗经・小雅・伐木》：“伐木丁丁，鸟鸣嘤嘤。出自幽谷，迁于乔木。”毛传：“丁丁，伐木声也。”作书面语，形容伐木、下棋、弹琴等的声音。在北宋时由陈彭年、丘雍编修的官修韵书《广韵》中，“丁”字是当作“陟”的知母字。由此可见，“丁”在《广韵》时期就是多音字，这与当时舌音有分化成舌头音和舌上音的倾向有关。

（二）“丁”字的本义

关于“丁”字的本义，学者之间也存在着不少的争议。

郭沫若说：“丁当系睛之古字丁之古文既像目瞳子，丁睛古音同在耕部。后世犹有‘目不识丁’之成语，则当时‘达视不能见睛’之古语。”[②] 由于“丁”字的甲骨文有写作“●”的，因此把它看作眼睛的象形还是可以理解的，但篆文字形与其大相径庭，已经很难看出是眼睛的形状了。

① (清) 段玉裁：《说文解字注》，上海古籍出版社 1981 年版，第 740 页。

② 郭沫若：《甲骨文字研究・释干支》，《郭沫若全集》考古编第一卷，科学出版社 1982 年版，第 170 页。

赵诚先生在《甲骨文简明词典》中认为，“丁”本像上古时期房屋顶上的窗子，因此是“顶”字的初文。[①] 这种说法还有待考证。《说文解字》说：“丁，颠也。从页丁声。”[②] 表示的是头顶的意思。“顶”由“丁”和“页”组成，“页”字表示有感觉，“丁”字表示钉子依靠其头部发挥作用。整个字的意思是用人的头部发挥作用，指用头顶东西，引申表示最高的部分。

陆宗达和王宁所著的《训诂和训诂学》中认为，“丁”的本义是箭的头儿。[③]《说文解字》：“(矢)，弓弩矢也。从入，象镝栝羽之形。”[④]“丁”字与“矢”字上的镝形相同。“丁”“镝”音相近，所以“丁”是“镝”的初文。从“矢”字的甲骨文形体可看出，“丁”字只是“矢”字字形的一部分，因为它的甲骨文形体显示出小、尖的特点，所以引申代表箭头。[⑤]

1. 本义为钉子

“丁”最初作为象形文字，在金文中像俯视所见的钉头之形，小篆像侧视的钉形，本义为钉子。丁为“钉”的古字。从钉子的形体来看，它具有小、少的特点，所以便有“伶丁”“零丁”等词来表示孤单的意思。文天祥的名句“惶恐滩头说惶恐，零丁洋里叹零丁”和“孤苦伶仃”都是形容人孤单困苦，无所依靠。形容一个人瘦弱，我们也用“瘦骨零丁”来表示。我们现在常用的成语“目不识丁”“不知丁董”“一丁之微”中的“丁”所代表的都是小、少的意思。除此之外，因为钉子具有坚硬稳固的特性，故又引申为严格按照某种规则、规定来办事。如成

① 赵诚：《甲骨文简明词典》，中华书局2009年版，第50页。

②（汉）许慎：《说文解字》，中华书局2006年版，第181页。

③ 陆宗达、王宁：《训诂和训诂学》，山西教育出版社1994年版，第198页。

④（汉）许慎：《说文解字》，中华书局2006年版，第110页。

⑤ 丁一欢：《“丁”字考释》，《连云港职业技术学院学报》2014年第1期。

语“丁是丁，卯是卯”就是形容一个人办事认真，一点也不含糊，不通融。

2. 表示小的立方体

瓜果、蔬菜、肉类切割成的小方块称为“丁”。如黄瓜丁、炒鸡丁、羊肉丁等。

3. 作动词，“当”“遭逢”

“丁”作为动词，最重要的意思是当、遭逢。《诗经・大雅・云汉》：“宁丁我躬?”西汉・刘向《九叹・惜贤》：“丁时逢殃，孰可夸何兮。”《后汉书・岑彭传》：“我喜我生，独丁斯时。”另外，如：丁辰（适逢其时）；丁仔（遇上，碰巧）；丁父忧（遇父丧）；丁了母忧（遭了母丧）等。

（三）“丁”字的引申义

1. 天干的第四位，用以纪年、月、日

“丁”字早在商代就被假借作天干第四位的代称，并由此引申为序数“四”的代称，常与“甲、乙、丙”连用表示等级或数目。如：丁等；丁级；丁方（四方）；丁夜四更夜（凌晨 1—3 时）。这便是天干在人们生活中的应用。

“丁”作为天干的第四位，与地支相配，用以纪年、月、日。《吕氏春秋・孟夏》：“其日丙丁。”《春秋》：“夏，四月，丁未，公及郑伯盟于越。”《现代汉语词典》（第 7 版）则把天干的第四位列为丁字今义的第二个义项。

2. 引申为强壮

朱骏声《说文通训定声》：“丁，钻也，象形。今俗以钉为之，其质用金或竹，若木。”钉子用来使建筑物或家具等更结实牢固，所以引申为“强壮”。东汉·王充《论衡·无形》：“齿落复生，身气丁强。”又如：丁丁（壮健的样子）；丁人（壮健的男子）；丁夫（壮健的男子）。由此，“丁”字可以再引申为“成年人”的意思。

3. 古代汉语中的“丁”字多指能担任赋役的成年男子，不同于男孩，古书中常用“丁男”“丁女”指代成年男女

唐·白居易《新丰折臂翁》：“无何天宝大征兵，户有三丁点一丁。”清·邵长蘅《阎典史传》中有：“余丁传餐。”又如：丁粮指的是对男丁征收的粮食；丁力指一男之力，引申为劳力；丁女指能担任力役的成年女子；道家语里面指代火神；丁奴指的是二十岁以上的成年奴仆。之后，“丁”字直接有人口的意思。《南史·何陈天传》：“计丁克杖。”（杖，兵器）。丁税，是指按人丁所课的税。《新唐书·食货志》中记载：“租庸调之法，以人丁为本。”后世所说的“添丁”“人丁兴旺”等，都是指家里增加了人口，子孙繁衍。

4. 古代成年人要服役，所以又引申为“仆役”或“从事某种劳动的人”

如“园丁”，指从事园艺工作的人；《庄子·养生主》中的“庖丁”，是做厨子的仆役。此外，唐·杜甫诗中有“畦丁负笼至”；《宋史·高宗纪》中有“诏江西、闽、广、荆湖诸路团教峒丁、枪杖手”；《何异传》中有“募山丁，捕首乱者”；《宋史·唐璘传》中有“团结渔业水手、茶盐舟夫、芦丁，悉备燎舟之具”。这些例子中的“丁”字都代表专门从事某种技艺的人。

三、"丁"字的文化内涵

（一）姓氏文化中的"丁"

丁姓是现在比较常见的汉族姓氏，也是中国古姓氏。早在商朝末年，就有一位被称为"丁侯"的人载于史籍。清·陈廷炜《姓氏考略》书云："太公金匮，武王伐纣，丁侯不朝，丁姓始此。"由此可见，在周武王伐纣之时，就有了丁姓的诸侯。丁姓的主源出自姜姓，系以谥号为氏。姜子牙是周朝的大功臣，儿子姜伋死后，也被周王追谥为丁公，其子孙便以丁为姓，藉此缅怀先祖曾位尊丁公。关于这一内容，史书记载的还是较为详细的。如《通志·氏族略·以次为氏》："丁氏，姜姓，齐太公生于公，支孙以丁为氏。"《元和姓纂》："齐太公生于公，支孙以谥为姓。"自从这一支丁姓问世之后，其散居的地盘最广，人数最多。后代还有丁宝桢、丁日昌、丁汝昌、丁敬、丁公等历史名人。

而关于丁氏源流的另一说法，则认为全国丁姓来源有六支。据《史记·周本纪》记载，周朝初年，被封于齐国的齐太公吕尚，有子名吕伋，[1] 在成王时任朝中重臣，成王临终时又遗命他辅佐康王，所以在康王时，他因是先君的顾命大臣而倍受礼敬，及年老去世，康王专门为他赐谥

①（汉）司马迁：《史记》，中华书局2002年版，第1477、1481页。

曰“丁”以表彰他“执事弗懈，事主尽忠”。此后吕伋的子孙便以“丁”为姓。

其他的五支，来源则分别是：

其一，商朝末年，有一位丁侯，其子孙姓丁，是最早的一支丁姓。

其二，春秋时，宋国有位大夫丁公，他的子孙以丁为姓。

其三，三国时，吴国有位将军孙匡，在典军时不小心烧了粮草，被吴主孙权改姓为“丁”，以示不愿与他同姓，孙匡的子孙也跟着姓丁。

其四，据宋人袁褧、袁颐所著《枫窗小牍》记载，宋代时于庆因故改姓丁，此后他的子孙也以丁为姓。

其五，明朝年间，有许多从西域迁来内地及闽南一带居住的回族同胞，以其姓名翻译成汉字，尾音多带丁，为了省繁就简，就以丁为姓。

上述六支丁姓来源中，吕伋的一支成为发展最多的一支望族。据上杭丁氏家谱记载，上杭丁氏“出自济阳郡丁氏，齐太公之子，丁公伋之后”。今山东省济阳县，即古时候齐太公封地，为丁氏发祥地。

（二）历史人物中的“丁”

1. 太丁

太丁，子姓。成汤之子，也叫大丁。《史记·殷本纪》记载：“汤崩，太子太丁未立而卒，于是乃立太丁之弟外丙，是为帝外丙。”[①] 据《史记》记载，太丁未及继位便已

①（汉）司马迁：《史记》，中华书局2002年版，第98页。

去世，所以太丁之弟外丙继位。太丁的配偶妣戊也受到殷人的周祭。从甲骨文的记载中看不出太丁即位为王的情况。宋镇豪、韩江苏等认为：“按照商王朝嫡长子继承制度的本质，只要立为太子，即位与否，其地位与即位为王的商王一样，故太丁与配偶妣戊同入周祭祀谱。”成汤有太丁、外丙、仲壬三子，太丁作为嫡长子被立为太子，因此纳入殷人的周祭当中，然而太丁却先汤而死，未曾即位为王。

2. 沃丁

沃丁也称羌丁，子姓名绚。《史记·殷本纪》记载：“太宗崩，子沃丁立。”[①] 沃丁在父王太甲去世后继位，在位期间，仍以伊尹为相。伊尹去世后，沃丁为伊尹举行了隆重的葬礼，皇甫谧《帝王世纪》记载：“沃丁八年，伊尹卒，年百有余岁，大雾三日。沃丁葬以天子之礼，祀以大牢，亲临丧三年，以报大德焉。”可见，沃丁对这位辅政六朝的老臣十分敬重。伊尹之后，沃丁以咎单为相。咎单也是商汤时老臣，他辅佐朝政，仍然采用伊尹节用宽民的政策，笃行汤法，并且作了《沃丁》，用以警醒沃丁，发扬祖制，以德治理天下。

沃丁时期，社会经济进一步发展，农业生产和畜牧业生产得到提高，青铜冶铸业发展更为突出。郑州商城遗址曾出土大量的青铜器，发现为王室专用的青铜器铸造作坊遗址。沃丁死后，谥号昭王。由弟太庚继位。

3. 中丁

中丁，姓子名庄。《史记·殷本纪》记载：“中宗崩，

① (汉) 司马迁:《史记》，中华书局 2002 年版，第 99 页。

子帝中丁立。”其父为商中宗太戊。太戊上有兄长小甲、雍己，根据商代“父死子继”和“兄终弟及”的继承法，太戊之后应当是小甲之子即位，中丁是没有王位继承权的。因此，有学者认为“中丁继承王位，是夺权斗争的结果”[①]——太戊一支凭借雄厚的政治经济实力，使中丁夺取了政权。正因为如此，为了削弱反对势力的影响，中丁即位后由亳迁都于嚣，嚣又写作隞或敖。《史记·殷本纪》记载：“帝中丁迁于隞。”《古本竹书纪年》亦载：“中丁即位，元年，自亳迁于隞。”这是商王朝开国以来第一次迁都，开后世屡次迁都之先河。

隞的地望，王震中认为：“郑州商城以及郑州商城西北20公里处的石佛乡小双桥发现的大型中商初期遗址，都在隞地的范围之内，荥阳隞都说可以成立。”[②]

王位争夺、王室内部的斗争削弱了商王朝的统治力量，周边方国诸侯乘机扩大势力侵扰边境，构成了对商王朝的威胁。《竹书纪年》载：“中丁即位，征于蓝夷。”《后汉书·东夷传》亦载：“桀为暴虐，诸夷内侵。殷汤革命，伐而定之。至于仲丁，蓝夷作寇，自是或服或畔。”蓝夷是东夷部族的一支，但被列于东夷族九夷之外，是东夷族的别种。蓝夷的所在地，约在今山东淄川县城东南隅，这可能是蓝夷的始居地。蓝夷进攻商朝边境，中丁出兵击退蓝夷。

中丁有子祖乙即位为王，故中丁为直系先王，中丁与其配偶都进入周祭祀谱。

《今本竹书纪年》等文献记载，中丁在位9年。中丁

① 宋镇豪主编，韩江苏、江林昌著：《商代史·卷二·〈殷本纪〉订补与商史人物徵》，中国社会科学出版社2010年版，第136页。

② 宋镇豪主编，王震中著：《商代史·卷五·商代都邑》，中国社会科学出版社2010年版，第205页。

死后，弟仲壬继位为王，之后的内争不断，造成“九世之乱”，商朝一度中衰。《史记·殷本纪》亦载：“自中丁以来，废适而更立诸弟子，比九世乱，于是诸侯莫朝。”①

4. 祖丁

祖丁，姓子名新。商王祖辛之子，商王沃丁之侄。《史记·殷本纪》记载：“帝沃甲崩，立沃甲兄祖辛之子祖丁，是为帝祖丁。”②祖丁有子继位为商王，故祖丁为直系商王，祖丁与其配偶都进入周祭祀谱。《今本竹书纪年》称他在位 9 年，《太平御览》记载他在位 32 年。

5. 武丁

武丁，姓子名昭。商王小乙之子，商王阳甲、盘庚、小辛之侄。《史记·殷本纪》记载：“帝小乙崩，子帝武丁立。”夏商周断代工程确定其在位时间为公元前 1250—公元前 1192 年，计在位时间 59 年。武丁少年时期，曾遵父命居于民间，与平民百姓一同劳作，了解百姓疾苦和稼穑的艰辛。同时，从圣贤甘盘学习，磨炼道德修养，掌握治国治民之策。武丁继位后励精图治，革新政治，使商朝的政治、经济、军事、文化得到空前的发展，进入了商王朝的鼎盛阶段。

武丁的治国之策首先在于任用贤能，虚心纳谏；其次在于重视军事建设，完善军事体制，建立军队的“三师”制度，提拔优秀的军事将领，甲骨文中的“望乘”“沚”“妇好”等都是当时优秀的军事将领；再次，对方国实行怀柔政策，娶方国首领的女儿为妻，通过联姻维持与方国部族之间的友好关系；第四，谨慎行政，推

①（汉）司马迁：《史记》，中华书局 2002 年版，第 101 页。

② 同上。

行教化，修养道德，尊祖敬老，以此加强家族和政权的凝聚力，巩固商王朝的统治；第五，作邑筑城，加强殷都市政建设，进行直接有效的管辖治理，将中原先进的文化推广到边远地区；第六，大力发展生产，使商代的经济迅速发展，农业、畜牧业、手工业等都达到了一个新的阶段。

在政权稳固、经济繁荣的基础上，武丁开始对外用兵，征服了鬼方、羌方和土方，基本解决了商王朝长期存在的边患问题。

民间曾有传说，武丁从商都率群臣到西华（今河南省西华县）捕灭蝗虫，体察民情，因积劳成疾病逝于西华，葬于今西华县县城东北 15 公里的田口乡陵西村。陵墓前原有庙宇陵园，陵后两侧分置高宗最得力的辅相傅说、甘盘陵墓。因为历史上黄河多次泛滥，加上人为破坏，庙宇毁废，现仅存高宗墓碑和主陵墓顶及数通御祭碑刻。有学者认为武丁埋在殷都大邑商今安阳市侯家庄、武官村北部的西北岗王陵。[①]

6. 庚丁

庚丁，子姓名嚣。《史记·殷本纪》记载："帝廪辛崩，弟庚丁立，是为帝庚丁。"[②] 商王祖甲之子，商王廪辛之弟。庚丁在位期间，继续对西北方向的羌方、羝方等部族进行征伐，虽然多有擒获，占领羌方部分土地，但并没有将其完全征服，成为隐患。《今本竹书纪年》称庚丁在位 8 年，《太平御览》称他在位 31 年，其他文献还有 21 年、6 年的说法。庚丁死后由子武乙继位。由于有子继承

① 杨锡璋：《殷代墓地制度》，《考古》1983 年第 10 期。

②（汉）司马迁：《史记》，中华书局 2002 年版，第 104 页。

王位，庚丁和其配偶都受到周祭。庚丁在位仍都于殷，崩后葬于洹水北岸侯家、武官村西北的殷墟王陵区。[①]

7. 文丁

文丁，姓子名托，又作太丁。《史记·殷本纪》记载："武乙猎于河渭之间，暴雷，武乙震死，子帝太丁立。"[②] 商王武乙之子，商王帝乙之父。据夏商周断代工程推断，文丁于公元前1112年继位，卒于公元前1102年，在位11年。

文丁时期，周人的势力进一步发展，文丁不安。季历到殷都献俘报捷，文丁对季历进行赏赐、加封，但当季历准备返周时，文丁却突然下令将季历囚禁。不久，季历死于殷都，子姬昌继位，是为周文王。文丁时代商都连年遭受自然灾害，王畿地区的洹水也曾"一日三绝"。文丁之子帝乙继承王位，文丁本人及其配偶都列入祀谱受到周祭。

文丁崩后葬于洹水北岸武官村、侯家庄西北之殷墟王陵区。[③]

（三）语言文化中的"丁"

1. 成语中的"丁"

（1）丁一卯二

一个褒义色彩的词语，可解释为：某个钉子一定要安在相应的铆处，不能有差错。形容对事认真，毫不含糊。其常用俗语"丁是丁，卯是卯"，是读者较为熟悉的一个成语，它可以理解为丁一卯二，其反义词为"藕断丝连"。出自清·曹雪芹《红楼梦》第43回："我看你利害，明儿

① 杨锡璋：《殷代墓地制度》，《考古》1983年第10期。

②（汉）司马迁：《史记》，中华书局2002年版，第104页。

③ 杨锡璋：《殷代墓地制度》，《考古》1983年第10期。

有了事，我也‘丁是丁，卯是卯’的，你也别抱怨。”贾母疼爱王熙凤，说她管家辛苦了，让大家凑银子为她过生日以示感谢。于是全家上下纷纷凑钱交到王熙凤处。尤氏把银子交给王熙凤，王熙凤见少了李纨的，就开玩笑地对尤氏说要丁是丁卯是卯地办事，王熙凤也借机免了平儿的银子。我们日常也可以这么说：“他说话做事丁是丁，卯是卯，深得大家信任。”需要注意的是：“丁”不能写作“钉”，“卯”不能写作“铆”。

（2）不知丁董

比喻不懂事，缺乏知识。出自清·赵翼《陔余丛考·成语》：“曹操既擒吕布，欲缓其缚。刘备曰：‘公不见丁建阳、董太师乎？’”

（3）不识一丁

一般用来形容文化水平低，一个字也不认识。还有一种说法叫“目不识丁”，与用来形容人博学的“学富五车”意思相反。清·平步青《霞外捃屑》卷七道：“而云古无类书，此真一丁不识之无知妄作也矣。”出自明·胡应麟《诗薮·六朝》：“嵇喜，叔夜之兄，吕安所为题凤，阮籍因之白眼者，疑其不识一丁。”

（4）拔丁抽楔

又称“抽丁拔楔”。褒义词，意思是拔出钉子，抽掉楔子，比喻解除困难。出自元·李寿卿《度柳翠》第四折：“大众恐有不能了达，心生疑惑者，请垂下问，我与他拔丁抽楔。”

（5）白丁俗客

指日常所说的平民百姓，反义词为“文人雅士”，泛指粗俗之辈。白丁：没有功名的平民。出自明·无名氏《庞掠四郡》第一折：“往来无白丁俗客，谈笑有上士高宾。”

（6）丁宁告戒

褒义词，指一再嘱咐必须引起警觉注意。丁宁告戒，又称丁宁诫告，丁宁指再三嘱咐。明·罗贯中《三国演义》第96回："吾累次丁宁告戒：街亭是吾根本。汝以全家之命，领此重任。"

（7）丁宁周至

丁宁周至指反复周详地再三嘱咐，形容办事周到。丁宁，比喻再三嘱咐；周至，即周到细致。出自晋·陈寿《三国志·蜀志·诸葛亮传》："论者或怪亮文采不艳，而过于丁宁周至。"

（8）丁真楷草

丁觇的隶书，智楷的草书，赞美人的书法好。丁是作姓氏用，指丁觇，楷为智楷。唐·张彦远《法书要录》第八卷引张怀瓘《书断·中·妙品》："智永章草，草书入妙，隶入能。兄智楷亦工草，丁觇亦善隶书，时人云：'丁真楷草'。"

（9）丁一确二

同"丁一卯二"。形容明明白白，确确实实。出自宋·朱熹《朱子语类》第69卷："如今人持择言语，丁一确二,一字是一字，一句是一句，便是立诚。"明·凌蒙初《二刻拍案惊奇》卷二十五："知县见他丁一确二说着，有些信将起来道：'果有这等事！不要冤屈了平人。'"

（10）丁公凿井

也可说"穿井得人"，比喻语言之辗转传误，传来传去而失真。春秋时期，宋国人丁某在自家院子里开凿一口水井，由于他本人参与凿井加上采用新的方法，从而节省一个劳动力，他事后对别人说："吾穿井得一人。"别人没有明白他的意思，传来传去，都以为他从井中挖出一人。东汉·王充《论衡·书虚》："俗传言曰，丁公凿井，得一人于井中。夫人生于人，非生于土也。"

（11）逢吉丁辰

近义词为"逢机遘会"，谓遇上好时运。《后汉书·班固传下》："逢吉丁辰，景命也。”李贤注：“丁，当也。辰，时也……逢休吉之代，当封禅之时，此为天子之大命也。”

（12）零丁孤苦

指孤单困苦，无所依傍。明·凌蒙初《初刻拍案惊奇》第23卷：“但我目下零丁孤苦，素少亲知，虽要逃亡，还是向那边去好？”晋武帝统一全国后，推行“以孝治天下”，提倡孝敬父母，尊重老人。他想启用西蜀尚书郎李密，就下诏书任命李密为郎中。李密不愿出来做官，就写《陈情表》上书晋武帝，说自己的祖母形影相吊、孤苦伶仃，待伺候祖母后再出来做官。

（13）克丁克卯

“克丁克卯”近义词为“可丁可卯”。形容做事认真，一丝不苟。现代作家刘心武在《醒来吧！弟弟》中道：“当个铁面无私，克丁克卯的检查员。”可丁可卯，形容恰好，不多不少，程度正适合。

（14）梦撒撩丁

比喻没钱应酬。同“梦撒寮丁”。出自《元人散曲·庆宣和》：“若是自家空藏瓶，梦撒撩丁，花姑不重女猱轻，任谁，见哽。”元·钟嗣成《一枝花·丑斋自述》：“近来论世态，世态有高低。有钱的高贵，无钱的低微。那里问风流子弟？折末颜如灌口，貌赛神仙，洞宾出世，宋玉重生，没答了镘的，梦撒了寮丁。”没答：没有。镘的：指钱。

（15）目不识丁

即胸无点墨、不识之无。连最普通的“丁”字也不认识，形容一个字也不认得。《旧唐书·张弘靖传》：“今天下无事，汝辈挽得两石力弓，不如识一丁字。”唐朝幽州节度使张弘靖的部将韦雍和张宗厚经常在一起喝酒，那时天下太平，边关没有战事，这些将士没有事做。他们感慨：“如今天下太平，练武不如练文，你们能拉满两石的弓，还不如识一个字。”《明史·王端传》：“文职有未识一丁，武阶亦未挟一矢。”巴金《家》二十五：“我试问如果你母亲要把你嫁给一个目不识丁的俗商，或者一个中年官僚，或者一个纨绔子弟，你难道也不反抗?”“目不识丁”和“胸无点墨”都形容没有文化，但目不识丁偏重“一字不识”，“胸无点墨”则偏重“没有一点学识”。

（16）眼不识丁

形容一个字也不认得。丁，表示最简单的字。宋·文天祥《不睡》诗：“眼不识丁马前卒，隔床鼾鼻正陶然。”

（17）平地起孤丁

比喻无事生非。出自元·康进之《李逵负荆》第二折：“休怪我村沙样势，平地上起孤堆。”

（18）文搜丁甲

形容文章精妙感动神灵。丁甲，神名，即六丁六甲神。出自明·陈汝元《金莲记·偕计》：“诗泣鬼神，宝气腾吴练；文搜丁甲，精芒全烁秦金。”汉代《献帝起居注》中已有对六丁六甲的祭祀。或有《续文献通考》：“丁卯等六丁，阴神玉女也。甲子等六甲，阳神玉男也。”六丁为丁卯、丁巳、丁未、丁酉、丁亥、丁丑，是为阴神。六甲为甲子、甲戌、甲申、甲午、甲辰、甲寅，是为阳神。据说六丁六甲为天帝役使，能行风雷，制鬼神。道士可用符箓召请之。六丁六甲源于先秦时天干地支概念的神格化。

（19）自古东丁

比喻某件事情自古以来都是一个老规矩。东丁，在这里是象声词，指石洞中泉水下滴的声音。出自宋·陆游《老学庵笔记》：“汉嘉城西北山麓有一石洞，泉出其间，时闻洞中泉滴声，良久一滴，清如金石。黄鲁直题诗云：‘古人题作东丁水，自古东丁直到今。’”

（20）庖丁解牛

庖丁：厨工；解：肢解分割。比喻经过反复实践，掌握了事物的客观规律，做事得心应手，运用自如。《庄子·养生主》："庖丁为文惠君解牛，手之所触，肩之所倚，足之所履，膝之所踦，砉然响然，奏刀騞然，莫不中音。"

2. 谜语中的"丁"

谜题：鸿儒白丁同获奖（打一成语）；谜底：雅俗共赏。

谜题：从小是个白丁，长大身穿白绫，走起来君子样，叫起来蛮子声（打一动物）；谜底：鹅。

谜题：酒名酒丁（打一成语）；谜底：酩酊大醉。

提示：形容醉得很厉害。

谜题：往来无白丁（打一成语）；谜底：达官贵人。

提示："白丁"，指平民百姓。"达"，字义为"到"。"达官贵人"，别指"到来的都是官员和贵人"。

谜题：抓壮丁（打一成语）；谜底：遗老遗少。

提示：把年轻的都抓了，剩下老的、少的。

谜题：儿子刚添丁（打一《水浒传》人名）；谜底：孙新。

提示："孙新"别解为"新生孙子"。

谜题：两口添丁乐滋滋（打一字）；谜底：呵。

提示："口口"添加个"丁"，即"呵"。

谜题：园丁（打一成语）；谜底：拈花惹草。

提示：园丁的职责就是侍弄花草。

谜题：恭喜添丁（打三字词牌名）；谜底：贺新郎。

提示：贺喜新添儿郎。

谜题：何剩一丁（打一成语）；谜底：杀人灭口。

提示：“何”字被杀了“人”，灭了“口”，余下“丁”。

谜题：不丁不卯（打一字）；谜底：罪。

提示：“丁”与“卯”分别为天干、地支中的第四位，“罪”为“非四”组成。

也有以“丁”为谜底的谜题。如：“包头界首”；“宁可把头抛”；“全剧终”；“上下小心”；“随口答应”；“谓之男儿，排行老四”；“小不点顶大梁”；等等。

3. 歇后语中的“丁”

老太太打补丁——东拼西凑，穷凑合。

扯裤子补补丁——堵不完的窟窿。

穿丁鞋走泥路——步步扎实（丁指方形块状物）。

平坝头躲壮丁——无地容身、无地藏身。

千日拜佛，一朝添丁——善有善报。

宝通寺的山门——人丁（钉）兴旺。

戊

东汉·许慎《说文解字》释“戊”：“中宫也。象六甲五龙相拘绞也。戊承丁，象人胁。凡戊之属皆从戊。”

一、“戊”字的形体演变

甲骨文“戊”字

金文“戊”字

小篆“戊”字

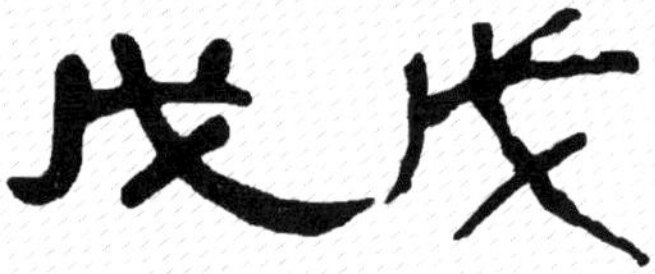

马王堆帛书隶书“戊”字

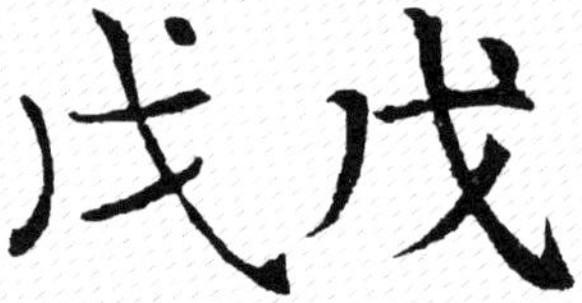

李邕所写楷书“戊”字

楷书简体“戊”字（印刷体）

米芾、文徵明、曾国藩、康有为所写行书“戊”字

文徵明、鲜于枢所写草书“戊”字

二、“戊”字的含义

（一）“戊”字考源

商　商　西周　战国《说文》小篆　汉　汉　楷书

1、2《甲文编》549 页。3、4《类编》348 页

图 5—1　“戊”字字形演变图[①]

1. 造字法

戊，象形字，字形像斧类的兵器的形状，本义当像斧类兵器之形。“戊”最早见于甲骨文，有左向和右向两种写法；西周以后，左向写法被淘汰，代表刃部的一笔逐渐拉长，战国时期已经写作“𢦏”，再将右上角的一笔变成孤悬的点，就是楷书的样子了。[②]

2. 字义

《说文解字》释“戊”：“戊，中宫也。象六甲五龙相拘绞也。戊承丁，象人胁。凡戊之属皆从戊。”[③] 这是用汉代盛行的阴阳五行之说来附会的。清·江藩《六甲五龙说》：“予谓天数五，地数五，自甲至戊其数五，居十之中。《汉书·律历志》：‘五六者，天地之中和。’故曰：‘戊，中宫也。’”又一说法，认为“戊”字是个会意字。从

① 李学勤主编：《字源》，天津古籍出版社 2019 年版，第 1273 页。

② 王颖：《天干用字本义试探》，《廊坊师范学院学报》2005 年第 2 期。

③（汉）许慎：《说文解字》，中华书局 2006 年版，第 308 页。

“丿”从“戈”。“丿”意为“不”。“戈”与“丿”联合起来表示“不动之戈”。戊与武同音通义：戊位中央，与“武保半步（三尺）之安”一致。

（二）“戊”字的本义

1. 戊为中央说

东汉·许慎《说文解字》释“戊”：“中宫也。象六甲五龙相拘绞也。戊承丁，象人胁。凡戊之属皆从戊。莫切。”[①] 清·段玉裁《说文解字注》：“(戊）中宫也。郑注《月令》曰：‘戊之言茂也。万物皆枝叶茂盛。’《律历志》曰：‘丰楙于戊。象六甲五龙相拘绞也。六甲者，《汉书》曰有六甲是也。五龙者、五行也。’《水经注》引《遁甲开山图》曰：‘五龙见教，天皇被迹’，荣氏注云：‘五龙治在五方，为五行神，鬼谷子。盛神法五龙。’陶注曰：‘五龙、五行之龙也。’许谓戊字之形像六甲五行相拘绞也。莫切。三部。俗多误读。戊承戊。象人胁。冡大一经。凡戊之属皆从戊。”[②] 刘玲玲在《浅析十天干古今义变》中道：“戊字，按许慎所说的戊字是万物生长茂盛阶段，就戊字的甲骨文和金文形状来看，斧钺义是大多数人持有的观点，而戊字今义并未有新的延伸。”

2. 戊为武器说

有说法认为“戊”字的本义为在库之戈，引申义为武器、军械、军备、武备。由此转义为武力，亦可引申为武力扩张。在含有“戊”字符的汉字中，“戊”都有“武器”“武备”或“扩张”的意思。其他含“戈”之字有戌、

①（汉）许慎：《说文解字》，中华书局2006年版，第308页。

②（清）段玉裁：《说文解字注》，上海古籍出版社1981年版，第741页。

戌、茂、成、戚等。“戊”是老掉牙的武器；“戍”是武力守备之义；“茂”是疯狂蔓延生长的野草；“成”是武力守城；“戚”是按尺寸从大到小依次排列的战斧。由于“戊”是进攻的武器，可以引申表示消灭，为了在字形上把两个有联系的意义区别开，就在“戊”字的中间加一横造出“戌”字。和“戊”字一样，“戌”用作干支字，也是假借的，非其本义，但许慎说“戌，灭也”倒是有道理的。[①]

3. 戊为戚之古文

郭沫若《甲骨文字研究·释干支》：“戊象斧钺之形，盖即戚之古文。”[②] 郭沫若认同“戊”字字形像“斧钺之形”的说法，但又认为“戊”即“戚”的本字，此说法尚无详细考证。

李裕在《干支字义考原》中道：“戊，甲金文皆为斧钺之形，似阔刃斧，其为砍伐杀戮之器无疑。戊为祭礼，义在灭邪除祸，以求无灾。其为天干名，即源于祭。”[③] 因而，戊也源于祭祀。《汉语大词典》按：（戊）后借称干支第五位，许慎所释非本义。所以，戊字本义当为兵器名。

（三）“戊”字的引申义

1. 天干第五位

戊字在甲骨文中就已经假借作天干的第五位，并成为此义的专用字。寓意为“茂”，象征大地草木茂盛。方位属中央，又与地支相配，用以纪年或纪日。如：周共和九

① 冯玉涛：《〈说文解字〉小篆之记号研究》，《华侨大学学报（哲学社会科学版）》2011年第4期。

② 郭沫若：《甲骨文字研究·释干支》，《郭沫若全集》考古编第一卷，科学出版社1982年版，第172页。

③ 李裕：《干支字义考原》，《武汉大学学报（哲学社会科学版）》1997年第5期。

年为戊辰年。

2. 指代中央

古代以十干配五方，戊居十干中，因以指中央。《汉书》：“五六者，天地之中合。”

3. 指代土

如：戊土，出自《素问·五运行大论》。天干的第五位戊，相配五行属土，故称。戊，五行为土，阳性，为第五，中央，黄色。《滴天髓》论：“戊土固重，既中且正。静翕动辟，万物司命。水润物生，火燥物病。若在艮坤，怕冲宜静。”

（四）与“戊”字形相似字辨析

“戊、戌、戍、戎”四字字形相似不容易辨认，它们的读音许多人都记不住，意思也经常搞错。以下集中列之，以便于区分。

戊，拼音 wù，同误，天干的第五位。如“戊更”，指夜晚五更；“戊戌变法”，指 1898 年的戊戌维新。

戌，拼音 xū，同须，地支的第十一位。戌时，旧式计时法指晚上七点钟到九点钟的一段时间。

戍，拼音 shù，同术，是军队搜索守卫的意思。如卫戍、戍边、戍守。

戎，拼音 róng，同溶，是指军事、军队等。如从戎、戎装。

对于这四个字形相近的字，这里还有几首口诀：“戊读 wù，天干甲乙丙丁戊；加横 xū，地支亥字前位戌；加点 shù，军队防守去卫戍；十字 róng，身穿戎装守边疆。”“横戌点戍戊中空，十字交叉便是戎。”“点戍空心戊，横戌十字戎。”

（五）“戊”字的读音问题

关于“戊”字的读音，张健先生认为造成今音“戊”字不规则音变的原因是为避后梁朱温的曾祖茂琳之讳，将“戊”字改成“武”，而音随字变，“戊”也就读成了 wù。[①] 又《康熙字典》“戊”字条下云：“五代史梁开平元年改日辰戊字为武，避讳也。后人读戊音为武音，其讹由此。”此说虽有一定的道理，但也有一个问题：“戊”的今音何以是去声，而不是像“武”字一样读为上声？且后梁仅历 17 年，所辖地域也只是北方一带，其名讳引起的字音变读能有如此大的影响吗？

沈建民先生则认为，“戊”原属侯韵明母，而中古与流摄一等侯韵相配的是三等宥韵，其唇音字今音和遇韵合并，故“富”“副”与“付”“赴”等字同音；微母字则进一步由轻唇变为零声母，如“务”字。据此，“戊”音演变后就与“务”同音了。[②] 为什么中古与“戊”字同音的“茂”“贸”等字没有这样演变呢？原因可能是与“戊”字形相似的“戌”“戍”两字中古都是三等字，“戊”受到影响而趋同。[③] 又“戊”与“戌”同为干支用字，常组成一个双音词，易发生同化。《中原音韵》“戊”与“务”同音，可见这一变化至迟在元代已完成。

① 张健：《说“戊”字的读音》，《中国语文》1993 年第 2 期。

② 沈建民：《关于“戊”字的读音》，《中国语文》1997 年第 5 期。

③ 参看李荣：《语音演变规律的例外》，《中国语文》1965 年第 2 期。

三、“戊”字的文化内涵

（一）历史文化中的“戊”

1. 后母戊鼎（司母戊鼎）

后母戊鼎（一称司母戊鼎），全称为后母戊大方鼎。原器于 1939 年 3 月在河南安阳武官村出土，是商王祖庚或祖甲为祭祀其母戊所制，是商周时期青铜文化的代表作，现藏于中国国家博物馆。后母戊鼎因鼎腹内壁上铸有“后母戊”三字得名，是商王为祭祀其母戊而作。鼎呈长方形，四足，立耳，口长 112 厘米，口宽 79.2 厘米，壁厚 6 厘米，连耳高 133 厘米，重达 832.84 公斤，为我国已发现的最大的青铜器，也是古代世界青铜文化中仅见的。鼎身雷纹为地，四周浮雕刻出盘龙及饕餮纹样。方鼎结构复杂，鼎身和四足是整体铸造，耳则是在鼎身铸成后再在其上安模、翻范、浇铸而成的，反映了中国青铜铸造的超高工艺和艺术水平。

经研究考证，鼎腹内壁铭文“后母戊”是商王武丁的后妃妇好的庙号。后母戊鼎是用陶范法铸造而成的，在商后期铸造后母戊鼎至少需要 1000 公斤以上的原料，且要在大约二三百名工匠的密切配合下才能完成。经测定，鼎含铜 84.77%、锡 11.64%、铅 2.79%，与古文献记载制鼎的铜锡比例基本相符。

后母戊鼎初为乡人私掘，因体量过大，为防日军抢走后无法辨认，砸去一只鼎耳，将其重新掩埋。1946 年 6 月重新出土，存于南京中央博物院。1959 年，铜鼎从南京调往北京，存于新建成的中国国家博物馆至今。后母戊鼎是迄今世界上出土最大、最重的青铜礼器，享有“镇国之宝”的美誉。现为国家一级文物，2002年列入禁止出国（境）展览文物名单。

2. 戊部候

东汉官名，属戊己校尉。《后汉书·西域传序》：“复置戊己校尉，领兵五百人，居车师前部高昌壁，又置戊部候，居车师后部候城，相去五百里。”

3. 戊己校尉

官名。西汉初元元年（前48年）置，为驻车师屯田的长官。戊己之意，一说甲乙丙丁庚辛壬癸都有相应的方位，戊与己则无。戊己校尉驻地常有移动，故名。时有戊校尉，又有己校尉。另说戊与己位在四方之中，汉所置校尉在西域各国之中，故名。二说均见于《汉书·百官公卿表》颜师古注。宋·胡三省注《资治通鉴》谓四师位置不在三十六国的中央，应以前说为是。据近代史学家考证，既然戊己不在甲乙丙丁庚辛壬癸之内，而汉朝诸校尉之中已没有甲乙丙丁庚辛壬癸这样的名号，则说明：戊己校尉的统辖范围是没有具体方向的，继而推断，戊己校尉应该是地区最高长官，而没有方向限制。此官职东汉不常置，魏、晋亦置，但仅有一戊己校尉，并无分为二校尉的事实。东晋咸和二年（327年），前凉张骏击俘戊己校尉赵贞，改其治所为高昌郡治，此官遂废。

4. 戊戌变法

指1898年（农历戊戌年）以康有为为首的变法活动，亦称“百日维新”，是当时以康有为、梁启超为代表的维新派所进行的资产阶级政治改良运动。主要内容是改革帝制，倡导学习西方，提倡科学文化，改革教育制度，发展农、工、商业等。这次运动遭到以慈禧太后为首的守旧派的强烈反对，这年九月慈禧太后等发动政变囚禁光绪于瀛台，维新派遣捕杀或逃亡国外，历时仅一百零三天的变法宣告失败。

（二）语言文化中的“戊”

1. 词语中的“戊”

（1）上戊

第一，指农历每月上旬之戊日。唐·刘餗《隋唐嘉话》卷下：“〔开元〕十九年夏，诏京都置太公庙于孔子庙之西，以秋春仲月上戊日致祭。”《宋史·礼志一》：“春秋二仲，上丁释奠文宣王，上戊释奠武成王。”

第二，指王莽所作历法名。《汉书·王莽传下》：“其且开天下山泽之防，诸能采取山泽之物而顺月令者，其恣听之，勿令出税。至地皇三十年如故，是王光上戊之六年也。”颜师古注引孟康曰：“戊，土也，莽所作历名。”

（2）五戊

立春、立秋后的第五个戊日。古时以此为春社、秋社之日。元·郭钰《社日》诗：“甲子频书入短篇，细推五戊卜春田。”立春后五戊日为春社，是指看每年立春那天的天干是甲乙丙丁戊己庚辛壬癸中的何字，如为乙字，则数到戊字为起点，然后再向后数第二个戊字直至第五个戊字，这天便是春社。例如2007年丁亥年，“立春”日为己巳，是公历2月4日，数到第一个戊字为2月13日，第五个戊字为3月25日，那么这天就是“春社”。

（3）戊方

指戊己之日。宋·曾敏行《独醒杂志》卷六：“鱼知丙穴，燕避戊方……戊方，则所谓燕避戊己，鹊避太岁是也。”

（4）青戊

指大地。《周髀算经·日高图》：“凡甲乙之方黄色，戊之方青色。”

唐·李籍音义："上天名青丙，下地名青戊。"

（5）戊子

此指明万历十六年。明·董其昌《节寰袁公行状》："（袁可立）戊子（1588年）举于乡，己丑成进士。"

（6）戊申録

旧时称阴间记录人在世所行善恶的簿册。唐·段成式《酉阳杂俎·玉格》："乃命先过戊申録。録如人间词状，首冠人生辰，次言姓名、年纪，下注生月日，别行横布六旬甲子，所有功过，日下具之，如无，即书无事。赵自窥其録，姓名、生辰日月，一无差错也。"

（7）戊夜

指五更天，天亮之前的时候。《梁书·武帝纪下》："虽万机多务，犹卷不辍手，燃烛侧光，常至戊夜。"《新唐书·奸臣传下·崔胤》："与饮，命宫人为舞剑曲，戊夜乃出。"《资治通鉴·魏邵陵厉公嘉平元年》"自甲夜至五鼓"元胡三省注："夜有五更：一更为甲夜，二更为乙夜，三更为丙夜，四更为丁夜，五更为戊夜。"

（8）戊己芝

黄精的别名。明·李时珍《本草纲目·草一·黄精》："《五符经》云：'黄精获天地之淳精，故名为戊己芝。'是其义也。"

2. 人名中的"戊"

（1）大戊

大戊又称太戊，姓子名伷，是商朝第十位王。为汤五世孙，商王太甲之孙，太商王庚之子，商王小甲、雍己之弟。《史记·殷本纪》载："帝雍已崩，弟太戊立，是为帝太戊。"

太戊继位后，起用伊尹的儿子伊陟为相。据史料记载，太戊继位后不久，"亳有祥桑谷共生于朝，一暮大拱"，桑树下长出了谷桨树，谷桨树又叫构树，一晚上的时间就长得两手合拱那么大。桑树和谷树同属桑科乔木，二者共生，本来是植物生长过程中的偶然现象，但在当时被视为妖魔作怪。太戊很害怕，就问伊陟，伊陟回答说："臣闻妖不胜德，帝之政其有阙与？帝其修德。"告诫太戊说："臣听说邪不压正，妖魔是胜不过德政的。也许是大王您在治理朝政上有什么失德之处，所以才会出现不祥之兆。如果善政修德，以德治民，灾祸自然会免除。"经伊陟指点，太戊深信不疑，此后开始勤政厚德，治国抚民，不久，"祥桑谷"也就枯死了。太戊以为是自己修德治国以德制魔的结果，就更加信任伊陟了。

太戊励精图治，使商王朝又得以复兴强大，周边诸侯纷纷前来臣服。《今本竹书纪年》载，"（太戊）六十一年，东九夷来宾。"据《尚书·无逸》记载，"中宗之享国七十有五年"，是商王朝在位时间最久的国王。太戊勤政修德，治国抚民，颇有作为。太戊死后被尊称为"中宗"，"殷复兴，诸侯归之，故称中宗"[①]。

（2）咸戊

甲骨文中有咸戊，卜辞中常见对咸戊进行祭祀的记载。卜问是否对咸戊进行祭祀，占卜的结果是要进行祭祀，并且要用牛作为祭祀品。咸戊的能量很大，能降祸于商王，甲骨卜辞中就有卜问咸戊是否加害于商王的卜辞。有学者认为，甲骨文中的"咸戊"就是文献中的"巫咸"。

①（汉）司马迁：《史记》，中华书局出版社2002年版，第100页。

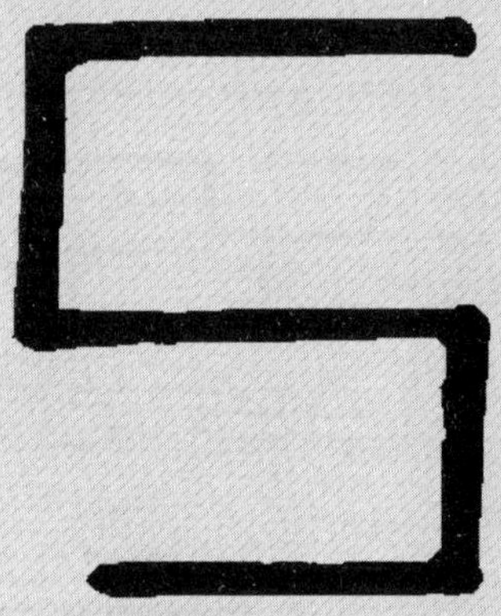

己

东汉·许慎《说文解字》释“己”：“中宫也。象万物辟藏诎形也。己承戊，象人腹。凡己之属皆从己。”

一、“己”字的形体演变

甲骨文“己”字

金文“己”字

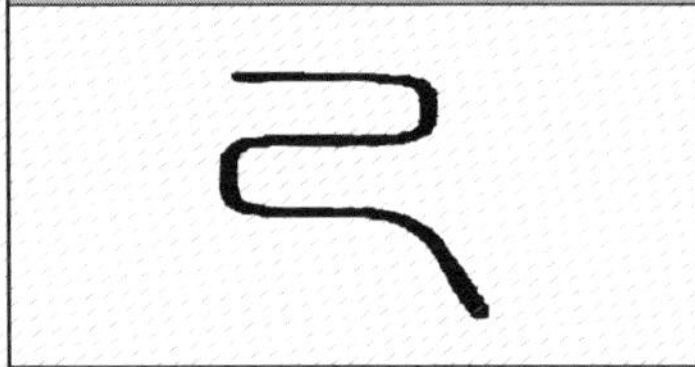

小篆“己”字

隶书“己”字

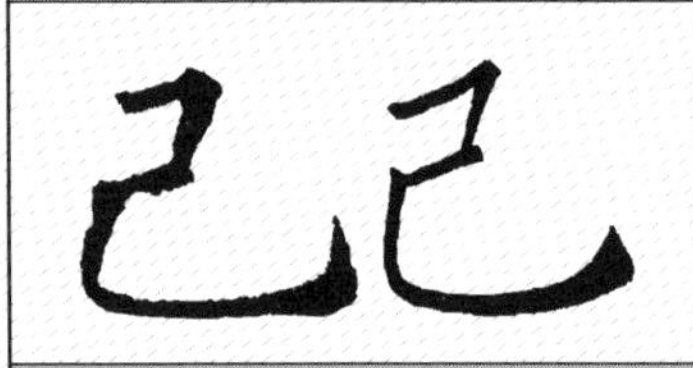

楷书“己”字

楷书简体“己”字（印刷体）

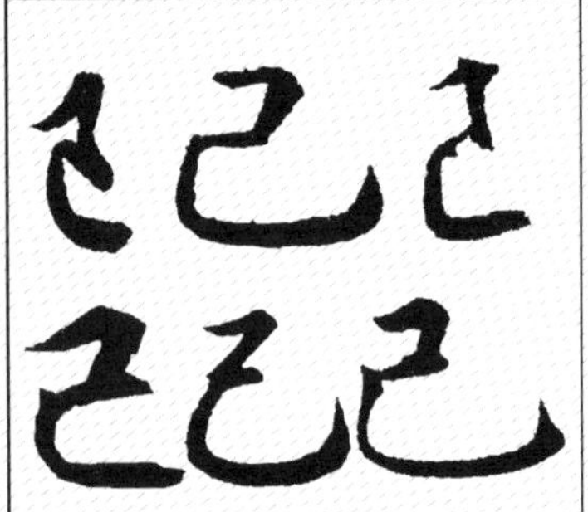

行书“己”字

草书“己”字

二、“已”字的含义

(一)“已”字考源

1《甲文编》551 页。2《金文编》967 页。3《楚系简帛》1063 页。4《秦汉金文》354 页。5、6《篆隶表》1052 页。

图 6—1 “已”字字形演变图[①]

1. 造字法

“已”字是一个象形字，甲骨文字形有左向和右向两种，到西周以后，右向的写法被淘汰，只剩下左向的一种，沿袭至今。东汉时期，由于字形接近，一度与“巳”字混淆，但不久后的楷书就把它们区别开了。

2. 字义

东汉·许慎《说文解字》释“已”：“已，中宫也。象万物辟藏诎形也。已承戊，象人腹。凡已文属皆从已。”[②]意思是，已在天干中居第六位，代表中央和土，故曰“中宫”。朱骏声《说文通训定声》：“已即纪之本字，古文想别丝之形，三横二纵，丝相别也。”

① 李学勤主编:《字源》，天津古籍出版社 2019 年版，第 1274 页。

②（汉）许慎:《说文解字》，中华书局 2006 年版，第 309 页。

（二）“己”字的本义

关于己字的本义，众说纷纭，莫衷一是。主要有以下几种说法：

1. 象人腹

许慎认为“己承戊，象人腹”，己字的一缺口向左，一缺口向右的曲折形状，就像是土里蕴藏万物一样。而人的肚子里也装着人体需要的一切食物，这就与土里掩藏万物相类似，故曰“象人腹”，意思大约是指自身、自己。这种解析并非造字的本义，然而，似乎说明了己字成为第一人称代词的原因。自己的“自”字，原本是“象鼻形”，人往往会指着鼻子以自称，鼻子在面部又处于最突出的位置，故常以鼻子代指全身，引申为指“自己”。己，“象人腹”，与自字一样，也是由指代人身的某一部分引申而来。这样说是否确凿，现在还不得而知。己字的原义现已逐渐湮没。许慎对于己字的解析，是以天干、地支记载年、月、日的方法为依据，又附会了人的形体来解释。

2. 像绳曲之形

罗振玉和郭沫若都认为，“己”像系在箭上用以射飞鸟的弯弯曲曲的丝绳之形，也就是“弋”字的本字。[①] 有学者认为“己”的本义应为“缴（zhuó）”，即拴在箭上的丝绳，后来其本义消失，又因“己”与“弋”的读音相同，古音同在“之”部，所以“己”字就被借为代表“自己”的“己”字。由此，己的本义应是丝绳的头绪，用以

① 郭沫若：《甲骨文字研究·释干支》，《郭沫若全集》考古编第一卷，科学出版社 1982 年版，第 173 页。

缠束丝。朱芳圃《殷周文字释丛·己》认为："己象绳索诘绌之形。"己字实为绳索系物的形状。绳索系物之物各有不同，己字是舍去了被系之具体事物以后的抽象的弯曲形态，独体象事结构，本义为系，也是捆绑之意，是系物之系的初文。这一本义可以从几个从己的字中得到证明。

弗，即缚的初文，像是用绳索捆绑条形物体。其中的曲形符号即己字，表示捆绑的意思。

纪，《说文解字》："纪，丝别也。从纟，己声。"[①]意思为把丝的头绪理好。《墨子·尚同上》："譬若丝缕之有纪，罔罟之有纲。"纪不仅指将煮开的茧丝抽出头绪分开理顺，还包括用丝线系好，成为一束丝。现在的缫丝工厂里煮茧抽出来的丝，也都要束好，这道工艺才算结束了。"纪"字从"己"，也是取其系义。正因为"纪"字表示理丝后把丝系好，故纪字又用为丝束的计量的名称。东晋·葛洪《西京杂记》卷物："五丝为摄，倍摄为升，倍升为䋵，倍䋵为纪。"依此推算，一"纪"是四十根丝。

记，《说文解字·言部》："记，疏也。从言，己声。"[②]段玉裁注："谓分疏而识之也。"[③]意思为记住、记录、记载。从己得声，也取其系义。记字的造字意为：就像绳索系住对象一样，用语言把事情系着，也即记录下来，不让其消失。《尚书·益稷》："侯以明之，挞以记之。"[④]孔安国传："笞挞不是者，使记识其过。"《左传》僖公七年："夫诸侯之会，其德、刑、礼、义，无国不记。"[⑤]

①（汉）许慎：《说文解字》，中华书局2006年版，第271页。

② 同上书，第53页。

③（清）段玉裁：《说文解字注》，上海古籍出版社1981年版，第95页。

④（清）孙星衍：《尚书今古文注疏》，中华书局2004年版，第106、107页。

⑤ 杨伯峻：《春秋左传注》，中华书局2000年版，第318页。

（三）“己”字的引申义

1. 天干第六位

早在甲骨文中，己就被假借作天干第六位的代称，又常用作帝王的庙号。“己”字作为指代天干的第六位，与地支相配，用于纪年、纪月、纪日，也用作序数词第六。

2. 指代自己

“己”字作为人称代词，表示自己、自身、本身的含义，现在仍活跃在汉语中。《尚书·大禹谟》：“稽于众，舍己从人。”[①]《孙子·谋攻》：“知己知彼，百战不殆”。己与他相对，指代主体。《左传》僖公二十年：“善败由己，而由人哉?”[②]《左传》宣公十四年：“怀必贪，贪必谋人。谋人，人亦谋己。一国谋之，何以不亡?”[③]《荀子·劝学》：“君子博学而日三省乎己，则知明而行无过矣。”这些例句中的己字，都是指代行为的主体。

3. 引申为与“己”相关的其他内容

古文的“己”字从一、从亡，这是贯通天、地、人，与“王”的字义相同，竖笔在中间的是“王”字，在左边或者右边的就是“己”字。僧肇说：“会万物为一己者，其惟圣人乎?”就是说，“融会万物为一己的，大概只有圣人吧?”孔子说：“学习切身知识而通达天理。”人不能达到这一境界，都是因为自我束缚；只有充分发挥自身潜能的人，才能通达天理。

通“纪”字。商代与西周时期的东方有一大国纪国，与商、周王朝的地方诸侯交往密切，并且有着极为发达的

① 李民：《尚书译注》，上海古籍出版社2004年版，第26页。

② 杨伯峻：《春秋左传注》，中华书局2000年版，第837页。

③ 同上书，第756页。

青铜与盐文化。王献唐《山东古国考》指出：甲骨文与青铜器铭文中“纪”均作“己”，“己”就是“纪”的初文。卜辞、金文的“己”字，都像一根弯曲的丝绪。天干中之“己”，无法为造专字，同音借“己”为用，久借不归，别造“纪”字，以代表丝绪之“己”。为标记国名而造出的“纪”字，最初见于先秦典籍《左传》等，汉代以来则流行开来。《尚书》记载：“海岱惟青州……厥供盐、丝。”[①] 青州贡物为盐与丝，地处青州之域的纪国作为东夷的土著，并且以丝绪命名，成为现在研究丝绸之路的源头，应当是最早最好的证据。

另，忌字的本义当为禁忌、忌讳，从心，表示思想。在复杂的社会人际交往中，有些思想属于禁止的范围，不能随意表露。故忌从己得声，并取其系义。忌字的造字，其思维方式正是取喻于用绳子系住某些思想，使它牢牢不动，即不表现出来。《易・夬》：“君子以施禄及下，居得则忌。”王弼注：“忌，止也。”孔颖达疏：“忌，禁也。”[②]

此外，己还有己识、识别的意思，也属于假借，这种意思后来写作“纪”。

①（清）孙星衍：《尚书今古文注疏》，中华书局2004年版，第152页。

②（汉）孔安国传，（唐）孔颖达正义：《尚书正义》（《十三经注疏》影印本），中华书局2003年版，第56页。

三、“己”字的文化内涵

（一）姓氏文化中的“己”

己姓，为黄帝的子部落（方国）首领姓氏，少昊后裔。祝融所统领的昆吾氏，亦即是少昊后裔，己姓方国。少昊德衰，颛顼统领之，故昆吾之己姓为祝融八氏之一。《古今姓氏书辨证·六止》：“黄帝子得姓十四人，而青阳、夷鼓同为己姓。青阳，少昊氏也；夏诸侯有苏氏，周诸侯郯子，皆其后。有苏氏女于纣，为之妲己。”《郡国志》记载：“己国，高阳裔，即南郡县。以国为氏。”

也有说法认为上古虞夏时代的昆吾氏（昆吾国）也是己姓部落（方国），该支昆吾氏是少昊的后裔，少昊衰落后由颛顼统领，成为祝融八姓之一。无论是直接出自黄帝的己姓，还是出自高阳氏后裔的己姓，都是黄帝后裔，因为高阳氏也是黄帝后裔。

《姓解·一一三·己部》：“己氏，黄帝十四子之一姓也。汉有太常卿己茂。”

（二）语言文化中的“己”

1. 成语中的“己”

（1）安分守己

分：本分。规矩老实，守本分，指为人规矩老实不越轨，不做违法的事。出自宋·袁文《翁牖闲评》八：“彼安分守己，恬于进取者，方且以道义自居，其肯如此侥幸乎？”

清·曹雪芹《红楼梦》第七十二回：“从此养好了，可要安分守已，再别胡行乱闹了。”

（2）爱如己出

像对待亲生子女那样地爱护。出自明·周辑《西湖二集·假邻女诞生真子》：“果然方氏爱如己出，抚养成人长大。”沈从文《死水微澜》第二部分：“她出世半岁，就丧了父亲，一岁半时，就随母来到邓家。母亲自然是爱的，后父也爱如己出。”

（3）各持己见

各人都坚持自己的意见和见解。出自宋·钱易《南部新书·乙》：“凡中书有军国政事，则中书舍人各执己见，杂署其名，谓之五花判事。”清·黄钧宰《金壶七墨·堪舆》：“然此辈执术疏，谋生急，信口欺诈，言人人殊，甚至徒毁其师，子讥其父，各持己见，彼此相非。”

（4）固执己见

顽固地坚持自己的意见，不肯改变。出自《旧唐书·李纲传》：“时左仆射杨素、苏威当朝，纲每固执所见，不与之同，由是二人深恶之。”《宋史·陈宓传》：“固执己见，动失人心。”梁斌《红旗谱》八：“冯贵堂听父亲不赞成他的主张，他想到：‘人，一上了年纪，就爱固执己见，偏重保守了！’”

（5）贵人贱己

君子尊重别人而把自己看得很轻，（凡事）先考虑别人最后考虑自己。出自西汉·戴圣《礼记·坊记》：“君子贵人而贱己，先人而后己。”

（6）据为己有

将别人的东西拿来作为自己的。出自明·李开先《宝剑记》第二十四出：“先从片进，累建大功，童贯占为己有欺瞒皇上。”清·无名氏《官场维新记》第六回："话说袁伯珍见王德黼的矿山苗旺，有利可图，便想夺他的利权，据为己有。"

（7）酒逢知己千杯少

形容性情相投的人聚在一起总不厌倦。出自清·吴璿《飞龙全传》第三回："二人也把别后之事，谈了一番。三人俱备大悦。正是：酒逢知己千杯少，话不投机半句多。"清·俞万春《荡寇志》第一百二十三回："庞毅奋髯而起，慨然应诺。当下一番畅谈，正是酒逢知己千杯少。"

（8）克己慎行

克己：克制自己；慎：谨慎。约束自己，小心做事。出自唐·韩愈《送齐皞下第序》："故上之人行志择谊，坦乎其无忧于下也；下之人克己慎行，确乎其无惑于上也。"

（9）立身行己

存身自立，行为有度。出自《三国志·魏志·王昶传》："欲使汝曹立身行己，遵儒者之教，履道家之言，故以玄默冲虚为名，欲使汝曹顾名思义，不敢违越也。"《好逑传》第十回："既为君子，自有立身行己的大节义。"清·李盘《与李仲林》："凡立身行己，利物济人，皆吾本分内事，即便磨竭终身，必不改柯易节。"《北史·卷六四·柳虬传》："机立身行己，本以宽雅流誉，至于登朝正色，可谓不违直道。"《旧唐书·卷六二·皇甫无逸传》："公立身行己，朕之所悉。"《清史稿·卷二九四·李卫传》："丈夫立身行己，此等小节不能操持，尚何进德修业之可期？"

（10）排除异己（排斥异己）

排挤、清除和自己意见不同或不属于自己集团派系的人。出自《晋书·殷顗传》："顗见江绩亦以正直为仲堪所斥，知仲堪当逐异己，树置所亲。”

（11）人一己百

别人一次就做好或学会的，自己做一百次，学一百次。比喻以百倍的努力赶上别人。出自《礼记·中庸》：“人一能之，己百之；人十能之，己千之。果能此道矣，虽愚必明，虽柔必强。”

（12）视为知己

看成好朋友。出自蔡东藩《中国历代通俗演义：前汉演义》第六十三回：“独故太仆灌夫，却与婴沆瀣相投，始终交好，不改故态，婴遂视为知己，格外情深。”

（13）损人利己

为了得到好处而损害别人的利益。出自《旧唐书·陆象先传》：“为政者理则可矣，何必严刑树威。损人益己，恐非仁恕之道。”宋·朱熹《朱子家训》：“勿损人而利己，勿妒贤而嫉能。”元·无名氏《陈州粜米》：“做的个上梁不正，只待要损人利己惹人憎。”明·冯梦龙《古今小说·裴晋公义还原配》：“此乃他人遗失之物，我岂可损人利己，坏了心术。”

唐朝时期，陆象先少年志高，才华出众，得到当时吏部侍郎吉顼的赏识，评价他为“才望高雅”，推荐他担任洛阳尉。陆象先清心寡欲，知足常乐，为官廉正，不喜欢趋炎附势，也不损人利己，深受皇帝的器重，功劳卓著。

（14）舍己为人

原指放弃自己的见解，随声附和别人。现指舍弃自己的利益去帮助别人。出自《论语·先进》：“夫子喟然叹曰：‘吾与点也。’”朱熹注：“初无舍己为人之意，而其胸次悠然，直与天地万物上下同流，各得其所之妙。”

（15）身不由己

身体不能由自己做主。指行为不能由自己支配。出自宋·无名氏《张协状元·张协贫女团圆》："张协本意无心娶你，在穷途身自不由己。况天寒举目又无亲，乱与伊家相娶。"明·罗贯中《三国演义》第七十四回："上命差遣，身不由己。望君侯怜悯，誓以死报。"

（16）士为知己者死

知己者指了解自己、信任自己的人。指甘愿为赏识自己、栽培自己的人献身。出自《战国策·赵策一》："士为知己者死，女为悦己者容，吾其报知氏之雠矣。"

（17）推己及人

用自己的心意去推想别人的心意，指设身处地替别人着想。出自《论语·卫灵公》："己所不欲，勿施于人。"朱熹集注："推己及物。"

（18）小己得失

小己：个人，指个人的得失。出自《史记·司马相如列传》："《小雅》讥小己之丢失，其流及上。"

（19）先人后己

首先考虑别人，然后想到自己。出自《礼记·坊记》："子云：'君子贵人而贱己，先人而后己。'"[1]

（20）虚己受人

虚心接受他人的意见。出自汉·韩婴《韩诗外传》第二卷："君子盛德而卑，虚己受人。"

（21）有己无人

指自私自利，只顾自己，不顾别人。出自清·无垢道

①（清）孙希旦：《礼记集解》，中华书局2019年版，第1285页。

人《八仙全传》第19回：“虽是小事，显见有己无人，贪心不死。”

（22）以己度人

度，指揣度，推测。用自己的心思（多指不好的）去猜度别人。出自汉·韩婴《韩诗外传》卷三：“然则圣人何以不可欺也？曰：圣人以己度人者也，以心度心，以情度情，以类度类，古今一也。”《三国志·魏志·钟毓传》：“夫论事料敌，当以己度人。”

（23）一己之见

指一个人的意见。出自宋·周辉《清波杂志》卷八：“近时曾公端伯亦编皇宋百家诗选，去取任一己之见。”明·沈德符《野获编·科场·减场解元》：“永乐间，儒臣奉敕纂修考订，悉取其不悖本旨者，录之天下。习学已久，洪谟乃以一己之见纷更，不许行。”

（24）一己之私

指个人的私心、私利。出自宋·李格非《书洛阳名园记后》：“放乎一己之私，自为之而忘天下之治，忽欲退享此得乎？”章炳麟《致报界俱进会书》：“上则扰乱政治，下则摇惑民心，皆由腐败官僚有意编造，以快一己之私。”

（25）政由己出

政令由一己发出。指把持大权，独断专行。出自《史记·项羽本纪》：“三年，遂将五诸侯灭秦，分裂天下，而封王侯，政由羽出，号为‘霸王’。”章炳麟《为民报封禁事移让日本内务大臣平田东助书·三》：“独有为贵大臣告者，台阁之上，政由己出，龙行虎步，高下在心。”

（26）知己之遇

指像对知己一样的待遇，形容受到赏识，出自《旧唐书·魏徵传》：“公生于扰攘之时，感知己之遇。”

图 6-2 “克己复礼”的孔子画像

2. 历史典故中的“己”

（1）克己复礼

《论语·颜渊》载：“颜渊问仁。子曰：‘克己复礼为仁。一日克己复礼，天下归仁焉。为仁由己，而由人乎哉？’”对于这一句话的理解，关系到对孔子仁学基本思想的理解。汉代扬雄将“克”字解释为“胜己之私谓克”，宋明理学家的解释大体循此思路。如朱熹《论语集注》解释“克己复礼”是：“克，胜也。己，谓之身之私欲也。复，反也。礼者，天理之节文也。”这样就将“克己复礼”与“存天理，去人欲”的理学宗旨对接在一起了。从社会思潮说，宋明理学家倡导“人欲净尽，天理流行”，企图构建一个精神世界的乌托邦，此思潮发展到明后期已经发生转化，走向它的反面，即学者们开始更多地重视现实的社会生活与成人私欲的合理性，从而反对理学家对《论语》“克己复礼为仁”所作的解释，提出自己新的理解。阮元在这种背景下对“克己复礼”做出了新的解释。阮元认为，朱熹《论语集注》对“克己复礼”的解释并不符合《论语》文本的原意，以此撼动“存天理，去人欲”的理学宗旨。

（2）不患人之不己知，患不知人也

出自《论语·学而》，意思是：不要担心别人不了解自己，要担心自己不了解别人。别人不了解我，我还是我，于我自己并没有什么损失。所谓“人不知而不愠”，不值得忧虑，更不用怨天尤人；相反，“画虎画皮难画骨，知人知面不知心”，我不了解别人，则不知道别人的是非邪正，不能亲近好人、远离坏人，这是值得忧虑的。当然，话是这么说，但要真正做到却不容易。所以，圣人不仅在《学而》打头的一章里告诉我们“人不知而不愠，不亦君子乎？”，而且在这末尾的一章里再次语重心长地说：“不患人之不己知，患不知人也。”全篇恰好首尾呼应。

（3）严于律己，宽以待人

指对自己要求严格，待别人则很宽厚。“严以律己，宽以待人”是古人的一种思想和主张。宋·陈亮《谢曾察院启》：“严于律己，出而见之事功；心乎爱民，动必关夫治道。”

（4）己所不欲，勿施于人

意思是自己不想要的东西，切勿强加给别人。这是孔子的经典妙句之一，是其仁爱思想的一个具体体现，亦是儒家文化精华之处。语出《论语·颜渊篇》，子曰：“出门如见大宾，使民如承大祭。己所不欲，勿施于人。”仲弓问孔子如何处世才能合乎仁道？孔子回答道：“一个人待人接物要严肃认真对待，自己不喜欢的事不要强加给别人，不论在朝在野都不要去发牢骚。”仲弓感谢道：“我虽迟钝，但一定会牢记先生的话。”

又出《论语·卫灵公》，子贡问曰：“有一言而可以终身行之者乎？”子曰：“其恕乎！己所不欲，勿施于人。”子贡问孔子：“人生修养的道理能不能用一句话来概括？”孔子说：“那大概是‘恕’吧。自己不愿意的，不要强加给别人。”孔子所强调的是，人应该宽恕待人，应提倡“恕”道，唯有如此才是仁的表现。“恕”道是“仁”的消极表现，而其积极表现便是“己欲立而立人，己欲达而达人”。孔子所阐释的仁以“爱人”为中心，而爱人这种行为当然就包括宽恕待人这一方面。《论语》中提到“夫子之道，忠恕而已矣。己所不欲，勿施于人”，这句话所揭晓的是处理人际关系的重要原则。

图 6—3　己所不欲，勿施于人

孔子所言是指人应当以对待自身的行为为参照物来对待他人。人应该有宽广的胸怀，待人处事之时切勿心胸狭窄，而应宽宏大量，宽恕待人。倘若自己所讨厌的事物硬推给他人，不仅会破坏与他人的关系，也会将事情弄得僵持而不可收拾。人与人之间的交往确实应该坚持这种原则，这是尊重他人、平等待人的体现。人生在世除了关注自身的存在以外，还得关注他人的存在，人与人之间是平等的，切勿将己所不欲施于人。

（5）知己知彼，百战不殆

意思是如果对敌我双方的情况都能了解透彻，打起仗来百战都不会有危险。语出《孙子·谋攻》："知彼知己，百战不殆；不知彼而知己，一胜一负；不知彼，不知己，每战必殆。"所以，预见胜利有五个方面：能准确判断仗能打或不能打的，胜；知道根据敌我双方兵力的多少采取对策者，胜；全国上下，全军上下，意愿一致、同心协力的，胜；以有充分准备来对付毫无准备的，胜；主将精通军事、精于权变，君主又不加干预的，胜。以上就是预见胜利的方法。所以说：了解敌方也了解自己，每一次战斗都不会有危险；不了解对方但了解自己，胜负的概率各半；既不了解对方又不了解自己，每战必败。

“知己知彼，百战不殆”是孙子兵法最光辉的军事思想，同时他提倡的谋略也是建立在了解敌我双方力量的基础上的，因此我们认为它始终贯穿于《孙子兵法》之中。何谓“知己”？即知胜有五，对自身的条件严格审查和分析，这样才能做好客观的分析，才能知道我方的军事优势何在，以此进行谋略和战术安排。何谓“知彼”？知彼即对敌方的力量能进行深入的了解，分析敌人的优势和劣势，以做到避强击弱，因敌谋略，采取不同的应战方案。所谓“知己知彼”，即为了“运筹于帷幄之中”，以“决胜于千里之外”。

“知己知彼，百战不殆”是《孙子兵法》的精髓，它概括性地描述了孙武对战争中敌我势力的认识。古往今来，历代军事学家都在运用这一具有普遍意义的基本规律。时间证明它不管是对战争还是对商业活动，甚至对政治活动都有深刻的指导意义。战争中这一规则的运用是最为广泛的。

图 6—4　孙子兵法

（6）己欲立而立人，己欲达而达人

出自《论语·雍也》。子贡曰：“如有博施于民而能济众，何如？可谓仁乎？”子曰：“何事于仁，必也圣乎！尧舜其犹病诸！夫仁者，己欲立而立人，己欲达而达人。能近取譬，可谓仁之方也已。”

这句话的意思是：仁爱之人，自己决定对人建立仁爱

图 6—5　己欲立而立人，己欲达而达人

之心，别人才会对你仁爱，自己决定对人豁达（宽容），别人才会对你豁达（宽容）。“己欲立而立人，己欲达而达人”是孔子的一个重要思想，也是实行“仁”的重要原则。如果能够“推己及人”也就做到了“仁”。这是儒家道德修养中用于处理人际关系的重要原则，即忠恕；忠恕要求根据自己内心的体验来推测别人的思想感受，达到推己及人的目的。

（7）行有不得，反求诸己

这句话出自《孟子 · 离娄上》：“行有不得，反求诸己。”它的含义是：（如果）行动没有达到预期的效果，就应该反省，从自己身上找原因。孟子曰：“爱人不亲，反其仁；治人不治，反其智；礼人不答，反其敬——行有不得者皆反求诸己，其身正而天下归之。《诗》云：‘永言配命，自求多福。’”孟子说：“爱别人却得不到别人的亲近，那就应反问自己的仁爱是否够；管理别人却不能够管理好，那就应反问自己的管理才智是否有问题；礼貌待人却得不到别人相应的礼貌，那就应反问自己的礼貌是否到家——凡是行为得不到预期的效果，都应该反过来检查自己，自身行为端正了，天下的人自然就会归服。《诗经》说：‘常思虑自己的行为是否合乎天理，以求美好的幸福生活’。”

《孟子 · 公孙丑上》：“仁者如射，射者正己而后发。发而不中，不怨胜己者，反求诸己而已矣。”① 与“行有不得，反求诸己”的意思都是一样的。从个人品质说，是严以律己，宽以待人，凡事多作自我批评。也就是孔子所说的“躬自厚而薄责于人，则远怨矣”②。从治理国家政治说，是正

①（汉）赵岐注，（宋）孙奭疏：《孟子注疏》（《十三经注疏》影印本），中华书局 2003 年版，第 2691 页。

②（魏）何晏等注，（宋）邢昺疏：《论语注疏》（《十三经注疏》影印本），中华书局 2003 年版，第 2516 页。

己以正人。“其身正，不令而行；其身不正，虽令不从。”①

儒家政治强调从自身做起，从身边事做起，个人行为多与个人品质紧紧连在一起。而自我批评则是其手段之一，其相关论述在《论语》和《孟子》中可以说是不胜枚举。当然，古往今来，真正能够做到的人的确是太少了，所以仍然有强调的必要。

（8）事不关己，高高挂起

认为事情与己无关，把它搁在一边不管；把与自己无关的事情远远丢开不管。出自《歧路灯》第一零一回：“老爷只管起身高升，事不关己，棒不打腿，对管闲事做什么哩？”

（三）历史人物中的“己”

1. 雍己

雍己本名密，是太庚之子、小甲之弟、太戊之兄，小甲去世后他继承了商朝君主之位。《史记·殷本纪》记载：“帝小甲崩，弟雍己立，是为帝雍己。”雍己在位期间定都于亳，他昏庸无能，荒废政事，导致商朝衰落，各诸侯的势力日趋膨胀，以致很多诸侯故意不来朝贡甚至叛离。“殷道衰，诸侯或不至。”②雍己死后其弟太戊即位（但据甲骨文记载，太戊登基在雍己之前，太戊可能是雍己的兄长）。《太平御览》和《今本竹书纪年》记载雍己在位12年，《资治通鉴外纪》及《通志》则说其在位17年。

2. 祖己（孝己）

商王武丁之子，《史记·殷本纪》称为祖己，《帝王世

①（魏）何晏等注，（宋）邢昺疏：《论语注疏》（《十三经注疏》影印本），中华书局2003年版，第2506页。

②（汉）司马迁：《史记》，中华书局2002年版，第100页。

纪》作孝己。《太平御览》《帝王世纪》记载，祖己为武丁的嫡长子，也是武丁的太子。有学者考证祖己是武丁之爱妻妇好所生。[①]祖己曾参与政事，辅佐父王武丁修政行德而国势复振。“帝武丁祭成汤，明日，有飞雉登鼎耳而呴……祖己乃训王曰……祖己嘉武丁之以祥雉为德，立其庙为高宗。”祖己谏父王武丁的主要意图是崇尚节俭，在祭祀的时候祭品不要过于丰厚。《尚书 · 高宗肜日》中也记载了同一件事。

祖己是一名孝子，他每天晚上要起床五次，查看父母是否睡得安好，因此深得武丁的宠爱，武丁本来是有意将王位传给祖己的。据《太平御览》卷八十三载，祖己的母亲早死，继母排斥虐待祖己，并且捏造事实，诽谤祖己。父亲武丁听信谗言，流放祖己，祖己忧愤而死于野外。武丁死后，祖庚继位为商王。

3. 苏妲己

妲己，己姓，字妲，殷纣王帝辛的妃子，《国语》曰“有苏女”，世称苏妲己。据《左传》记载，商纣王进攻有苏氏，有苏氏抵挡不住商王朝的进攻，献出牛羊马匹及美女妲己。文献中将妲己描绘成红颜祸首，纣王沉迷于苏妲己的美色，对她言听计从，搞得君臣离心离德，民怨沸腾，外邦不朝。《史记》记载，纣“爱妲己，妲己之言是从”[②]。《尚书 · 牧誓》说商纣王“惟妇言是用”，成为商纣王的最大罪状之一，也被后人归结为商王朝灭亡的重要原因。

① 曹定云:《殷墟妇好墓铭文研究》，云南人民出版社 2007 年版。

②（汉）司马迁:《史记》，中华书局 2002 年版，第 105 页。

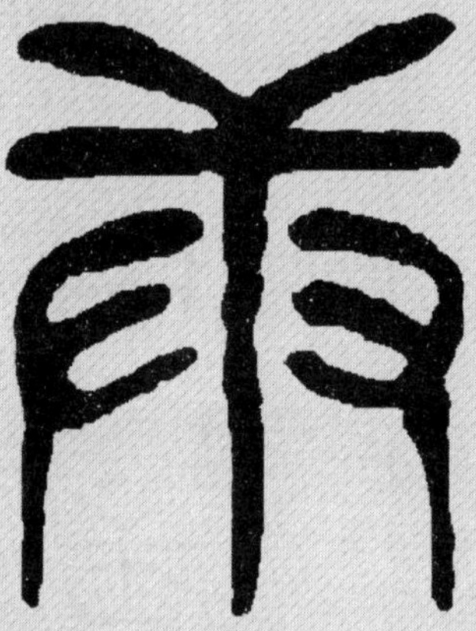

庚

东汉·许慎《说文解字》释“庚”：“位西方，象秋时万物庚庚有实也。庚承己，像人脐。凡庚之属皆从庚。”

一、“庚”字的形体演变

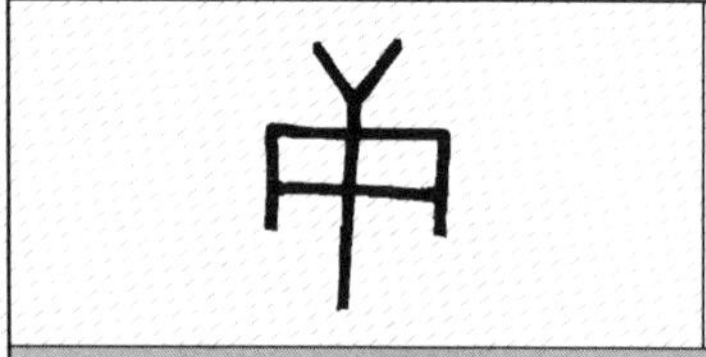

甲骨文“庚”字

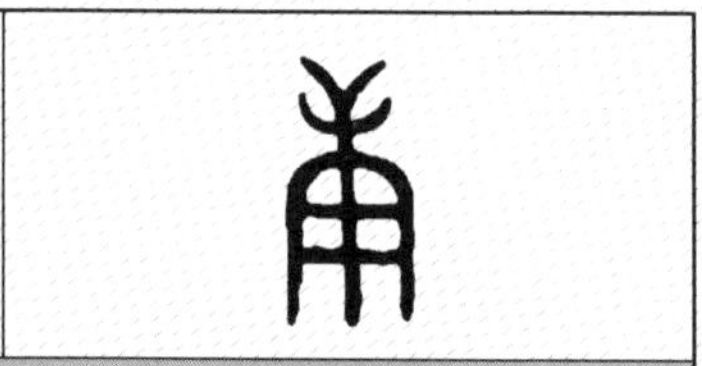

金文“庚”字

小篆“庚”字

隶书“庚”字

王羲之、赵孟頫所写楷书“庚”字

楷书简体“庚”字（印刷体）

文徵明、董其昌、颜真卿、解缙四人所写行书“庚”字

文徵明、董其昌所写草书“庚”字

二、"庚"字的含义

(一)"庚"字考源

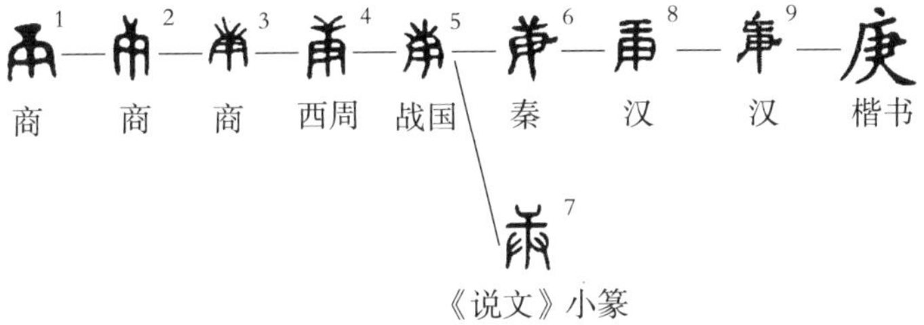

1、4《金文编》969、971页。2、3《甲文编》551—552页。5《楚系简帛》1065页。6、8、9《篆隶表》1053页。7《说文》309页。

图 7—1 "庚"字字形演变图①

1. 造字法

庚，象形字，字形似两手持某器之形，高亨《文字形义学概论》认为是古代的筛糠器。"庚"字最早见于商代金文，作"[字形]"，象形意味非常重，甲骨文则将顶端作分叉状，写作"[字形]"或"[字形]"，此后一直到秦代小篆，字形没有大的变化。秦隶将左右部分变作不对称，右侧的平直化而左侧的不变，作"[字形]"。发展到东汉时，又将上部的两斜笔变为一横，其上加一点作"[字形]"。最后，楷书将中间的竖笔变为人字形，就是我们今天所见的"庚"字。

许慎《说文解字》认为庚是会意字。根据古代五行学

① 李学勤主编:《字源》，天津古籍出版社2019年版，第1275页。

说，庚、辛属金，代表西方，西方是秋天的方位，主谷，上面的“干”形是草木上的果实，两边是手，合起来表示用双手摘取草木上的果实。

2. 字义

“庚”字的本义未见于文献，颇有争议。东汉·许慎《说文解字》释“庚”为：“位西方，象秋时万物庚庚有实也。庚承己，象人脐。”[①]是说在天干中，庚代表西方，西方是代表秋天的方位，像秋天万物坚硬有果实的样子。在天干中，“庚”序承“己”，字形像人的肚脐。

许慎是就小篆字形进行分析的。郭沫若在《甲骨文字研究》中认为：“庚字小篆作两手奉干之形，然于甲骨金文均不相类。”“观其行制，当是有耳可摇之乐器：以声类求之，当即是钲。”“钲从正声在耕部，与阳部这庚声极相近。”“庚之本义其失甚古，后行之义……盖出假借。”[②]

（二）“庚”字的本义

1. 乐器说

“庚”的本义是指一种乐器，甲骨文中就似一种中间有长柄、左右有两耳可以摇的乐器。当“庚”被假借为天干第七位以后，又造出新的形声字“钲”来代替这种乐器的名称。[③]从早期甲骨文和早期金文的庚字形体来看，“庚”字的甲骨文像有耳可摇的类似手铃的乐器，多使用于行军时。也有人认为庚是一种两边有吊锤，可以用来摇动的乐器，类似现在所见的“拨浪鼓”。

①（汉）许慎：《说文解字》，中华书局 2006 年版，第 309 页。

② 郭沫若：《甲骨文字研究·释干支》，《郭沫若全集》考古编第一卷，科学出版社 1982 年版，第 175 页。

③ 张章主编：《说文解字》，中国华侨出版社 2012 年版，第 136 页。

2. 农具说

庚的甲骨文字形像古代农民用于将谷和糠分开的一种装置：贯穿其上下的“丫”状结构，表示支架；中间的长方形与长方形左右两端下延的两竖，表示簸箕或筛子。其金文字形比甲骨文更加形象，即表示簸箕和筛子的部分更加形象，一个圆形的筛子和一个敞口的簸箕组合在了一起。“庚”的本义就是古代农民用于将谷和糠分开的一种装置，即在一个支架的下面挂上诸如簸箕或筛子之类的农具，使用的时候，只需要在簸箕或筛子里放上碾好的粮食，再进行扇动或摇动，就能把谷和糠分开。[1] 这种农具在商周时代已经使用，说明了当时农业生产发展的情况，也说明这个字有可能是这种农具的象形。

图 7—2 “庚”字[2]

（三）“庚”的引申义

1. 天干第七位

早在甲骨文中，“庚”就已经假借作天干第七位的名称，用以纪年、月、日，通常与地支中的子、辰、午、申、戌相配。

如《诗经 · 小雅 · 吉日》：“吉日庚午，既差我马。”在此，“庚”与地支中的午相配，用以纪日。这句话的意思是，庚午那日吉祥又绝妙，猎马都已经选择好。

2. “庚”被赋予“西方”“金”等含义

古人将干支与五行、五方、五味及五常等相配，“庚”对应西方，为“西方的代称”，又因五行之中，金属西方，故“庚”又被赋予“金”等含义。清 · 朱骏声《说文通训

①（汉）许慎著，陈才俊编：《说文解字精粹》，海潮出版社 2014 年版，第 52 页。

② 在《汉字字源》中的解释，参见 http://www.guoxue-dashi.com/zidian/ziyuan_831.html。

定声·壮部》："庚，又以配五行。《淮南·天文》：'庚辛申酉，金也。'"[①]

3."庚"为伏天的代称

"三伏天"是按照我国古代的"干支纪日法"确定的。三伏是指初伏、中伏和末伏三个连续时段。每年农历夏至后第三庚日（指干支纪日中带有"庚"字的日子）为初伏，第四庚日为中伏，第五庚日为末伏（立秋后第一个庚日为末伏，），合起来称为"三伏"。每伏10天，但有些年份中伏为20天。所以"庚"又成为"伏天"的代称，"庚暑"即指代"三伏天"。

宋·苏辙《谢入伏早出状》之二："候极南讹，日临庚伏。"[②]宋·朱熹《次韵秀野署中》："病随庚伏尽，尊向晚凉开。"《宋史·职官志四》："祕书监岁于仲夏曝书，则给酒食费……遇庚伏则前期遣中使谕旨，听以早归。"

4."庚"引申为年龄

由于"庚"为天干的第七位，因此它也常常用为可数序列中"第七"的代称。大概是由于"人生七十古来稀"，因此，宋元以后，人们逐渐用"庚"表示年龄。如"贵庚"，表示多少岁；"贵庚几何"是问对方今年的年龄有多大，多用于询问长辈的年龄，是一种书面语。

"年庚"，指代年龄。人们在说与人同龄时的雅说是"同庚"，即同岁。《红楼梦》第六十三回："座中同庚者陪酒一盏。""庚齿"是指年龄相仿。"成才不必问庚齿，自古英雄出少年。"这里的庚指的就是年龄。[①]

① 汉语大字典编辑委员会编纂：《汉语大字典2》，四川辞书出版社2010年版，第943页。

② 夏征农、陈至立：《大辞海》，上海辞书出版社2015年版，第3829页。

③（汉）许慎著，马松源主编：《说文解字图文珍藏版》，线装书局2014年版，第323页。

5.“庚”有连续、道路、更替、偿还等义

无论什么乐器，都是为演奏美妙动听的音乐而生，由于要求乐器能连续发声，因而“庚”字引申为续、连续之意。《诗经・小雅・大东》：“东有启明，西有长庚。”毛传：“庚，续也。”启明星就是我们现在说的金星，也叫长庚，因其朝升暮落，周而复始，连续不断，故名为“长庚”。“庚”字又由连续之意引申为更替、变更，通“更”。“庚邮”就是更换递送的驿邮。

“庚”还有赔偿的意思，如《礼记・檀弓下》：“季子皋葬其妻，犯人之禾。申详以告，曰：‘请庚之。’”

三、“庚”字的文化内涵

（一）历史文化中的“庚”

1. 庚辰

古代传说中的助禹治水之神。禹治水，“三至桐柏山，惊风走雷，石号木鸣”。禹怒，召集百灵，获淮祸水神巫支祁。授之童律、乌木由，不能制。授之庚辰，“庚辰以战逐去，颈锁大械，鼻穿金铃，徙淮阴之龟山之足下，俾淮水永安而流注海”[①]。

据《山海经》等古籍载，庚辰是“威武出色”的上界天神，在西王母（万仙之祖）的女儿云华夫人（东方神主）身边做侍卫。在“洪水芒芒”的帝尧时期，大禹受命“敷下土方”。为了使大禹顺利治理天下洪患，为百姓重建家园，云华夫人派庚辰等七位天将下凡相助。他们神通广大，忠于职守，劈山开河，降妖捉怪，都立下了赫赫战功，并配有上古第一神剑“避水剑”。在追随大禹十三年间，庚辰先后参与搏杀防风氏，逐共工并剿除其孽臣相柳，特别是在桐柏山与巫支祁的山精水怪激战中，他大展神威，降服了“千古第一奇妖”巫支祁。这是庚辰殊功的顶峰，也是他被誉为淮渎爷的主要原因。

庚辰为淮河水神之说，主要源于下列几点：

① 王汝涛编校：《全唐小说》第 1 卷，山东文艺出版社 1993 年版，第 82 页。

其一，《太平广记》云：“……庚辰之后，皆图此形者，免淮涛风雨之难”。其前提是，庚辰曾降服“淮水怪”巫支祁，有镇妖辟邪之功用，所以淮人皆图其形，以儆妖邪。如延伸思维，庚辰的图像既可辟邪，那么塑其金身，奉为淮神岂不可永保平安?

其二，一些仕官文人尊崇代表正义、降妖除魔的庚辰，恼恨曾纵洪为患、涂炭生灵的巫支祁，所以处处诋毁巫支祁而褒扬庚辰。明·凤阳知府（后升吏部尚书）唐龙曾在嘉靖九年《重修淮渎庙碑记》中说，巫支祁水妖也，如何能为淮神?读斯文揣雅意，唐龙想否定巫支祁的水神说，但无典籍可依，他也不便指明庚辰为淮神，这是一种较有倾向性的学说。

其三，民间的“想当然”。对于日出而作日落而息的百姓们来说，既然听读书人说庚辰是正神，又能降服恶蛟巫支祁，更能震慑其他山精水怪。所以，庚辰当然就是淮渎爷或龙王爷了。

2. 庚子赔款

1900年（庚子年），义和团运动在中国北方部分地区达到高潮，大清帝国和列强开战，八国联军占领了北京紫禁城。1901年（辛丑年）9月，中国和德、法、俄、英、美、日等11个国家达成了屈辱的《解决1900年动乱最后议定书》，即《辛丑条约》。条约规定，中国从海关银等关税中拿出4.5亿两白银赔偿各国，并以各国货币汇率结算，按4%的年息，分39年还清。这笔钱史称“庚子赔款”，西方人称为“拳乱赔款”（Boxer Indemnity）。

这项巨额赔款使中国社会彻底沦为半殖民地半封建社会。1909年起，美国将所摊浮溢部分本利退回，充作留美学习基金；到1924年6月，退回余款本利1250余万美元，作为中国教育文化基金。1917年12月起，大部分庚款缓付5年，德奥部分因战败取消，和俄国缓付部分，都拨作国内公债基金。1924 年 5 月底，苏联政府声明放弃俄国部分庚款，于清偿所担保债务后，完全充作提倡中国教育款项。1925 年，法、日、英、比、意、荷等国都先后声明退回赔款余额，并订立协议，充作办理对华教育文化事业，或充作外国银行营业费用和发行内债基金之用。这种退回庚款的实际使用，大都由中外合组的管理委员会主持。

图 7–3 清华学堂

1911 年初，利用庚款而专门为培养赴美留学生的清华留美预备学校正式成立，在清亡以后继续利用庚子赔款选拔留学生。1949 年，掌管“清华基金”的杰出教育家梅贻琦先生到台湾后，又利用这笔款项创办了新竹清华大学。

3. 庚申帝

即元惠宗，又称元顺帝，（1320—1370 年），本名“孛儿只斤·妥懽帖睦尔（或脱欢铁木儿）”，蒙古族，元明宗之长子。因生于元仁宗爱育黎拔力八达庚申年，故名。母亲罕禄鲁氏，名迈来迪，郡王阿儿厮兰之裔孙也。初，元太祖取西北诸国，阿儿厮兰率其众来降，乃封为郡王，俾领其部族。及元明宗北狩，过其地，纳罕禄鲁氏。延佑七年四月丙寅，生帝于北方。

4. 太庚（大庚）

太庚是商王朝前期的一位王，姓子名辩。甲骨文中作大庚，文献中又称为小庚。他是沃丁之弟，太甲之子，继沃丁而即位。《史记·殷本纪》记载：“沃丁崩，弟太庚立，是为帝太庚。”[①]《今本竹书纪年》等文献记载，太庚在位 5 年。太庚死后，其子小甲（一说为太庚之弟）继承王位。

①（汉）司马迁：《史记》，中华书局 2002 年版，第 99 页。

5. 南庚

商朝中期王，姓子名更。商王沃甲子，商王祖丁堂弟，祖丁死后即位。《史记·殷本纪》载：“帝祖丁崩，立弟沃甲之子南庚，是为帝南庚。”① 甲骨卜辞中有南庚，或合文两字并在一起。南庚是商代诸王中唯一以地名方向为名字的王，在商代王系中是一个特例。之所以如此，吴其昌分析：“自中宗（祖乙）居庇以后，四世皆居于北地，至五传之帝，以庚日生而名庚者，始迁居于奄，奄地较南，此名庚之帝，首实都南，故以‘南庚’名之，以别于先王大庚焉。”②

6. 盘庚

商朝后期王，姓子名旬。祖丁之次子，阳甲之弟。《史记·殷本纪》载：“帝阳甲崩，弟盘庚立，是为帝盘庚。”③ 盘庚当政时，商朝政治腐败，贵族奢侈，王室内争激烈，平民奴隶反抗斗争不断，加上天灾频繁，商朝统治面临着严重的危机。为了扭转局面，摆脱旧贵族的势力，挽救商王朝的衰亡，决定放弃原来的都城，迁都到北蒙。北蒙地处“天下之中”，政治、军事、经济地位优越。盘庚迁殷成为商代历史上的一个转折点，从此使商王朝的政治、经济、文化步入了发展的轨道，扭转了商王朝的颓势，逐步进入商王朝的鼎盛期。

7. 祖庚

商朝后期王，姓子名跃。《史记·殷本纪》载：“帝武丁崩，子帝祖庚立。”④ 商王武丁之子，商王祖甲之兄。祖庚是武丁的第二子，祖庚继承了“武丁中兴”的事业，遵行礼

①（汉）司马迁：《史记》，中华书局2002年版，第101页。

② 吴其昌：《殷虚书契解诂》，武汉大学出版社2008年版，第84页。

③（汉）司马迁：《史记》，中华书局2002年版，第102页。

④ 同上书，第104页。

制，推动商王朝继续繁荣发展，受到后世隆重记载。

8. 庚丁

商朝后期王，姓子名嚣。《史记·殷本纪》记载："帝廪辛崩，弟庚丁立，是为帝庚丁。"商王祖甲之子，商王廪辛之弟。庚丁在位期间，羌方在今陕甘一带重又崛起，屡犯商王朝，常使商戍军遭到很大损失，成为商王朝欲用兵的重点。庚丁针对羌方武装力量强悍等特点，战前进行了全面的谋划和布置，一面命戍军暂避敌锋，待机而动，一面组织精锐部队适时增援抗击羌方进犯。对瓶方、旨方等羌族部落进行多次讨伐，虽然擒杀羌方伯，占领羌部分土地，并派出与王族关系密切的逐、何等五族戍守，但并没将羌方完全征服，成为隐患。庚丁晚年信巫教，使巫教势力大增，危及王权。

甲骨文还记载庚丁开辟了以殷为中心的田猎场，用于田猎和军事演习，当然也间接地起到了开垦荒地的作用。

庚丁去世后，其子武乙继位。

（二）语言文化中的"庚"

1. 词语、惯用语中的"庚"

（1）庚癸

古代军中隐语，谓告贷粮食。典出《左传》哀公十三年："吴申叔仪乞粮于公孙有山氏……对曰：'粱则无矣，粗则有之。若登首山以呼，曰"庚癸乎"，则诺。'"杜预注："军中不得出粮，故为私隐。庚，西方，主穀；癸，北方，主水。"[①] 后称向人告贷为"庚癸之呼"，又称同意

①（晋）杜预注，（唐）孔颖达正义：《春秋左传正义》（《十三经注疏》影印本），中华书局2003年版，第2172页。

告贷为“庚癸诺”。唐·柳宗元《安南都护张公志》：“储偫委积，师旅无庚癸之呼。”宋·范成大《丙午新正书怀》诗：“一饱但蕲庚癸诺，百年甘守甲辰雌。”

（2）庚庚

——纹理横布貌。《史记·孝文本纪》：“卜之龟，卦兆得大横。占曰：‘大横庚庚，余为天王，夏启以光。’”裴骃集解引服虔曰：“庚庚，横貌也。”[①] 宋·辛弃疾《鹧鸪天·徐衡仲惠琴不受》词：“玉音落落虽难合，横理庚庚定自奇。”一说，庚庚犹变更。见《史记·孝文本纪》“大横庚庚”司马贞索隐。

——形容有成果。《说文解字·庚部》：“庚，位西方，象秋时万物庚庚有实也。”段玉裁注：“庚庚，成实貌。”[②] 康有为《六哀诗》之二：“煌煌十七日，新政焕庚庚。”

（3）庚帖

“庚帖”指旧时订婚时，男女双方互换的八字帖，帖上写订婚者姓名、生辰八字、籍贯、祖宗三代等内容。因帖上有生辰八字，故也叫八字帖。如元·高明《琵琶记·丞相教女》：“合婚问卜若都好，有钞；只怕假做庚帖被人告，吃拷。”

2. 干支文化中的“庚”

（1）庚金

天干和五行对应的定格为：甲乙——木；丙丁——火；戊己——土；庚辛——金；壬癸——水。庚金就是指八字中带庚的都属金。

①（汉）司马迁：《史记》，中华书局出版社2002年版，第414页。

②（清）段玉裁：《说文解字注》，上海古籍出版社2006年版，第741页。

（2）庚辰月

天干乙年和庚年，清明到立夏的时间段，就是庚辰月。干支纪月多用于命理学，历法不常用。故其以节气月为基础，没有以朔望月为依据，这不同于历法常用的干支纪年以农历年为基础。

（3）庚辰年

中国传统纪年农历的干支纪年中一个循环的第 17 年称“庚辰年”。以下各个公元年份，年份数除以 60 余 20，或年份数减 3，除以 10 的余数是 7，除以 12 的余数是 5，自当年正月初一起至次年除夕止的岁次内均为“庚辰年”。

（4）庚寅年

中国传统纪年农历的干支纪年中一个循环的第 27 年称“庚寅年”。以下各个公元年份，年份数除以 60 余 30，或年份数减 3，除以 10 的余数是 7，除以 12 的余数是 3，自当年正月初一起至次年除夕止的岁次内均为“庚寅年”。

（5）庚寅月

与庚辰月类似，天干丙年和辛年，立春到惊蛰的时间段，就是庚寅月。

（6）庚寅日

古传楚国人视庚寅日不吉，而屈原以自己是太阳神（高阳，舜）的后裔自豪，故称“惟庚寅吾以降”，表达对光明的追求。

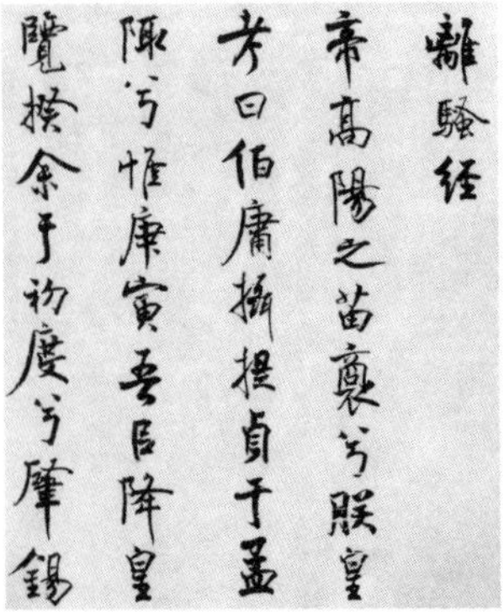

图 7—4　屈原“惟庚寅吾以降”

传统的纪日也是天干地支纪，也是甲子、乙丑……循环下去，六十日一循环，所以也有庚寅日。因为一年 365

天，并不为60整除，所以这个是和农历、阳历都相对独立的纪日的方法，需要看老皇历或者万年历。古文中偶尔还会用到。

（7）庚寅时

和月类似，丙和辛日的寅时（早上3—5点）为庚寅时。主要用于测算命运中的时柱。年、月、日、时，一共构成四柱。另外也用于看日子时辰，一般结婚娶媳妇，不能选与新娘子相冲的时辰接亲。

（8）庚戌

干支之一，顺序为第47个。前一位是己酉，后一位是辛亥。论阴阳五行，天干之庚属阳之金，地支之戌属阳之土，是土生金相生。庚戌年是中国传统纪年农历的干支纪年中一个循环的第47年。庚戌年就是农历一甲子中的一个，比如1970年、1910年、1850年……（60年为一周期）。以下各个公元年份，年份数除以60余50，或年份数减3，除以10的余数是7，除以12的余数是11，自当年立春起至次年立春止的岁次内均为“庚戌年”。

（9）庚申

庚申为干支之一，顺序为第57个。前一位是己未，后一位是辛酉。论阴阳五行，天干之庚属阳之金，地支之申属阳之金，是比例和好。

（10）庚申年

庚申年是猴年之一，是中国干支纪年中一个循环的第57年，公元年份数除以60余0，或年份数减3，除以10的余数是7，除以12的余数是9，自当年立春起至次年立春止的岁次内均为“庚申年”。中国有确切纪年的开年是公元前841年，史称“共和元年”，这一年的干支纪年是庚申年。

（11）庚申月

天干戊年和癸年，立秋到白露的时间段，就是庚申月。事实上，近年来流传甚广的干支年起于当年立春，是命理学的观点，不是民间普遍的做法。命理学中有“天下没有穷戊子，世上没有苦庚申”的说法。庚申称占禄。所谓禄，就是寄生十二宫里的临官，男子占禄，杖地造屋，有权力。

（三）姓氏文化中的“庚”

“庚”字还可作为姓氏。如《集韵·庚韵》：“庚，姓。”

1.“庚”姓源流

关于“庚”姓的源出，一般有以下两种说法：

（1）出自上古尧帝时

“庚”作为姓氏出自官名。上古尧帝时代，有官名曰庚大夫，负责掌管露天粮仓，他的子孙此后便以官名为姓，相传姓庚。

（2）出自上古周朝

传说周朝管理粮仓的官员叫庚凛，其后代便以官名为姓。

2.“庚”姓名人及历史人物

（1）庚信

庚信，即庾信，因“庾”字与“庚”字类似，史料久远流传过程中有的参考书就沿用了“庚信”这一名字。北周文学家，南阳新野（今属河南）人，字子山。生于公元513年，卒于公元581年，历南朝梁武帝至隋文帝初。其八世祖名滔，官至散骑常侍，封遂昌侯，曾祖道骥曾为安西参军。幼博览群书，与徐陵皆为梁东宫抄撰学士，善诗赋、骈文，其作绮艳经靡，世称“徐庚体”，后为建康令。侯景攻破建康，他奔江陵。出使西魏，遂留不返。仕周，累迁骠骑大将军、开府仪同三司，故称“庚开府”。多为贵胄撰碑志。有《哀江南赋》等思故土之名篇，累世传诵。后人辑有《庚子山集》。

（2）庾亮

字符规，东晋颍川鄢陵人。历仕东晋元帝、明帝、成帝三朝。

（3）庾泽普

名恩易，别号墨江、枫渔，云南墨江人。青年时东渡日本留学，毕业后回国。历任云南陆军炮队教练兼筹办讲武堂及陆军随营学校，后调任陆军炮队第一营管带。后赴北京补授陆军少将，并任总统府咨议。民国二年六月，任讲武堂校长，又辞，任教授、高等顾问，民国五年授陆军中将。民国七年，被刺遇难，时年 35 岁。民国八年，追赠为陆军上将。孙中山为其墓表题了“应为雄鬼”四字。

辛

东汉·许慎《说文解字》释“辛”：“秋时万物成而孰；金刚；味辛，辛痛即泣出。从一从辛。辛，辠也。辛承庚，象人股。凡辛之属皆从辛。”

一、“辛”字的形体演变

甲骨文“辛”字

金文“辛”字

小篆“辛”字

马王堆帛书所写隶书“辛”字

赵孟頫所写楷书“辛”字

楷书简体“辛”字（印刷体）

颜真卿和虞世南所写行书“辛”

草书“辛”字

二、“辛”字的含义

（一）“辛”字考源

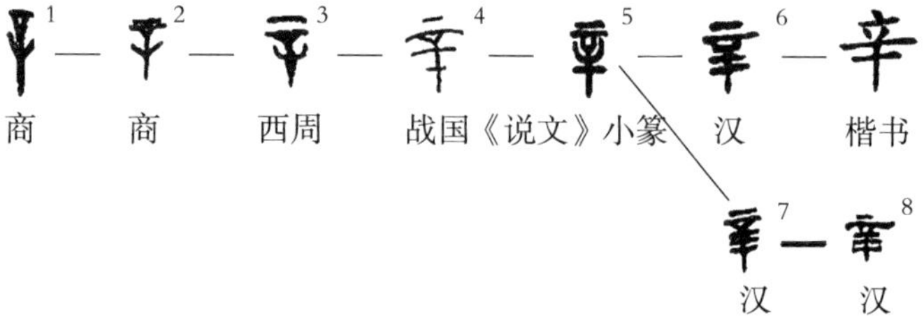

1、2《甲文编》553页。3、4《类编》267页。5《说文》309页。6、7、8《篆隶表》1053页。

图 8—1 “辛”字字形演变图[①]

1. 造字法

辛，象形字，象刑具之形。“辛”字最早出现在甲骨文中，字形像一种刑具，甲骨文像装在木柄（像半个“木”）上端的刺刀。有的甲骨文在刺刀上方加上一短横指事符号，表示用刺刀刺、割。金文承续甲骨文字形，突出了刀锥形象。有的金文承续甲骨文字形。篆文增加刀齿状符号。

古代对俘虏或有罪之人常施黥刑，即在其面部刺上标志，而“辛”就是实施黥刑的工具。有罪之义太过于抽象，于是用刑具来表示。“辛”字产生之后，先是在最上方添加一短横，这是古文字中常见的饰笔。到周代又在竖画的中部增加一点作装饰，战国时期点变成短横，“辛”

① 李学勤：《字源》，天津古籍出版社2012年版，第1275页。

字构造从此定型。

2. 字义

汉字“辛”通常代表罪行、罪人或施刑。东汉·许慎《说文解字》:“辛，秋时万物成而孰；金刚；味辛，辛痛即泣出。从一从䇂。䇂，辠也。辛承庚，象人股。凡辛之属皆从辛。”[①]翻译成白话文的意思是：辛，在四时中代表秋，入秋万物长成而熟落；辛在五行中代表金，金的特性刚硬；辛也代表辛味，辛辣痛苦就会流泪。字形采用“一䇂”会意。䇂，表示罪行。在天干次序中，“辛”承续“庚”，字形像人的大腿。所有与辛相关的字，都采用“辛”作偏旁。

（二）“辛”字的本义

辛字的本义是“罪”。《说文解字》记载：“辛，罪也。”甲骨文辛字的象形是套在脖子上的木枷。这种木枷用大树杈制作而成，把犯人的头部夹在里面，后面用横木绑上，字中的三角形表示的就是夹住人头的地方，下边的一撇一捺表示的是绑住双手的地方，这种木枷可以把犯人牢牢地控制住。带木枷的一般都是犯罪之人，所以许慎所说的罪的含义可能是由此而出。明·郎锳《七修类稿·天地六》：“辛，被罪也。”《清史稿·隆科多传》：“凡四十一款，当斩，妻子入辛者库，财产入官。”

（三）“辛”字的引申义

1. 辛酸，悲痛

有罪之人会感觉非常痛苦，而服罪的过程又是很艰苦

①（汉）许慎:《说文解字》,中华书局2006年版,第309页。

的，所以从辛字引申出来的含义有痛苦、艰苦、酸痛等。三国魏·曹植《赠白马王彪》诗之六："仓猝骨肉情，能不怀苦辛！"南朝梁·江淹《杂体诗·效嵇康〈言志〉》："咸池飨爰居，钟鼓或愁辛。"唐·李白《中山孺子妾歌》："戚姬髡发入舂市，万古共悲辛。"唐·白居易《重赋》："悲端与寒气，并入鼻中辛。""辛"还常与"苦""酸"等字连用，后来更组成双音词"辛苦""辛酸""艰辛"等。唐·李白《陈情赠友人》诗："英豪未豹变，自古多艰辛。"宋·苏轼《浪淘沙》词："东君用意不辞辛，料想春光先到处，吹绽梅英。"

2. 辛字作为五味之一，表示辣味

使人感到刺激甚至痛苦的，除了罪责和困苦之外，还有辣味的食物，双音词"辛辣"就由此而来。南朝梁·刘勰《文心雕龙·事类》："夫姜桂因地，辛在本性；文章由学，能在天资。"

3. 借指葱、蒜等含有辛辣味的菜蔬

辛还引申为葱、蒜等带刺激味道的蔬菜及辣味。《文选·嵇康〈养生论〉》："熏辛害目，豚鱼不养，常世所识也。"李善注："《养生论》曰：'大蒜勿食，荤辛害目。'……熏与荤同。"

4. 天干第八位

早在甲骨文中，辛就被假借为表示天干第八位的名称，并同其他天干用字一样，经常用作先人的庙号，商纣王的庙号就是"帝辛"。

《诗经·小雅·十月之交》："十月之交，朔日辛卯。"

5. 通"新"

《释名·释天》："辛，新也。"毕沅疏证："《律志》悉新于辛。郑注《月令》曰：辛之言新也。"

三、“辛”字的文化内涵

（一）姓氏文化中的“辛”

1. 姓氏概况

辛姓为中国传统汉族姓氏，《汉书》本传有人名辛庆忌。有说法认为辛姓是以地为氏，尊启为辛姓得姓始祖。据《元和姓纂》记载：“姒姓，夏后启别封于莘，子孙去草为辛，遂为辛氏。”

辛姓在宋版《百家姓》中排名第379位，在2013年中国姓氏人口排名第145位。中国现有辛姓的人口约110.7万余，占人口总数的0.069%左右，主要集中于吉林、山东、辽宁、黑龙江四省，占中国辛姓总人口的71%。

另外，值得一提的是《战国策·赵策三》载战国时魏国有辛垣衍，其人以辛垣为复姓。

2. 姓名中含“辛”字的名人

（1）辛弃疾

南宋著名词人，号稼轩，少年参加抗金义军，后率军归宋，先后任大理寺少卿及湖南、江西、福建、湖北、浙东安抚使等职，后去职闲居江西上饶一带，善作词，抒发其渴望复国统一的壮志，抨击南宋上层统治集团的投降妥协行径，著有《稼轩长短句》。辛弃疾曾作《永遇乐·戏赋辛字送茂嘉十二弟赴调》：

烈日秋霜，忠肝义胆，千载家谱。得姓何年，细参辛字，一笑君听取。艰辛做就，悲辛滋味，总是辛酸辛苦。更十分，向人辛辣，椒桂捣残堪吐。

世间应有，芳甘浓美，不到吾家门户。比着儿曹，累累却有，金印光垂组。付君此事，从今直上，休忆对床风雨。但赢得，靴纹绉面，记余戏语。

图 8—2　辛弃疾

翻译成白话文是说：家族的先辈们都是具有忠肝义胆的人物，而且他们都禀性刚直严肃，如“烈日秋霜”，令人可畏而又可敬。我们祖上从何年获得这个姓氏？又是怎样才得到这样的姓呢？我来细细参详，认真品味，以博取你听后一笑吧。我们辛家这个“辛”字，是由“艰辛”做成，含着“悲辛”滋味，而且总是与“辛酸、辛苦”的命运结成不解之缘啊！辛者，辣也，这是我们辛家人的传统个性，而有些人不堪其辛辣，就像吃到捣碎的胡椒、肉桂，却欲呕吐。

如芳香甜美的荣华富贵，世间纵然有，但从来不到我们辛氏家门。比不得人家子弟们，腰间挂着一串串金光灿烂的金印，何等趾高气扬！谋取高官显爵、光宗耀祖之事，就交给你了。从今往后，你青云直上的时候，不必回想今天咱们兄弟之间的这场对床夜语；不过，官场有官场的一套，做大官就得扭曲辛家的刚直性格，那种逢人陪笑的日子也并不好过呢。希望你能够记起今天我说的这些玩笑话啊。

（2）商纣王帝辛

帝辛，子姓，名受或受德、或纣（《今本竹书纪年》）。庙号辛，又称帝辛，一般被称为商纣王。《史记·殷本纪》载："帝乙崩，子辛立，是为帝辛，天下谓之纣。"商王帝乙之子，武庚禄父之父。于公元前1075年即位，卒于公元前1046年，在位30年（《夏商周断代工程年表》）。帝辛是具有雄才大略的一代帝王，他推行法制，提拔重用"小人"，打击奴隶主旧贵族的势力，巩固了商王朝的统治；他征服东南夷，把先进的中原文化推进到边远的江淮地区，奠定了中国的版图基础，为我国统一的多民族国家的形成和发展作出了贡献。

帝辛天资聪颖，闻见甚敏，才力过人。他即位之后，鉴于西方周人的势力日益强大，首先妥善处理与周方国的关系，一面继续实行怀柔政策，同时又加强防范，并找机会囚禁了周人的首领姬昌。"西伯昌闻之，窃叹。崇侯虎知之，以告纣，纣囚西伯羑里。"帝辛囚西伯的原因是"崇侯虎谗西伯于殷纣"，"帝乃囚西伯于羑里"。但是帝辛为了征伐东土夷人，还是从大局出发，不久就释放了姬昌，并"赐弓矢斧钺，使得征伐，为西伯"。[①]

①（汉）司马迁：《史记》，中华书局2002年版，第106页。

纣在位的时候，扩大殷都，大修离宫别馆，称为朝歌。为了满足他的贪欲，“厚赋税以实鹿台之钱，而盈巨桥之粟”[①]；他重视扩张领土，为彻底解决夷人问题，发兵攻打东夷诸部落，获得大批俘虏，殷都以南的朝歌（今河南淇县）是东南征伐夷人的前哨阵地，也是西阻周人沿黄河东进的重要堡垒；帝辛为摆脱旧贵族势力的包围，长居朝歌，朝歌遂成为纣都。帝辛还把商朝势力扩展到长江流域，加强了商文化对长江流域的影响。

由于帝辛刚愎自用，引发统治集团内部矛盾，加之长期征讨东夷，造成国内兵力空虚。公元前1046年，正当帝辛征伐东夷的战争不断取得胜利的时候，周人在背后突然发起了进攻商朝的牧野之战，周武王率领诸侯联军击败商军，商朝部队尚在东南前线来不及回师作战，帝辛只能武装战俘仓促应战，结果战俘前线倒戈，导致战争失败。帝辛见大势已去，便躲进鹿台（今河南鹤壁）自焚而死，商朝灭亡。

文献中对帝辛多有诋毁，如在传统史学叙述中，帝辛沉湎酒色、穷兵黩武、重刑厚敛、拒谏饰非，是一位典型的暴君，终致众叛亲离、身死国灭，相关典故有“酒池肉林”“炮烙之刑”等；对其征伐夷方、开疆扩土的记载则很少。

但后世对此也存有不同的观点。《韩非子·难四》：“商辛用费仲而灭。”宋·王禹偁《仲尼为素王赋》：“商辛、夏癸兮号独夫，又安得比于儒者。”明·陶宗仪《辍耕录·发宋陵寝》：“宋之亡，非有商辛流毒，为白旄黄钺之

① （汉）司马迁：《史记》，中华书局2002年版，第105页。

招也。”甲骨文、金文中记载颇多，为我们提供了研究帝辛的珍贵资料。

（3）高辛

帝喾初受封于辛，后即帝位，号高辛氏。有说法认为辛姓源于姬姓，出自黄帝之后裔高辛氏部族，属于以部族名称为氏。据《路史》所载，相传黄帝之后有高辛氏，其后又去高字改为辛姓。《楚辞·离骚》：“凤皇既受诒兮，恐高辛之先我。”宋·陈岩肖《庚溪诗话》卷下：“辇路归来闻好语，共惊尧颡类高辛。”

（二）语言文化中的“辛”

1. 词语、俗语、惯用语中的“辛”

（1）衔辛

心怀辛酸。宋·苏轼《祭张文定公文》：“曰再见子，恐无复辰，出户迟迟，默焉衔辛。”

（2）耐辛苦

宋代宫廷中语，遣人退出的婉辞。宋·陆游《老学庵笔记》卷四：“曾子宣丞相尝排蔡京于钦圣太后帘前，太后不以为然。曾公论不已。太后曰：‘且耐辛苦。’盖禁中语，欲遣之使退，则曰耐辛苦也。”

（3）革辛

改革更新。辛，通“新”。明·宋存标《舞剑赋》：“材分轻重，质辨柔刚，从庚革辛，含景吐商。”

（4）辛赀

薪金。郑观应《盛世危言·银行上》：“官积清俸，民蓄辛赀，存款生息，断无他虑，其便八。”

（5）辛俸

薪俸。《儒林外史》第二三回：“我们这里盐商人家，比如托一个朋友在司上行走，替他会官、拜客，每年几百银子辛俸，这叫做‘大司客’。”

（6）辛夷坞

唐代王维别墅“辋川山庄”胜景之一。坞上植有辛夷，故名。《新唐书·文艺传中·王维》：“别墅在辋川，地奇胜，有华子冈、欹湖、竹里馆、柳浪、茱萸沜、辛夷坞。”

（7）辛者库

满文“sin jeku”的音译，乃包衣管领下食口粮的人也。

乾隆年间所修的《大清会典则例》：“辛者库，即内管领”，“管领，即辛者库”，王公府邸之辛者库，即府属管领。这里明确说明，辛者库就是“管领”，是一种包衣组织，又有“浑托和”即“半个佐领”之称。宗室奕赓在其《寄楮备谈》中即清楚地说明：“半个佐领，今名浑托和，汉语为管领”，又说“辛者库（人），乃半个佐领下食口粮人也”。管领下人按每月领取一金斗或半金斗粮为生。

（8）辛盘

旧俗农历正月初一，用葱、韭等五种味道辛辣的菜蔬置盘中供食，取迎新之意。宋·吴文英《解语花·立春风雨中饯处静》词：“还斗辛盘葱翠。念青丝牵恨，曾试纤指。”明·李沂《丙寅元日》诗：“颓檐缺壁还风雪，浊酒辛盘自岁时。”

（9）五辛菜

用葱、蒜、韭、蓼蒿、芥五种辛物做成的菜肴。《太平御览》卷二九引汉·应劭《风俗通》：“于是下五辛菜、胶牙糖，各进一鸡子。”

（10）停辛贮苦

辛劳长期缠身。形容经历了不少艰难困苦。同“停辛伫苦”。

（11）论甘忌辛

说到甘甜的就忌讳辛辣的。比喻有所好而偏执。

2. 谜语中的“辛”

谜题：二十载来多苦辛（打一字）；谜底：辜。

提示：“二十”别解为两个十，即“十十”，添上“辜”即成为“苦辛”二字。

谜题：粒粒皆辛苦（打一成语）；谜底：食不甘味。

提示：谜面“粒粒皆辛苦”别解为“每一粒饭的味道都是苦的”，与谜底之意相通；“不甘”别指“不甜”，暗示“苦”之意。

谜题：嘴黑脚黄满身乌，脚踏麻绳走光路，别人看我吃饱饭，吃得进去白辛苦（打一动物）；谜底：鸬鹚。

提示：鸬鹚，也叫水老鸦、鱼鹰，该鸟可驯养捕鱼，我国古代就已驯养利用。

谜题：弟兄三个真辛苦，日夜忙着把数数，虽然数了一辈子，没有超过十二个（打一物）；谜底：表针。

提示：钟表上的指针怎么数都在 12 范围之内。

谜题：一把辛酸泪，写成《红楼梦》（打一成语）；谜底：水落石出。

提示：《红楼梦》又名《石头记》，借扣“石出”。

谜题：八戒一路辛苦（打一成语）；谜底：能者多劳。

提示：“八戒”法号悟能，扣“能”。

谜题：满纸荒唐言，一把辛酸泪（打一地质学用语）；谜底：泻湖。

提示：“满纸荒唐言”是“胡写”，“一把辛酸泪”是在“胡写”上加上三点水，变成“泻湖”[①]。

谜题：辛苦半生添白头（打一字）；谜底：辞。

① 潟湖（xì hú）（误称泻湖，由于潟字少见并被不少人认为是繁体字，其实不然）：被沙嘴、沙坝或珊瑚分割而与外海相分离的局部海水水域。海岸带泥沙的横向运动常可形成离岸坝—潟湖地貌组合。当波浪向岸运动，泥沙平行于海岸堆积，形成高出海水面的离岸坝，坝体将海水分割，内侧便形成半封闭或封闭式的潟湖。在潮流作用下，可以冲开堤坝，形成潮汐通道。涨潮流带入潟湖的泥沙，在通道口内侧形成潮汐三角洲。潟湖沉积是出入潟湖河流、海岸沉积物和潮汐三角洲物质充填，多由粉砂淤泥质夹砂砾石物质组成，往往有黑色有机质粘土与贝壳碎屑等沉积物。

提示：“苦”字一半，取“古”添上“白”字的头一笔“丿”成为“舌”字。

谜题：紧锣密鼓迎辛未（猜一祝词）；谜底：羊年快乐。

提示：辛未就是指羊年；紧锣密鼓，又敲锣又打鼓表示很欢乐了。

谜题：一语一酸辛（打一食品名）；谜底：陈醋。

提示：“陈”扣“述说，语”，“酸”是“酸味，醋”。陈醋，浓褐色，液态清亮，醋味醇厚，具有少沉淀、贮放时间长、不易变质等特点。山西老陈醋是中国四大名醋之一。

谜题：辛亥革命（打一地名）；谜底：青岛（清倒）。

提示：辛亥革命推翻了清政府的统治，结束了中国长达两千年之久的君主专制制度，是一次伟大的革命运动。

谜题：切菜呛眼睛，味辛辣又甜（打一蔬菜）；谜底：洋葱。

提示：洋葱蔬菜是欧美国家非常重要的一道菜，20 世纪初传入我国。切洋葱时，很多人往往受不了会流眼泪。洋葱具有发散风寒的作用。

谜题：甲乙丙丁戊己庚辛壬癸；谜底：旱。

提示：全是天干，天也可称为日，日干为旱。

3. 歇后语中的“辛”

醋坛子里泡胡椒——尝尽辛酸。

黄连拌生姜——辛苦了。

胡椒浸在醋里——辛酸得很。

酱菜店里的抹桌布——尝尽辛酸。

唐僧取经——千辛万苦。

咬口生姜喝口醋——尝尽辛酸。

赵五娘（《琵琶记》中人物）上京——一路辛苦。

赤着脚板去拜年——辛苦讨来快活吃。

勾辛进旋子——有去无回。

饥吃生姜渴饮醋——历尽辛酸。

凌冰缝里捞鱼吃——辛苦挣来快活吃。

壬

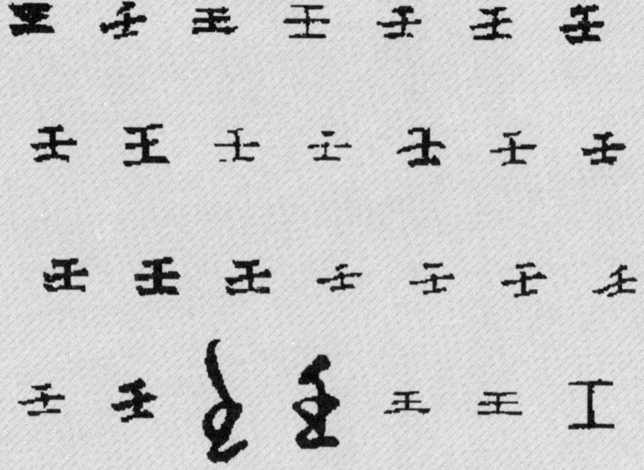

东汉·许慎《说文解字》释“壬”：“位北方也。阴极阳生，故《易》曰：‘龙战于野。’战者，接也。象人怀妊之形。承亥壬以子，生之叙也。与巫同意。壬承辛，象人胫。胫，任体也。凡壬之属皆从壬。”

一、“壬”字的形体演变

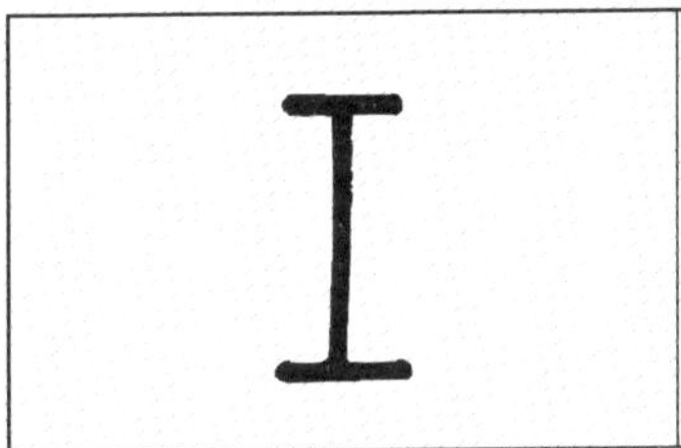

甲骨文“壬”字

金文“壬”字

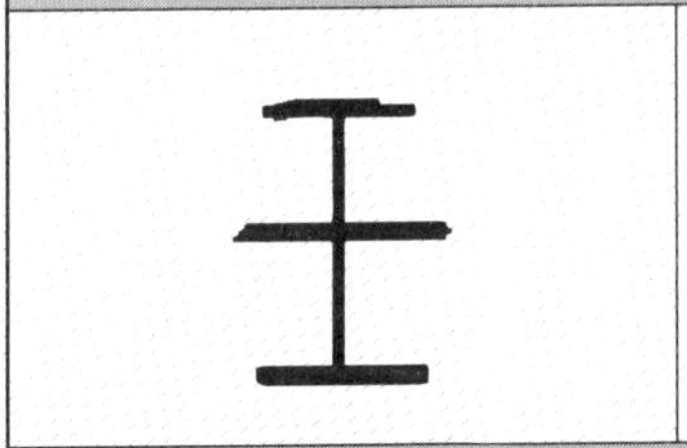

小篆“壬”字

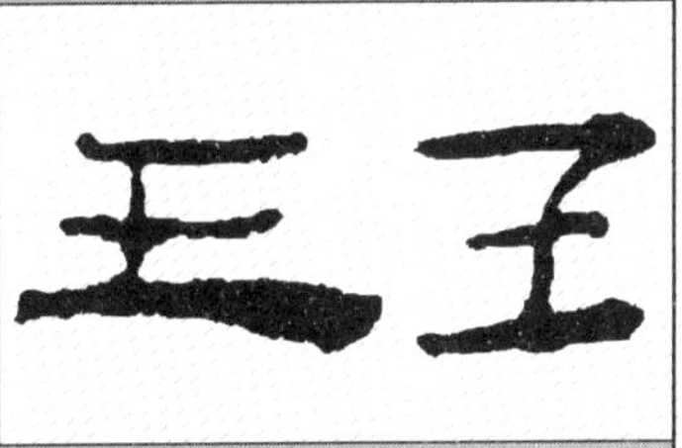

居延汉简、马王堆帛书隶书“壬”字

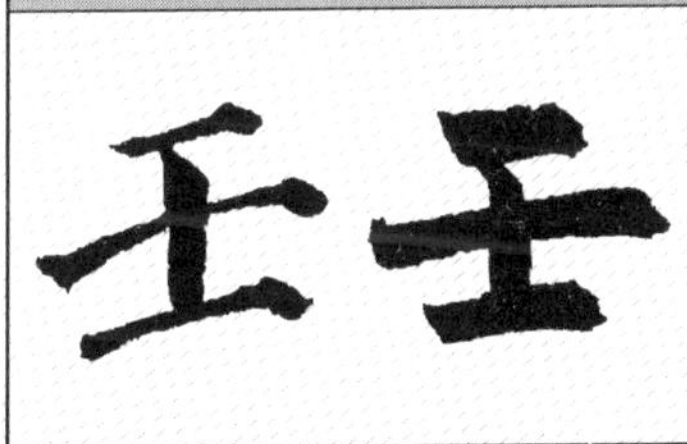

颜真卿、赵孟頫所写楷书“壬”字

楷书简体“壬”字（印刷体）

赵孟頫、董其昌所写行书“壬”字

文徵明、怀素所写草书“壬”字

二、“壬”字的含义

（一）“壬”字考源

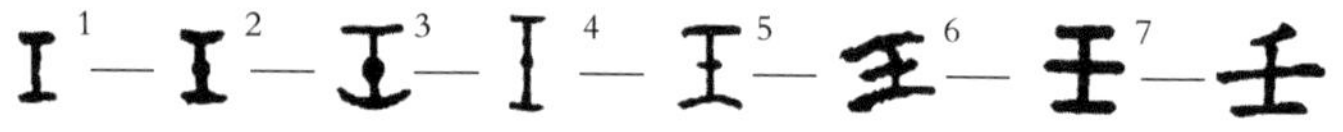

商　　商　　西周　　春秋　　春秋　　战国《说文》小篆　楷书

1、2《甲文编》554 页。3、5《金文编》979 页。4《类编》377 页。6《楚系简帛》1068 页。7《说文》309 页。

图 9—1 “壬”字字形演变图①

1. 造字法

壬，象形字。所像之形不明，最早见于甲骨文，视为“工”字形，疑即纺织时缠线的工具。甲骨文写作、（巧具），表示聪明机智、善于使用巧具，善于办事。金文在巧具的握柄中间加指事符号，表示使用巧具。有人认为其造字本义是善于使用巧具，胜任事务。篆文将金文的指事符号一点写成一横，中间的一点变成了一横。其本义消失后，甲骨文再加“人”另造“任”代替。

2. 字义

壬的本义众说纷纭：有的说像纺锤，是绕线的工具；有的说像“两刃之斧”；有的说像妊娠，是人怀孕后肚子大了的样子；有的说其像人胫。迄今为止，仍无定论。

① 李学勤：《字源》，天津古籍出版社 2012 年版，第 1278 页。

张章主编的《说文解字》上册中认为，“壬”的本义是绕线的工具，绕线则线团不断增大，故引申指大。[①]《细说汉字》认为：“‘壬’字本为象形字，甲骨文就像缠线用的木制工具，金文的中间加一个圆点，表示已绕上了线团。”[②]也有学者认为，“壬”是“纴”的初文。

上述观点认为壬字像缠线的工具，但东汉许慎在《说文解字》里则有不同的说法。《说文解字·壬部》：“壬，位北方也。阴极阳生，故《易》曰：‘龙战于野。’战者，接也。象人怀妊之形。承亥壬以子，生之叙也。与巫同意。壬承辛，象人胫。胫，任体也。凡壬之属皆从壬。”[③]其意为：壬在天干中表示北方方位。壬也代表冬天，表示阴气到达极点而阳气萌生，所以《周易》上说：“龙战于野。”战是交接的意思。“壬”的字形像人怀孕的形象。用子承接地支的亥和天干的壬，这是符合滋生顺序的。壬字在工字中加一横，这与巫字在工字中加两个人的造字思路相同。壬继承辛，像人的小腿。小腿，是担任身体承重的器官。所有与壬相关的字，都采用壬作偏旁。故《说文解字》认为“壬”像是妇女怀孕之后肚子大了的样子。

吴其昌在《金文名象疏证·兵器篇》中指出，“壬”字的字形为“两刃之斧”，是一个两端皆有刃的斧子，是一种兵器。郭沫若在《甲骨文字研究》中研究认为“壬”字是“若”字的转变，以声类求之，当即镵谓石针之镵。林义光认为“壬”字是“縢之古文、机持经者也”[④]，是个象形字。

① 张章主编：《说文解字》，中国华侨出版社 2012 年版。

② 左安民：《细说汉字》，中信出版社 2015 年版，第 51 页。

③（汉）许慎：《说文解字》，中华书局 2006 年版，第 309 页。

④ 郭沫若：《甲骨文字研究·释干支》，《郭沫若全集》考古编第一卷，科学出版社 1982 年版，第 187 页。

（二）“壬”字的本义

据考源，“壬”字本义有三：其一，纺织时缠线的工具；其二，“壬”与“工”字同源，是“任”的本字；其三，“壬”用作动词的时候是一个象形兼指事字，像一个人挑担子。如《说文通训定声》：“壬，儋何也。上下物也，中象人儋之。”《诗经·大雅·生民》：“是任是负。”

（三）“壬”字的引申义

1. 天干第九位

“壬”字早在甲骨文中就假借作天干第九位的名称，与地支相配，用以纪年、纪月、纪日、纪时。

《尚书·武成》：“惟一月壬辰，旁死魄。”[①] 明末天启年间著名的江南才子魏学洢《核舟记》：“其船背稍夷，则题名其上，文曰‘天启壬戌秋日，虞山王毅叔远甫刻’。”

“壬”字五行属水，位北方。《淮南子·天文训》：“甲、乙、寅、卯，木也；丙、丁、巳、午，火也；戊、己、四季，土也；庚、辛、申、酉，金也；壬、癸、亥、子，水也。”

2. 用作形容词，意思是大、盛大

由于天干第九位引申为序数九的代称，九为数中最大者，故“壬”又引申为盛大。

《尔雅》：“壬，大也。”《诗经·小雅·宾之初筵》：“百礼既至，有壬有林。”毛传：“壬，大也；林，君也。”

① 李民：《尚书译注》，上海古籍出版社2004年版，第209页。

3. 奸佞

“壬”又有奸佞、谄媚义，《字源》认为“当属假借”，是因为“‘佞’从‘仁’得声，古音‘壬’、‘仁’同属‘日’纽，音近可通”[①]。

（四）“壬”与“𡈼”

提到壬字，不得不提另一个字——𡈼（tǐng）。这个字乍一看跟壬很像，仔细看的话并不一样：壬字的造型是中间的一横比较长，而𡈼字则是下面的一横比较长。𡈼（tǐng），甲骨文=（人）+（土，土墩），表示挺立在土墩高处。有的甲骨文将“土”写成一横指事符号。篆文将甲骨文的写成。隶书将篆文的“人”简化成一撇。由于“𡈼”的字形与“壬”（rén）相似，后人常将“𡈼”与“壬”混用。

“𡈼”（tǐng）由“廷”代替后，“𡈼”不再在现代汉语中流行，当代字符集中也没有收入“𡈼”。

东汉·许慎《说文解字》中“壬”与“𡈼”分属于不同的部首：“𡈼，善也。从人从士。士，事也。一曰象物出地挺生也。凡𡈼之属皆从𡈼”。《说文解字》里面的这个记载可能也是造成现在壬和𡈼不分的原因。但徐铉对《说文解字》的注解似乎解决了这一疑问：“人在土上，𡈼然而立也。是从人从土，而不是从人从士。”

图 9—2 （tǐng）字写法

王本兴编著的《甲骨文字辨异》一书指出，壬是个指事字，他认为：“壬字亦从人，而指事在人之脚下，即人立于土上。契文用小圆表示土。故壬字像人挺立于土丘之

① 李学勤：《字源》，天津古籍出版社 2012 年版，第 1286 页。

形”；“壬字之下也有作一横画的，如甲骨文望字之下加一横画一样，虽然壬与望在构形上有较大差异，但意义相近”。但通读这一记载和书中的插图，王本兴解释的应该是𡈼，但可能由于壬字和𡈼的相似不易区分以及现在字典中不再出现这一字，而造成书中用壬代𡈼的问题出现。

三、“壬”字的文化内涵

（一）姓氏文化中的“壬”

壬是我国的古老姓氏之一，其存在已经很久了。关于其来源，有以下两种说法：一种说法认为壬姓源出姜姓，春秋时齐简公名壬，其支庶之后有以壬姓为氏者；另一种说法认为壬姓源出任姓，古任、壬、妊三姓相通，故任姓又写作妊姓、壬姓。现今山东，山西太原，安徽贵池，福建清流、浦城，广东吴川，云南马关等地都有壬姓。

（二）语言文化中的“壬”

1. 词语中的“壬”

（1）壬人

第一，指奸人、佞人，巧言谄媚、不行正道的人。《汉书·元帝纪》：“咎在朕之不明，亡以知贤也。是故壬人在位，而吉士雍蔽。”颜师古注引服虔曰：“壬人，佞人也。”唐·刘禹锡《华佗论》：“悲哉！夫贤能不能无过，苟寘于理矣，或必有宽之之请。彼壬人皆曰：‘忧天下无材邪！’曾不知悔之日，方痛材之不可多也。”宋·王安石《答司马谏议书》：“辟邪说，难壬人，不为拒谏。”清·钱谦益《大学士孙公行状》：“惟公之立人本朝，志在于正朝廷，清宫府，杜私门，破朋党……善人君子亦惮其凛然，小夫壬人不寒而栗。”

第二，指肢体不正的人。汉·董仲舒《春秋繁露·阳尊阴卑》：“四肢之答各有处如四时，寒暑不可移若肢体；肢体移易其处谓之壬人，寒暑移易其处谓之败岁。”

（2）壬佞

奸人，邪佞者。《新唐书·姚崇传》：“比来壬佞冒触宪纲，皆得以宠自解。臣愿法行自近，可乎？”

（3）憸壬

通“佥壬”，指奸佞的小人。《新唐书·封伦传》：“伦宠极生前，而罪暴身后，所历官不可尽夺，请还赠改谥，以惩憸壬。”《古今小说·木绵庵郑虎臣报冤》：“〔史弥远〕专任憸壬以居台谏，一时正人君子，贬斥殆尽。”《明史·张敷华传》：“陛下宴乐逸游，日狎憸壬。”

（4）奸壬

奸邪谄媚。宋·秦观《鲜于子骏行状》：“愿陛下事两宫以孝，待大臣以礼。侍从知其邪正，近习防其奸壬。”

（5）孔壬

亦作“孔任”。大奸佞。《尚书·皋陶谟》：“能哲而惠，何忧乎驩兜，何迁乎有苗，何畏乎巧言令色孔壬！”孔传：“禹言有苗驩兜之徒甚佞如此。”孔颖达疏：“巧言令色为甚佞之人。”[①]《后汉书·郅恽传》：“昔虞舜辅尧，四罪咸服，谗言弗庸，孔任不行，故能作股肱，帝用有歌。”李贤注：“孔，甚也；任，佞也。”唐·元稹《桐花》诗：“奸声不入耳，巧言宁孔壬。”

（6）三壬

术数家语。言人腹部有三壬，乃长寿之征。《三国志·魏志·管辂传》：“吾额上无生骨，眼中无守精，鼻无

①（汉）孔安国传，（唐）孔颖达正义：《尚书正义》（《十三经注疏》影印本），中华书局2003年版，第138页。

梁柱，脚无天根，背无三甲，腹无三壬，此皆不寿之验。”唐·刘禹锡《乐天是月长斋遂为联句》诗：“鉴容称四皓，扪腹有三壬。”

（7）壬公、壬夫

传说中掌温泉的水神名。唐·韩愈《陆浑山火和皇甫湜用其韵》：“女丁妇壬传世婚，一朝结雠奈后昆。”宋·方崧卿举正：“董彦远曰：当作‘女丁夫壬’。引东山少连曰：‘玄冥之子曰壬夫，娶祝融氏之女曰丁芊，俱学水仙，是为温泉之神。’”亦称“壬公”。宋·苏轼《真一酒歌》：“壬公飞空丁女藏，三伏遇井了不尝。”

2. 五行中的“壬”

（1）六壬

动用阴阳五行进行占卜凶吉的方法之一。与遁甲、太乙合称“三式”。五行（水、火、木、金、土）以水为首；天干（甲、乙、丙、丁、戊、己、庚、辛、壬、癸）中，壬、癸属水，壬为阳水，癸为阴水，舍阴取阳，故名壬；六十甲子中，壬有六个（壬申、壬午、壬辰、壬寅、壬子、壬戌），故名六壬。六壬共七百二十课，一般总括为六十四课。其占法为：用两木盘，上有天上十二辰分野，谓之天盘；下有地上十二辰方位，谓之地盘；两盘相叠，转动天盘，得出所占之干支与时辰的部位，以判吉凶。六壬占术由来甚古，《隋书·经籍志·五行》著录有《六壬释兆》与《六壬式经杂占》，此后历代书志收录颇多。唐·王建《贫居》：“近来身不健，时就六壬占。”清·纪昀《阅微草堂笔记·如是我闻二》：“其师精晓六壬，而不为人占。”赵树理《小二黑结婚》五：“小二黑从小就聪明，象那些算属相、卜六壬课、念大小流年或‘甲子乙丑海中金’等口诀，不几天就都弄熟了。”通常所说的六壬一般指大六壬。

（2）小六壬

旧时占卜法之一。以大安、留连、速喜、赤口、小吉、空亡六位分列食指、中指及无名指上。占时按月、日、时顺序求之。得大安、速喜、小吉者为吉，其余为凶。俗称“报时起课法”。

（3）女丁妇壬

阴阳家以丁为火，以壬为水。丁为阳中之阴，壬为阴中之阳。以丁女而为妇于壬，则水火相合，谓之“女丁妇壬”。唐·韩愈《陆浑山火和皇甫湜用其韵》：“火行于冬古所存，我如禁之绝其飧。女丁妇壬传世婚，一朝结雠奈后昆。”

（4）长壬

十二地支中“酉”的别称。《汉书·天文志》：“在酉曰作诂。八月出，石氏曰：名长壬。”

（5）庚壬

西北方。庚、壬在五方中分别属西方、北方。宋·苏辙《卜居赋》：“昔先君相彭、眉之间，为归全之宅，指其庚壬曰：‘此而兄弟之居也。’”

（6）辛壬癸甲

典出《尚书·益稷》：“娶于涂山，辛壬癸甲。”[①] 孔传：“〔夏禹〕辛日娶妻，至于甲日，复往治水，不以私害公。”后因用“辛壬癸甲”喻指一心为公，置个人利益于不顾的精神。清·邹容《涂山》诗：“辛壬癸甲今何有？且向东门牵黄狗。”

①（清）孙星衍：《尚书今古文注疏》，中华书局2004年版，第112页。

癸

东汉·许慎《说文解字》释“癸”：“冬时，水土平，可揆度也。象水从四方流入地中之形。癸承壬，象人足。凡癸之属皆从癸。籀文，从癶、从矢。”

一、“癸”字的形体演变

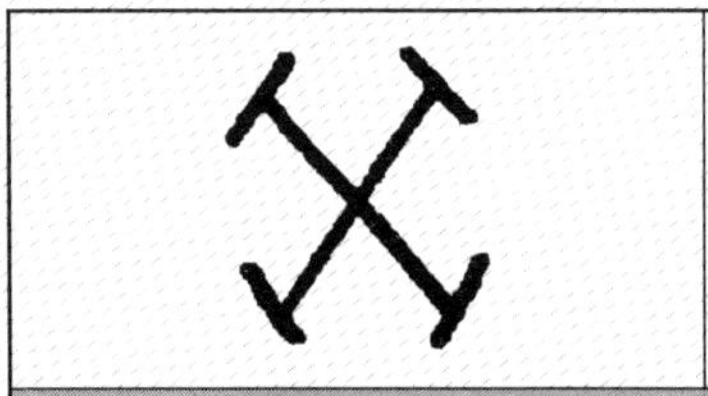

甲骨文“癸”字

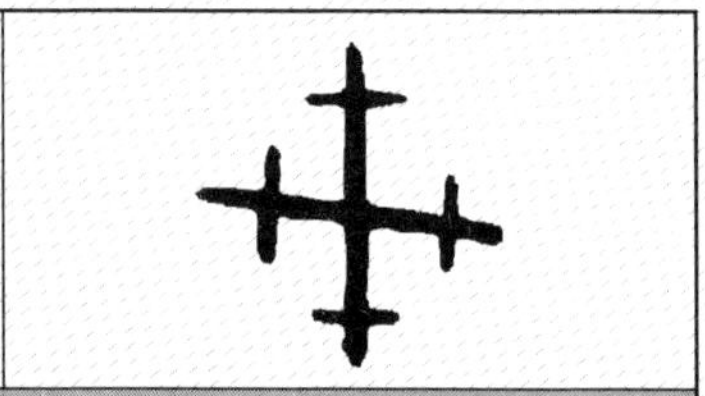

金文“癸”字

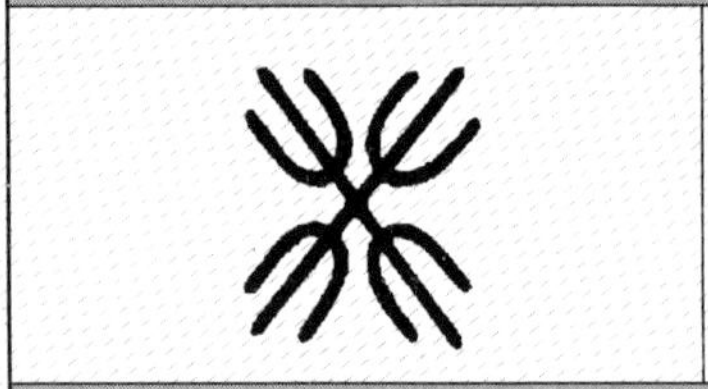

小篆“癸”字

马王堆帛书隶书“癸”字

褚遂良所写楷书“癸”字

楷书简体“癸”字（印刷体）

王羲之、董其昌、苏轼所写行书“癸”

文天祥所写草书“癸”

二、“癸”字的含义

（一）“癸”字考源

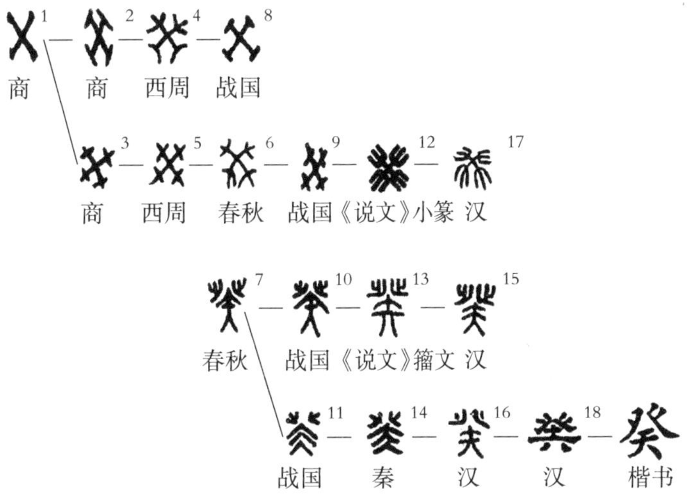

1、2、3《甲文编》555页。4《金文编》980页。5、6、7、9《类编》31页。8、10、11《古文典》1188页。12、13《说文》309页。14—18《篆隶表》1055—1056页。

图10−1 “癸”字字形演变图[①]

1. 造字法

“癸”的构型尚无定论，疑似象形字，但所象之形不明。

（1）象形字

癸，象形字，所象之形不明。“癸”字最早见于甲骨

① 李学勤主编：《字源》，天津古籍出版社2019年版，第1278页。

文，作“乂”，似二物相交状，稍复杂的写法是在四角添加短划，有出头和不出头两种构形，分别作“”“”。以后分别沿着这两个方向发展，前者至东汉时期尚无太大变化，仍作为“癸”字的异体字存在，东汉以后湮没不闻，后者最晚可见于战国时期。而自春秋时期则出现一种从矢从癶作的构形，其所从癶概即《说文解字》所云“象人足”所据。秦汉之后，这种写法逐渐成为主流，随着时代的迁移而略有变形，至楷书则变形为从癶从天。

（2）指事字

癸，指事字，甲骨文纵横交错的“乂”形指事符号，表示东西与南北方向。有的甲骨文在“乂”形符号的四个方位上各加一短横指事符号〈〉，表示用仪器测量方位。有的甲骨文将表示方位的短横指事符号误写成“（又）”。金文进一步突出了四个“（又）”的字形。

（3）会意字

甲骨文“癸”字形体像二矢交错形，表示用矢（箭）来度量。“癸”字演变至籀文时字形为上“癶”下“矢”，表示两足分张不正。“矢”意为箭，表示武器，体现了两足分张，手持武器。“矢”也是古人用来丈量物体的工具，“癶”“矢”合为“癸”的籀文，可理解为以步或矢丈量。饶炯《说文解字部首订》：“夫揆度之法，有以步起度者，故从癶；有以矢起度者，故又从矢。”“癸”有估量、揆度之意。《广雅·释言》：“癸，揆也。”隶、楷书从癶（两脚），从矢省，表示用脚步来度量。故“癸”的本义是度量，此义现写作“揆”。癸后用来表示天干的第十位。

2. 字义

东汉·许慎《说文解字》释“癸”：“冬时，水土平，可揆度也。象水从四方流入地中之形。癸承壬，象人足。”[1]意思是：癸代表冬令，这时水土平整，可以度量。“癸”的篆文字形，像水从四面流入耕地中央的样子。在天干顺序中，“癸”跟在“壬”后面，像人的脚。既说像水从四方流入地中之形，又说像人足，说解自相矛盾，不确。

（二）“癸”字的本义

1. 兵器说

罗振玉认为：“癸乃之变形，字上面象三锋，下象着地之柄，乃戣之本字。”郭沫若也认同这种说法，即认为“癸”字的本义是一种有柄上面三锋的兵器，是“戣”的本字，“戣”是古代戟一类的兵器。[2]叶玉森从其说。吴其昌则认为：“癸字原始之初谊为矢之象形，双矢交揆……而得癸字。”[3]

2. 葵菜说

近代人饶炯认为“癸为葵之古文，像四叶对生形。”“癸”是“葵”的本字。“葵”在古代主要指冬葵。甲骨文和金文的“癸”形像四叶对生形。“癸”的古文字形符合冬葵的裂片状叶。这种葵菜的“癸”是象形字，“癸”字的本义当是葵菜。

3. 出酒说

有学者认为，甲骨文“癸”字也是过滤酒的过滤包上面十字架的象形。其本义是出酒。喝酒之时会想到它漫长的酿造过程，由此产生纪念的含义。后母戊大方鼎上铸有“癸”字，是商王为了纪念名字叫戊的母后而铸

①（汉）许慎：《说文解字》，中华书局2006年版，第309页。

② 郭沫若：《甲骨文字研究·释干支》，《郭沫若全集》考古编第一卷，科学出版社1982年版，第188页。

③ 于省吾：《甲骨文字诂林》，中华书局2014年版，第3591页。

造的大方鼎。[①]

4. 揆的本字说

也有学者认为，“癸”的造字本义是动词，指用仪器手工测量精确方位。篆文  承续金文字形。当“癸”的本义消失后，另造“揆”代替，强调手工测量，认为“癸”是“揆”的本字。

（三）“癸”字的引申义

1. 天干第十位

癸字为天干第十位，并用作顺序第十的代称。由于殷人的习惯，经常用作先公先妣的庙号。

癸字现在最常见的用法有两种：一种是作为天干的末支第十位，与地支组合，用以纪年、月、日；另一种是用于顺序第十的代称。

《尔雅 · 释天》：“太岁……在癸曰昭阳。”又：“月……在癸曰极。”《左传》桓公十七年：“癸巳，葬蔡桓侯。”南朝宋 · 王僧达《祭颜光禄文》：“维宋孝建三年，九月癸丑朔，十九日辛未，王君以山羞野酌，敬祭颜君之灵。”

2. 指妇女月经

——癸水。天癸水至，月经初潮的别名。《寿世保元》卷七：“室妇十四岁，经脉初动，名曰天癸水至。”桃花癸水，谓妇女月经来潮。五代 · 张泌《妆楼记 · 红潮》：“红潮，谓桃花癸水也，又名入月。”

——天癸。有两层含义。其一，即元阴、肾精，促进生殖功能的一种物质。癸，五行中属阴水。《素问 · 上古

① 窦文宇、窦勇：《汉字字源》，吉林文史出版社2005年版，第79页。

天真论》：“女子七岁肾气盛，齿更发长，二七而天癸至，任脉通，太冲脉盛，月事以时下，故有子。”《素问·上古天真论》：“丈夫八岁，肾气实，发长齿更；二八，肾气盛，天癸至，精气溢泻，阴阳和，故能有子。”其二，专指女子月经。宋·吴曾《能改斋漫录·记事二》：“又屯田郎中张譓妻，年四十而天癸不至，温叟察其脉曰：‘明年血清乃死。’既而果死。”清·和邦额《夜谭随录·梨花》：“怪底守身如处子！且十八九岁，天癸未至。今若此，复何疑哉！”

3. 用作动词，意为估量

癸还可以作为动词，是估量的意思。《史记》：“癸之言揆也，言万物可揆度，故曰癸。”①

①（汉）司马迁：《史记》，中华书局2002年版，第1244页。

三、“癸”字的文化内涵

（一）姓氏文化中的“癸”

“癸”字可作为姓。《广韵·旨韵》：“癸，姓。”据宋·郑樵《通志·氏族略四》载，“癸氏，姜姓，齐癸公之后。见《姓苑》”。今山西临汾有癸姓人。

（二）语言文化中的“癸”

1. 干支中的“癸”

（1）癸丑

癸丑为干支之一，顺序为第 50 个。前一位是壬子，后一位是甲寅。论阴阳五行，天干之癸属阴之水，地支之丑属阴之土，是土克水相克。

（2）癸穴庚涡

道家称口中津液为癸穴庚涡。明·王志坚《表异录·仙趣》：“道家目华池水曰癸穴庚涡。”

（3）甲癸

天干从“甲”起至“癸”止，为数凡十，因以“甲癸”指一旬。唐·元稹《告畬竹山神文》：“自十月季旬周甲癸而功半就。”后引申为次第、逐一。宋·梅尧臣《读永叔〈集古录目〉》：“随田证讹甲癸推，青编是非皆究知。”

2. 人名、物名中的“癸”

（1）夏癸（履癸）

即夏桀。姒姓，名履癸，西河（河南省安阳市汤阴县东菜园镇西河村）人。夏朝末代君主，帝发的儿子，古代历史上有名的暴君，文武双全，迁都于斟鄩。统治期间，荒淫无度，暴虐无道，诸侯不朝。商国君主成汤在伊尹、仲虺的辅佐和谋划下，陆续灭亡韦国、顾国、昆吾。鸣条之战，夏桀兵败被俘，放逐于南巢，标志着夏朝覆亡。数年以后，客死于南巢，谥号为桀。汉·张衡《东京赋》：“则是黄帝合宫，有虞总期，固不如夏癸之瑶台，殷辛之琼室也。”宋·王禹偁《仲尼为素王赋》：“悲夫，商辛、夏癸兮号独夫，又安得比于儒者。”

（2）辛癸

商纣、夏桀的并称。夏桀名履癸，商纣名帝辛，两人均为有名的暴君。相传夏桀是一个才智勇力兼备的君主，能生擒兕（野牛）、虎，折断钩索，力大无比。但是，桀生性残暴，酷好声色，饮酒无度。桀继位后为了控制局势，以武力威逼东方的许多邦国，在制服有施氏（今山东滕县）之后，下令在有仍举行朝会，结果反而激起以有缗氏（今山东金乡东北）为首的诸侯反叛。桀便率领参加“有仍之会”的各诸侯、方国出兵征讨有缗。尽管最终灭了有缗，但是许多诸侯和方国从此与夏桀离心离德，史载“桀克有缗，以丧其国”[①]。

后用“辛癸”泛指暴君。南朝陈·徐陵《梁贞阳侯与陈司空书》：“孤宗室之长，爰自布衣，辛癸之朝，容身靡

① 杨伯峻:《春秋左传注》，中华书局2003年版，第1323页。

托。”唐·刘知几《史通·载文》：“观其政令，则辛癸不如；读其诏诰，则勋华再出。”金·王若虚《臣事实辨上》：“而孙安国亦谓皓罪为逋寇，虐过辛癸，枭首素旗，不足谢冤魂。”

（3）三癸亭

亭名。唐大历八年（773 年），湖州刺史颜真卿于浙江乌程杼山为处士陆羽所建。成于癸丑年、癸卯月、癸亥日，故名。唐·颜真卿《题杼山癸亭得暮字》诗：“欻构三癸亭，实为陆生故。”

十二地支

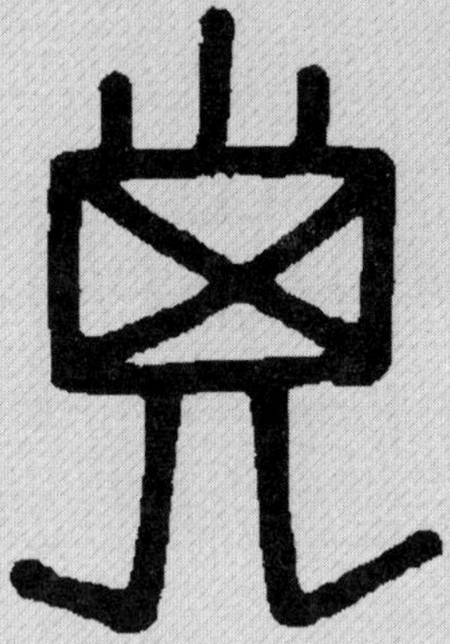

子

东汉·许慎《说文解字》释“子”：“十一月，阳气动，万物滋，人以为称。”《释名》：“子，孳也，阳气始萌，孳生于下也。”子当冬至之分，冬至一阳生，故曰阳气动，万物滋，滋、孳，皆滋生之义。

一、“子”字的形体演变

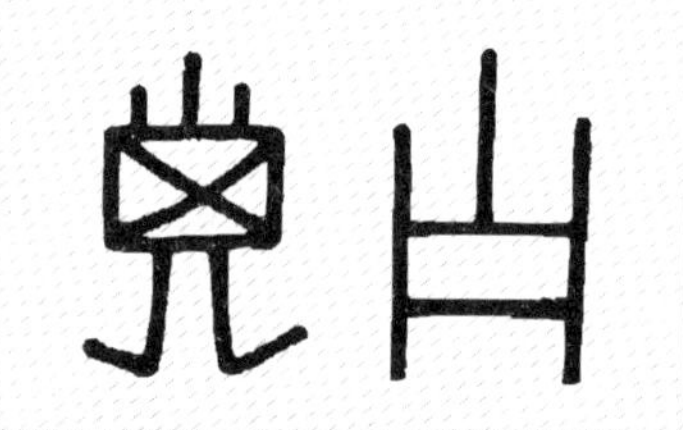

甲骨文“子”字

金文“子”字

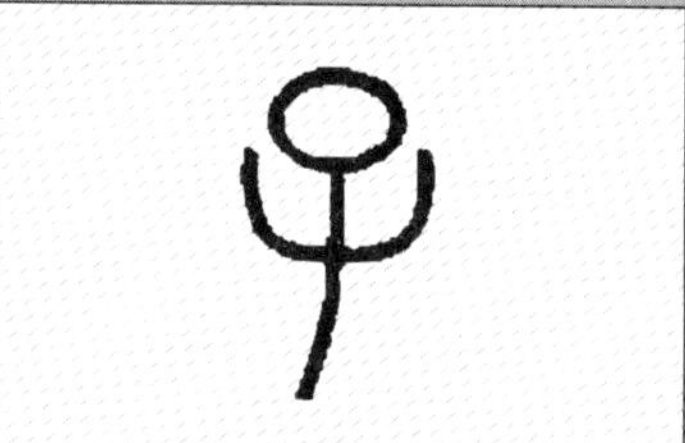

小篆“子”字

马王堆帛书隶书“子”字

欧阳询所写楷书“子”字

楷书简体“子”字（印刷体）

王羲之所写行书“子”字

怀素所写草书“子”字

二、“子”字的含义

（一）“子”字考源

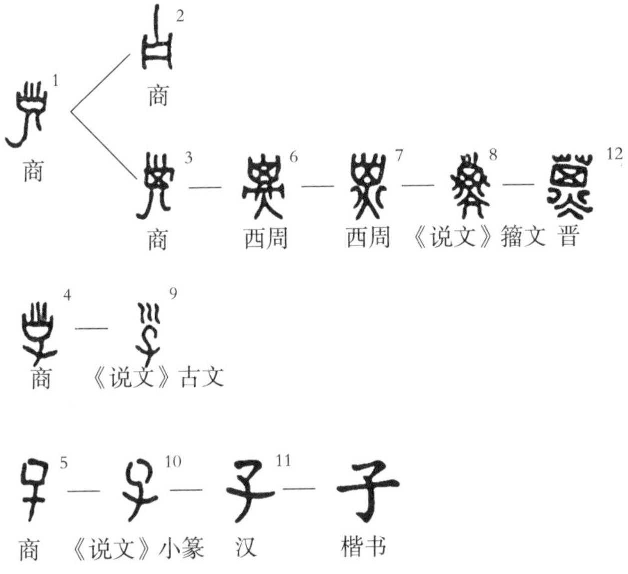

1、2、3、5、6、7《类编》49 页。4《汉语字形表》556 页。8、9、10《说文》309 页。11、12《篆隶表》1056、1057 页。

图 11-1 “子”字字形演变图①

1. 造字法

子，象形字。“子”字在甲骨文中有三种写法：第一种，像生有发的胎儿头颅及两胫，后或省简其发，或于头部标记其囟；该字至宗周形稍变，上肢为襁褓包裹，其后

① 李学勤主编：《字源》，天津古籍出版社 2019 年版，第 1278 页。

形体稍讹，至《说文解字》籀文则在字下加一符号，许慎解为“几”，谓“籀文子，囟有发，臂、胫在几上”。用作表示天干地支的“子”。第二种，上像幼儿头发、头颅及两臂，下像两并的两胫，后演进为《说文解字》古文。第三种与第二种的区别仅在于头发的有无，后演进为小篆及隶书。

从“子”字的构形可见，子字字形之一像带发的头颅，与“脑”字所从同形，即从“囟”。“囟”为小儿头顶，即囟门。按古文字形制，即金文字所从，应为田猎之“猎”的本字，实际上也就是指猎头所获的人头，亦“脑”之所从，即颅的本字。其字形同“子”，当指小儿之首。另一字形形式像器形，与甲骨文铸器之象形字“宁”字字形相似。“器”上仅一竖画，中空，像挖空的人头壳。原始人类习惯以颅壳为器，因此“宁”字形器当为颅壳。当其用为十二地支首字之“子”字时，则是小儿头壳无疑。

由上考之，“子”字两种字形形异而实同。其区别仅在于：前者为新猎之小儿首，后者则是干枯的小儿头壳。二者皆用于祭祀求子。祭祀求子很重要，生育繁衍几乎是原始人类生活的第一要义，因而十二地支也以“子”字为首字。

子的刻符，是一个两脚朝天、脑袋朝下，满是胎毛的婴儿。序接天干“辛、壬、癸”的形义，怀胎十月落地而生的显然是契，是商部落族记忆中的第一个男性先祖。金文“大”字倒立，尚未剪断的脐带悬在胯裆上，身下还有点滴胎液血迹。小篆体是个小“子”图像，说明“子”已经是立身处世之人。契出生在刀耕火种的年代，商族进入知母识父的新历史阶段，标志着知母而不知父历史的结束。地支所反映的正是王权母系社会向王权父系社会过渡的部落氏族社会。商民族在篆刻子契至王亥这一过渡性社会历史的同时，不乏对远古生活的回忆。地支反映他们在上古时期，如何解决吃的穿的住的，从采集渔猎到饲养种植，从巢居穴处到平地起屋，从农牧渔猎到商贸交易，部落的兴起，社会的变迁，这些都可从诸多字的形义中看出。[①]

2. 字义

《说文解字》："子，十一月，阳气动，万物滋，人以为称。"[②]《释名》："子，孳也，阳气始萌，孳生于下也。"子当冬至之分，冬至一阳生，故曰阳气动，万物滋，滋、孳，皆滋生之义。

（二）"子"字的本义

"子"的甲骨文字形，像小儿在襁褓中，有头、身、臂膀，两足像并起来的样子。"子"的本义为婴儿，只显示年龄而不计性别。因此，子用于祭祀求子，其本义应为繁衍子孙后代的意思。

（三）"子"的引申义

其一，引申为动物的幼仔，又引申为动物的卵与植物的果实或种子，又引申为细小的物件。

其二，假借为地支字，用以纪月、纪时，在太岁纪年法中亦用以纪年。与天干相配，亦可用以纪年、纪日。

《尔雅·释天》："太岁在子曰困敦。"用以纪月，指十一月；用以纪时，指二十三时至一时。

——子卯。指甲子和乙卯，古以为忌日。《左传·昭公九年》："辰在子、卯，谓之疾日。"[③]甲子为商纣灭亡

① 祝家君：《甲乙丙丁是谁，说个子丑寅卯——解读天干地支》，《阴山学刊》2006年第3期。

②（汉）许慎：《说文解字》，中华书局2006年版，第309页。

③ 杨伯峻：《春秋左传注》，中华书局2000年版，第1311页。

死日，乙卯为夏桀亡日，当时人因此以甲子、乙卯为疾日，疾日即忌日。

——子丑寅卯。十二地支的前四位名称，泛指时间。中国古代用十天干与十二地支相配来纪年、月、日，用地支来纪时。《五灯会元·卷五·大同济禅师》："问：'十二时中如何合道？'师曰：'汝还识十二时么？'曰：'如何是十二时？'师曰：'子丑寅卯。'僧礼拜。"子丑寅卯还是个成语，可以表示十二地支的前四个依次序排列，此成语逐字分开时解释为不同的时辰，联合起来多比喻一套道理或原因，比喻事物有条不紊的层次。如："问了他半天，他支支吾吾地讲不出个子丑寅卯来。"其近义词为"甲乙丙丁"。

——子时。夜半，又名子夜、中夜，原为一日十二时辰之首，相当于半夜十一点至一点。在内丹术中，子时指阳气初动，起火修炼的时刻。因为子时是六阳时（子、丑、寅、卯、辰、巳）的开始，所以《类经图翼》上说："子者阳生之初。"

其三，对应十二生肖"鼠"。十二地支对应十二生肖，子为鼠，故又称鼠为"子神"。唐·柳宗元《永某氏之鼠》：永有某氏者，畏日，拘忌异甚，以为己生岁直子；鼠，子神也，因爱鼠，不畜猫犬。"

其四，有时假借为"字"，指抚养、养育。

三、“子”字的文化内涵

（一）姓氏文化中的“子”

“子”姓为上古姓之一，是殷商帝王家族的姓氏。春秋战国时期的子姓诸侯国主要有宋国。

据《古今姓氏书辩证》和《通志・氏族略・以姓为氏》载，“帝喾之子契，受封于商，赐姓子。汤有天下，微子基宋，世为子姓，或以为氏。又楚有屈建，字子木，公子申，字子西，皆为子氏”。子姓最早从契的时代开始，因契生在殷水，以“殷”为姓，后来又辅佐大禹治水有功，被舜帝封在商地并赐姓为“子”。

如今，在云南省永胜县西南还有这个姓氏的家族。在永胜县顺州、板桥、大安等乡村，居住着四五千户约三万人的“子”姓人家。

（二）文学名句中的“子”

1. 招招舟子，人涉卬否

出自《诗经・邶风・匏有苦叶》，意思是说：“别人涉水过河，而我独不渡?”其中的“子”表示对人的通称，舟子指的是船夫。结合全文上下，可以解释为：“船夫摇手相招示意上船，别人都随众乘船渡河，我却独留岸边，不愿同行，因为我在等待志同道合的朋友。”

2. 死生契阔，与子成说；执子之手，与子偕老

源于《诗经・邶风・击鼓》，最初这并非一首爱情诗，而是描写了

图 11-2 《诗经》书影

战士们在上战场之前立下的誓约，表达了“今日我与你一同奔赴沙场，无论生死都要在一起，同甘共苦”的兄弟情谊。该诗描写兵士久戍不得回家的心情，表达渴望归家与亲人团聚的强烈愿望。“子”在这里主要指男子或者有地位的人，现代则通常用来形容生死不渝的爱情。

3. 子系中山狼，得志便猖狂

这是《红楼梦》中曹雪芹对迎春的判词。“子”是对男子表示尊重的通称。“系”指“是”，“子”“系”合而成“孙”，隐指迎春的丈夫孙绍祖。语出无名氏《中山狼传》。这是一篇寓言，说的是赵简子在中山打猎，一只狼将被杀时，东郭先生救了它。危险过去后，它反而想吃掉东郭先生。人们后来把忘恩负义的人叫作“中山狼”。这里用来刻画“应酬权变”而又野蛮毒辣的孙绍祖。他家曾巴结过贾府，受到过贾府的好处，后来家资饶富，孙绍祖在京袭了职，又于兵部候缺晋升，便猖狂得意，胡作非为，反咬一口，虐待迎春。

4. 青青子衿，悠悠我心

出自《诗经·郑风·子衿》，这首诗写的是在城楼上等候恋人的人的心态。翻译成白话文就是：青青的是你的衣领，悠悠的是我的心境。“青青子衿”，此处以恋人的衣饰借代恋人。对方的衣饰给他留下这么深刻的印象，使他念念不忘，可以想见其相思萦怀之情。“子”在这里是第二人称代词——你。

5. 树欲静而风不止，子欲养而亲不待

出自《孔子家语·卷二·致思第八》，树希望静止不摆，风却不停息；子女想赡养父母，父母却已离去。这是丘吾子说给孔子的话，旨在宣扬儒家的孝道。此话是从反面来告诫孝子们：行孝道要及时，要趁着父母健在的时候，而不要等到父母去世的那一天。后来用“树欲静而风不止”表示客观事物是不以人的主观意志为转移的，或比喻形势与自己的愿望相违背。

6. 慈母手中线，游子身上衣

出自唐朝诗人孟郊的《游子吟》，是说慈爱的母亲用手中的丝线为游子缝制身上的衣服。游子，通常是指远走他乡的孩子。不管年龄大小，儿女在母亲的眼中永远都是孩子，亲切真淳地赞颂人类最伟大的情感——母爱，是对母爱的颂歌。

图 11—3　孟郊《游子吟》

7. 欲把西湖比西子，淡妆浓抹总相宜

出自宋代苏轼的《饮湖上初晴后雨》。“西子”即西施，春秋时越国有名的美女。无论是淡雅妆饰，还是盛装打扮，西施都一样美丽动人；如果把西湖比作西施的话，那么不管是晴是雨，是冬是春，它都同样美不胜收。以绝色美人喻西湖，不仅赋予西湖之美以生命，而且新奇别致，情味隽永。

8. 一骑红尘妃子笑，无人知是荔枝来

出自唐朝诗人杜牧的古诗作品《过华清宫》，大意为一骑驰来烟尘滚滚，妃子欢心一笑，无人知道是南方送了荔枝鲜果来。这样写，意在说明此事重大紧急，外人无从得知。这就不仅揭露了皇帝为讨宠妃欢心无所不为的荒唐，而且与前面渲染的不寻常的气氛相呼应。

9. 今夕何夕，见此良人。子兮子兮，如此良人何！

出自《诗经·唐风·绸缪》。——这是以玩笑的话来调侃新婚夫妇的，问他或她在这千金一刻的良宵，见着自己的心上人，将是如何亲昵对方，尽情享受这幸福的初婚的欢乐。语言活脱风趣，极富有生活气息。特别是“今夕何夕”之问，含蓄而俏皮，表现出由于一时惊喜，竟至忘乎所以，连日子也记不起的极兴奋的心理状态，对后世影响颇大。诗人往往借以表达突如其来的欢愉之情，特别是男女之间的情爱。

10. 之子于归，宜其室家

出自《诗经·周南·桃夭》“之子于归”，指女子出嫁。一个姑娘不仅要有艳如桃花的外貌，还要有“宜室”“宜家”的内在美。这首诗祝贺新婚，但不像一般贺人新婚的诗那样，或者夸耀男方家世如何显赫，或者显示女方陪嫁如何丰盛，而是再三再四地讲“宜其室家”，要使家庭和美，反映了人民群众对生活的热爱，对幸福、和美的家庭的追求。

11. 种瓜黄台下，瓜熟子离离

出自唐朝诗人李贤的《黄台瓜辞》，意思是黄台下种着瓜，瓜成熟的季节，瓜蔓上长了很多瓜。这首诗形式上为乐府民歌，语言自然朴素，寓意也十分浅显明白。诗人使用“离离”这一叠词，简括而又形象鲜明地点染出瓜熟时长长悬挂在藤蔓上的一派丰收景象。

12. 杨花落尽子规啼，闻道龙标过五溪

出自唐朝诗人李白的《闻王昌龄左迁龙标遥有此寄》。意思是：在杨花落完、子规啼鸣之时，我听说您被贬为龙标尉，龙标地方偏远要经过五溪。此诗首句写景兼点时令，于景物独取漂泊无定的杨花、叫着“不如归去”的子规，既含有飘零之感、离别之恨，切合当时情事，也就融情入景。因首句已于景中见情，所以次句便直叙其事。“闻道”，表示惊措；“过五溪”，可见迁谪之荒远，道路之艰难。不着悲痛之语，而悲痛之意自见。

这里的子规指杜鹃，又叫杜宇、催归、鶗鴂（tíjué）。它总是朝着北方鸣叫，六、七月鸣叫声更甚，昼夜不止，发出的声音极其哀切。与子规相关的典故，叫“子规啼血”。据《史记·蜀王本纪》记载，望帝（“七国称王，杜宇称帝”，号曰“望帝”）约在公元前666年称王于蜀，之后望帝以鳖灵功高，禅位于其。在这之后，望帝修道，处西山而隐。他以为把国家交给更有能力的人打理将是万民之福。哪想到，那宰相坐上帝位之后，竟然慢慢变了样，不仅把国家治理得乱七八糟，还霸占了他的妻子和女儿。一个个传言飘到望帝的耳边，望帝变得心急如焚，于是想赶回都城劝那宰相回心转意。可是，人家城门紧锁，根本连都城都不让他进。望帝求也没用，喊也没用，只好郁郁寡欢地回到西山，并日夜掩面痛哭。哭得久了，可能是悲伤过度，他黯黯然断了气。不久，他化作了一只鸟，目光呆滞地站在屋顶上，望着远处曾经熟悉的都城哀声啼鸣，而且常常啼出一片片红红的鲜血来……

后人因之以为典故，历代诗人常从蜀帝杜宇死后魂化杜鹃的故事落笔来抒发感情。

子规

［唐］吴融

举国繁华委逝川，羽毛飘荡一年年。

他山叫处花成血，旧苑春来草似烟。

雨暗不离浓绿树，月斜长吊欲明天。

湘江日暮声凄切，愁杀行人归去船。

子规

［唐］杜甫

峡里云安县，江楼翼瓦齐。

两边山木合，终日子规啼。

眇眇春风见，萧萧夜色凄。

客愁那听此，故作傍人低。

子规

［唐］顾况

杜宇冤亡积有时，年年啼血动人悲。

若教恨魄皆能化，何树何山着子规。

（三）历史文化中的“子”

1. 指太子与嗣君

《吕氏春秋·慎行》：“已为吾子矣。”注：“子，太子。”《礼记·曾子问》：“不俟子。”注：“子，嗣君也。”

太子，古代储君称谓，以嫡长子确定继承人。商周时期天子及诸侯的嫡长子，称太子或世子，仅一人得此称谓，一般都是以年龄为长者来确立，当然，废长立幼除外。自秦朝开始，只有皇位的继承者，才能称太子或皇太子，而诸侯王或藩王的正式继承人只能称“世子”。封建社会的太子，其地位仅次于皇帝，拥有监国与摄政的权力，并拥有类似于朝廷的东宫。

2. 指王子或贵族男子

商代卜辞中有许多冠以子称呼的人名，如子渔、子央、子丰、子肃、子宋、子奠，这些子中，渔、央、丰是人名，肃、宋、奠是地名。当诸王子中的之一继承王位，余子供职王朝时，沿用其王子之称叫“某子”，如上述的前一种；有受命外出，守卫边疆而受封的，以地为名，如上述的后一种。卜辞中又有“己未卜，毕子亡疾”的记载，这个子爵姓毕，当是异姓诸侯。西周金文数据中的“子”，多数应属贵族男子的美称，且包括公子之子。属于爵称的，西周早期有北子（见传世方鼎、尊、卣、觯诸器）、沈子（见《沈子簋》）。而《春秋》所见其他称子之国，有的尚无金文数据可供对比，有的金文资料与文献不合。[①]

3. 爵名

子为爵名，如子爵。周代始置，最初为周代对小诸侯国之称呼。

《礼记·王制》："王者之制禄爵，公、侯、伯、子、男，凡五等。"一说子、男爵位属同一等。其后或废或置，魏、晋、南北朝各朝皆置，为六等爵之第五等，其地位在王、公、侯、伯之下，"男"之上，有"开国子""县子"等称号。三国魏咸熙元年（264 年）定爵制，诸子地方五十里，邑八百户，官一品。晋武帝时分大、次、小王国制，五千户以上之小国，始封支子为子爵。隋为九等爵之第八等，位于"伯"下、"男"上。置官府，有令、大农、尉、典卫等官。又称开国子，正四品。唐沿置，贞观十一年（637 年）加"开国"之称，正五品上。宋制，令邑五百户以上，七百户以下者封子。清为九等爵之第四等，原称"精奇尼哈番"，乾隆元年（1736 年）改汉名为"子"，分为四等，有一等子兼一云骑尉、一等子、二等子、三等子，叙正一品。

子爵也是欧洲贵族爵位之一，一般高于男爵，低于伯爵，这一爵位在英国出现于 1387 年。此外，中国的爵位名称也传到日本，日本在明治维新以后改革爵位制度时仿效英国爵位制度，但名称上则根据中国周礼制订爵位名，

① 俞鹿年编著：《中国官制大辞典》上卷，黑龙江人民出版社 1992 年版。

相应的爵位是子爵，简称“子”。

4. 春秋时丧而未葬的公、侯称“子”

《左传》僖公九年：“宋桓公卒，未葬而襄公会诸侯，故曰‘子’。凡在丧，王曰‘小童’，公侯曰‘子’。”[①]

5. 士大夫的通称

子还可以表示对中国古代士大夫的通称，如赵彦卫《云麓漫钞》：“诸侯之上大夫卿、下大夫、上士、中士、下士凡五等。亦称‘子’，若宣子、武子之类是也。”《春秋公羊传》宣公六年：“子，大夫也。”注：“古者士大夫通曰子。”[②]

6. 古代对男子的尊称或美称

子，为古代对男子的美称。如《左传》昭公十二年：“乡人或歌之曰：‘我有圃，生之杞乎！从我者子乎，去我者鄙乎，倍其邻者耻乎！’”杨伯峻注：“子为男子之美称，意为顺从我者不失为男子汉。”[③]亦可用作古代对男子的尊称，如《春秋谷梁传》宣公十年：“其曰子，尊之也。”注：“子者，人之贵称。”[④]也用作对男子的通称，犹尔、汝。如“子不闻藏书者乎？”杜甫《北征》：“杜子将北征，苍茫问家室。”

7. 与“母”相对，表示类目下的细分

子目：总目、总纲下的细目。《朱子语类》卷七：“《干》《坤》乃是《易》之子目。”

子卷：书中总卷次下每卷再细分的小卷。

子城：指月城、瓮城等这类附着于大城的小城。唐·白居易《庾楼晓望》诗中曾写有：“子城阴处犹残雪，

① 杨伯峻：《春秋左传注》，中华书局2000年版，第325页。

②（汉）何休注，（唐）徐彦疏：《春秋公羊传注疏》（《十三经注疏》影印本），中华书局2003年版，第2279页。

③ 杨伯峻：《春秋左传注》，中华书局2000年版，第1338页。

④（晋）范宁注，（唐）杨士勋疏：《春秋谷梁传注疏》（《十三经注疏》影印本），中华书局2003年版，第2414页。

衙鼓声前未有尘。”这里的“子城”指的就是大城所属的内城。

8. 古代对人的尊称

称老师或称有道德、有学问的人为“子”。《论语·公冶长》：“愿闻子之志。”

（1）诸子百家

先秦至汉初各种学说、各个学派的统称。“诸子”指各派的代表人物，如儒家的孔子，墨家的墨子，道家的老子、庄子等；也指他们的代表作，如《老子》《孟子》《韩非子》等。东汉·班固《汉书·艺文志》标明著录的各家著作，“凡诸子百八十九家，四千三百二十四篇”，可见当时诸子之多，著作之丰。“百家”指各学派。班固根据西汉刘歆的《七略》，把儒家经典列入《六艺略》中，把先秦至汉初的儒、道、阴阳、法、名、墨、纵横、杂、农、小说等十家列入《诸子略》。所谓“百家”，只是形容其多而已。①

（2）经史子集

中国古代将书分为四大部类，即经、史、子、集四大部。经指儒家经典，史为正史、别史、杂史，集为文集，子部即能立一家之言者，如先秦诸子的著作。四部分类法始于晋荀勖《中经》，名以甲乙丙丁四部，至《隋书·经籍志》始分图籍为经史子集四部，以后历代沿用。②

（3）子曰诗云

子：指孔子；诗：指《诗经》；曰、云：说。泛指儒家言论。出自元·宫大用《范张鸡黍》第一折：“我堪恨那伙老乔民，用这等小猢狲，但学得些妆点皮肤，子曰诗云。”

① 李修生、朱安群主编：《四书五经辞典》，中国文联出版公司1998年版，第536页。

② 古风主编：《掌故大辞典》，团结出版社1990年版，第356页。

9. 古人表字

大约从春秋时代起，除正式的姓名外，士大夫和文人中还盛行表字。例如：孔子，姓孔名丘，字仲尼。到了东晋，自陶渊明写《五柳先生传》“宅边有五柳树，因以为号焉”自称号为“五柳先生”开始，文人学士便纷纷相继模仿，除名、字外，又有了号的自称。

有些文人沿用古代“公、侯、伯、子、男”爵位的等级给自己表字时，既不愿以末等的“男”作为自己的表字，也不用头等的“公”为自己表字，往往采用偏下的第四等“子”来表字。有趣的是，同是表字“子安”可查到的有三人：西晋的成公绥、唐代的王勃、清代的魏秀仁；北周的王褒与西汉的王褒不但同姓同名，而且表字都是“子渊”。其他如司马迁，字子长，西汉史学家、文学家、思想家；杜甫，字子美，唐诗人；苏轼，字子瞻，北宋文学家；唐寅，字子畏，明画家、文学家，曹寅，字子清，清诗人。

（四）语言文化中的“子”

1. 成语、典故、惯用语中的“子”

（1）孀妻弱子

指寡妇和年幼的孤儿。出自《列子·汤问》：“汝心之固，固不可彻，曾不若孀妻弱子。”

（2）父析子荷

指父劈柴，子担柴。比喻子孙继承父辈的未竟之业。唐·白居易《赠户部侍郎博陵崔府君神道碑铭》：“大丈夫贮蓄材术，树置功利，镃基富贵，焯耀家邦，不当其身，而得于后，父析子荷，相去几何?”

（3）膏粱子弟

比喻富贵人家过惯享乐生活的子弟。唐·颜师古《〈急就篇注〉

叙》："若夫缙绅秀彦、膏粱子弟，谓之鄙俚，耻于窥涉，遂使博闻之说，废而弗明。"

（4）孝子贤孙

只有孝敬父母的儿子，才能生出有德行的孙子。出自《孟子·离娄上》："虽孝子慈孙，百世不能改也。"

（5）狼子野心

比喻凶暴的人居心狠毒，习性难改。出自《左传》宣公四年："初，楚司马子良生子越椒。子文曰：'必杀之！是子也，熊虎之状而豺狼之声；弗杀，必灭若敖氏矣。'谚曰：'狼子野心。'是乃狼也；其可畜乎？"[①]

楚国令尹子文，为人公正，执法廉明，楚国的官员和老百姓都很敬重他。子文的兄弟子良，在楚国当司马，起初，子良生下儿子越椒。子文说："你一定要把他杀了。这个孩子长得形状如熊虎，声音似豺狼，不杀了他，一定会使我们若敖氏灭亡。谚语说：'狼崽子生来就有野兽的凶恶之心。'这孩子就是只狼，怎么可以哺养他呢？"子良不同意，子文一再劝说，子良终不肯听从。子文为此感到极度忧虑，在他临死的时候，召集了他的族人，说："如果有一天越椒掌握政权，你们就赶快离开，不要一起遭难。"

子文死后，他的儿子斗般当了令尹，越椒也接替父亲做了司马。公元前626年，越椒为夺取令尹职位，百般讨好穆王，说尽斗般的坏话。楚穆王听信了谗言，让越椒当了令尹。后来，越椒趁楚穆王死后作乱，掌权后即杀害了斗般和子文生前的亲信。越椒的"狼子野心"发展到如此

① 杨伯峻：《春秋左传注》，中华书局2000年版，第679页。

地步，是本性所致，势在必然的事。[①]

（6）易子而食

子：指儿女。原指春秋时宋国被围，城内粮尽，百姓交换子女以当食物。后形容灾民极其悲惨的生活。出自《公羊传·宣公十五年》：“易子而食之，析骸而炊之。”

（7）天之骄子

骄子：父母溺爱骄纵的儿子。老天爷的宠儿。原指强盛的北方民族胡人，后也指为父母溺爱、放肆不受管束的儿子。出自《汉书·匈奴传上》：“南有大汉，北有强胡。胡者，天之骄子也。”

匈奴人自称“天之骄子”即为天所娇宠，故极强盛。后也指非常勇敢或有特殊贡献的人。

（8）五子登科

图 11–4　五子登科

象征品学兼优，科考成功。最初来源于民间故事：五代后周时期，燕山府有个叫窦禹钧的人，他的五个儿子都品学兼优，先后登科及第，故称“五子登科”。窦禹钧本人也享受八十二岁高寿，无疾而终。当朝太师冯道为他赋诗云：“燕山窦十郎，教子有义方。灵椿一株老，丹桂五枝芳。”《三字经》中有“窦燕山，有义方，教五子，名俱扬”的句子来歌颂他，教导儿童要好好念书，父亲也要教子有方。五子登科后来成为汉族传统吉祥图案，寄托了一般人家期望子弟都能像窦禹钧五子一样获得科考成功。

（9）夫子

——古代对男子的敬称。孔传：“夫子谓将士。”《汉书·司马相如传》上：“是时梁孝王来朝，从游说之士齐

① 李梦生：《左传译注》，上海古籍出版社 1998 年版，第 445 页。

人邹阳、淮阴枚乘、吴严忌夫子之徒，相如见而说之。”颜师古注：“严忌本姓庄，当时尊尚，号曰夫子。”李朝威《柳毅传》：“水府幽深，寡人暗昧，夫子不远千里，将有为乎？”清·魏源《雪阻舟中侍家大人有作》诗：“夫子秉洁贞，宦游同靖节。”

——孔门尊称孔子为夫子，后因以特指孔子。《论语·学而》：“子禽问于子贡曰：‘夫子至于是邦也，必闻其政，求之与？抑与之与？’”唐·韩愈《重答张籍书》：“自文王没，武王、周公、成、康相与守之，礼乐皆在，及乎夫子未久也，自夫子而及乎孟子未久也。”清褚人获《坚瓠首集·释老侮孔子图》：“宋理宗朝，巨珰有侮吾夫子者。”

——后世亦沿称老师为夫子，是敬称。《周书·斛斯徵传》：“宣帝时为鲁公，与诸皇子等咸服青衿，行束修之礼，受业于徵，仍并呼徵为夫子。”宋代理学家朱熹，人称朱夫子，后亦以称读古书而思想陈旧的人，含讥讽意。

——对学者的称呼。如宋理学家朱熹，人称朱夫子。后亦以称读古书而思想陈旧的人，含讥讽意。

——明代亦用为门生对座主的尊称。明·王世贞《觚不觚录》：“〔京师〕门生称座主，亦不过曰老先生而已。至分宜（严嵩）当国，而谀者称老〔师〕，其厚之甚者称夫子。

——称丈夫。《孟子·滕文公下》：“女子之嫁也，母命之，往送之门，戒之曰：‘往之女家，必敬必戒，无违夫子！’”《后汉书·列女传·乐羊子妻》：“夫子积学，当日知其所亡，以就懿德”。清·秋瑾《敬告姊妹们》：“诸姊妹必说：‘我们女子不能自己挣钱，又没有本事，一生荣辱，皆要靠之夫子，任受诸般苦恼，也就无可奈何！’”

——旧指挑夫，脚夫等。《水浒传》第十六回：“杨志也嗔道：‘你两个好不晓事！这干系须是俺的，你们不替洒家打这夫子，却在背后也慢慢地挨，这路上不是耍处！’”郭沫若《北伐途次》六：“店主人另外开了一桌饭出去招呼两位轿夫的时候，那两位胆怯的夫子已经逃得没有踪影了。”

（10）子孙

儿子和孙子，泛指后代。《中庸·大孝章》：“德为圣人，尊为天子，富有四海之内，宗庙飨之，子孙保之。”意思是舜有圣人德行，有天子的尊贵，拥有四海以内的财富，享受宗庙的祭祀，子子孙孙永远保持祭祀的大礼。《孟子·梁惠王下》：“苟为，后世子孙必有王者矣。”一个君主能够实行仁政，即使他本人不能统一天下，他的后代子孙也一定会成功的。[①]

（11）子女

一是指儿子和女儿；二是指少年男子和女子，“掠夺金帛子女”中的子女就是指的这个意思。此外，还可表示美女或年轻女子，《三国演义》中就有“今若以华堂大厦，子女金帛，令彼享用，自然疏远孔明、关、张等”这样的说法。

（12）子弟

亦有三重含义：一是指弟与子、侄等，与“父兄”相对；二是指年轻的一代，与“父老”相对，如有“江东子弟”“纨绔子弟”之称；第三就是对弟子、学生的称呼。

（13）子妇

指儿子和儿媳妇儿。如《礼记·内则》：“子妇孝者敬者，父母舅姑之命，勿逆勿怠。”也专指儿媳妇儿，如《后汉书·何进传》：“张让子妇，太后之妹也。”

① 蔡希勤编著：《四书解读词典》，中华书局2005年版，第567页。

在语言文化发展过程中，“子”常作为构词后缀出现，附加在名词、动词、形容词后，具有名词性。“子”加在名词后，形成名词后缀，如房子、车子、孩子、旗子；加在形容词后形成形容词后缀，如乱子、胖子、疯子等。也有个别量词后缀，如两下子。

2. 人名中的“子”

（1）箕子

箕子，名胥余，殷商末期人，是文丁的儿子，帝乙的弟弟，纣王的叔父。官太师，封于箕，在商周政权交替与历史大动荡的时代中，因其道之不得行，其志之不得遂，“违衰殷之运，走之朝鲜”，建立朝鲜，其流风遗韵，至今犹存。

箕子佐政时，见纣王进餐必用象箸，感纣甚奢，叹曰：“彼为象箸，必为玉杯，为杯，则必思远方珍怪之物而御之矣，舆马宫室之渐自此始，不可振也。”商纣王暴虐无道，整天酗酒淫乐而不理朝政，挥霍无度。箕子见纣王这般无道，苦心谏阻，但屡谏纣王都不听。

有人劝箕子离去，箕子曰：“为人臣谏不听而去，是彰君之恶而自说于民，吾不忍为也。”[①] 箕子见成汤所创六百年江山即将断送在纣王手中，心痛如割，索性割发装疯，披发佯狂，隐而鼓琴以自悲，每日里只管弹唱“箕子操”以发泄心中悲愤。纣见此，以为箕子真疯，遂将他囚禁起来，贬为奴隶。

纣王末年（前1124年）周武王兴兵伐纣。牧野决战，纣王兵败自焚。武王攻入商都朝歌，商朝覆灭。在这商周变易之际，箕子便趁乱逃往箕山（今山西东南部晋城市陵

①（汉）司马迁:《史记》，中华书局2002年版，第1609页。

川县棋子山），在箕山（今棋子山）过起一段短暂的隐居生活。

箕子利用那些天然的黑白两色石子摆卦占方，借以观测天象，参悟星象运行、天地四时、阴阳五行、万物循变之理。武王灭商建周后，求贤若渴的周武王访道太行，在陵川找到了箕子，恳切请教治国的道理，史称“武王访箕子”。

武王向箕子询问殷商灭亡的原因，箕子不说话，因为他不愿意讲自己故国的坏话。武王也发觉自己失言了，就向他询问怎样顺应天命来治理国家。箕子于是便将夏禹传下的《洪范九畴》陈述给武王听，史称“箕子明夷”。武王听后，十分钦佩，就想请箕子出山治理国事，重用箕子。但箕子早对微子说过：“商其沦丧，我罔为臣仆（殷商如果灭亡了，我不会做新王朝的臣仆）。”[①] 他不愿做周的顺民，因此不肯再出山，武王无功而返。

图 11－5　箕子

因怕武王再次来请，箕子乘武王走后，便迅速率领弟子与商族的遗老故旧一大批人，匆匆离开箕山向东方而去，从此陵川便留下了箕子履迹的传说，棋子山也渐渐被人们称作了谋棋山、谋棋岭。

后来当周武王知道箕子远避东方时，便派人邀请箕子回乡探望。箕子途经商故都殷商都城遗址，只见原来的宫室已经残破不堪，有些地方种上了庄稼，心甚伤之，欲哭而不可，欲泣则近于妇人，亡国之痛，涌上心头，只好以诗当哭，乃作《麦秀歌》。其诗曰：“麦秀渐渐兮，禾黍油油。彼狡童兮，不与我好兮。”[②] 悔恨商朝亡国。这里“狡

①（清）孙星衍：《尚书今古文注疏》，中华书局 2004 年版，第 261 页。

②（汉）司马迁：《史记》，中华书局 2002 年版，第 1621 页。

童”系指纣王，意为你那时不听我劝，如今落得这般田地。朝歌殷民听见，皆动容流涕。诗歌中的“狡童”比喻不听忠告的纣王。诗歌采用男女恋歌的形式，反映君臣关系，为后世比兴手法的渊源。

（2）微子

微子，名启，汉代因避景帝讳，改启为开，商王帝乙之子，周代宋国的始祖。初封于微地（今山东省微山县一带，微山湖中的微山岛中保留着微子墓），后世因之称为微子启或微子开。微子被列为殷“三仁之首”，《论语·微子》云：“微子去之，箕子为之奴，比干谏而死。孔子曰：‘殷有三仁焉。’”微子与商王帝辛为同父异母兄弟，帝辛为帝乙嫡子，微子是帝辛的庶母兄。《史记·殷本纪》载：“帝乙长子曰微子启，启母贱，不得嗣。少子辛，辛母正后，辛为嗣。”[①]《史记·宋微子世家》亦载：“微子开者，殷帝乙之首子，而帝纣之庶兄也。”微子尽管没有继承商王位，但仍有很大的权力，在纣统治时期是朝中重要的辅佐者。

《史记·宋微子世家》载：“周武王伐纣克殷，微子乃持其祭器造于军门，肉袒面缚，左牵羊，右把茅，膝行而前以告。于是武王乃释微子，复其位如故。”[②]及至后来“三监之乱”后，“周公既承成王命诛武庚，杀管叔，放蔡叔，乃命微子开代殷后，奉其先祀，作微子之命以申之，国于宋。微子故能仁贤，乃代武庚，故殷之余民甚爱戴之”。他的后裔以殷为姓，依墓而居，微子启被奉为殷姓始祖。

①（汉）司马迁：《史记》，中华书局2002年版，第105页。

② 同上书，第1621页。

（3）鬻子

鬻子，姓芈，名熊，本名熊蚤，又称鬻熊子。颛顼的后裔，楚国的先祖。已知最早的道家代表人物，被学界认为是楚地道家的发起人之一。《史记·周本纪》载："西伯曰文王，遵后稷。公刘之业，则古公、公季之法，笃仁，敬老，慈少。礼下贤者，日中不暇食以待士，士以此多归之……太颠、闳夭、散宜生、鬻子、辛甲大夫之徒皆往归之。"[①]

鬻子入周，先后辅佐周文王、周武王、周成王三朝，被称为帝师。鬻子的后人楚武王曾说："吾先鬻熊，文王之师也。而早丧。"[②] 周成王时分封诸侯，其时鬻熊已经去世，其子熊丽、孙子熊狂也都已去世，故封他的曾孙熊译于楚地。鬻熊始见文王年岁已高，之后又历经武王、成王，其年岁应在百岁以上，所说的"早丧"，指的是其未及受封就去世，而不是说不长寿。

鬻子说："欲刚必以柔守之，欲强必以弱保之。积于柔必刚，积于弱必强。观其所积，已知福祸之乡。"崇尚自然，有辩证法的因素和无神论的倾向，是道家思想的精髓，说明鬻子已有"道"的思想，是楚地道家的代表。

鬻子的政治主张，首先是要遵行"道"，在行"道"的前提下，明君贤臣互相信赖，共同完成大业。他说："君子不与人谋之则已矣，若与人谋之，则非道无由也。"他又说："故君子之谋，能必用道，而不能必见受；能必忠，而不能必入；能不信，而不能必见信。"

①（汉）司马迁：《史记》，中华书局2002年版，第116页。

② 同上书，第1695页。

这说明，只有君明臣贤，二者相遇合，“道”才能得到推行应用。

鬻子的思想和主张完全符合西伯姬昌“笃仁、敬老、慈少、礼下贤者”的需要，鬻子常常直言不讳地向姬昌发表自己的见解，应当说两人的相遇是“明君贤臣”的有机结合。

鬻熊著有《鬻子》一书。现有钟肇鹏编著、中华书局出版的《鬻子校理》(2010年版)是对《鬻子》所作的较为全面的整理。

（4）南宫子

南宫适，又名南宫子，是周王朝创建时期的重要谋臣和大将，经历了周文王、武王、成王三世，是“文王四友”之一。

周文王姬昌创业时期招贤纳士，南宫适归附于周文王，此后成为周族的重要大臣，为周族的兴亡出谋献策。南宫适曾参与了拯救周文王姬昌的行动。姬昌被殷纣王囚禁在羑里，南宫适和太颠、闳夭、散宜生积极营救，他们搜集美女、骏马和奇珍异宝入贡商王，使西伯获释。南宫适作为周族的大将，参加了周人肃清殷商外围的战争，在西伯姬昌的指挥下，对黎国进行征伐。

文王姬昌死后，南宫适继续辅佐周武王姬发完成灭商大业。牧野之战殷商灭亡，南宫适负责经济方面的善后工作。周武王姬发卒后，南宫适又辅佐周成王姬诵。

（5）尉缭子

尉缭，中国古代军事家，生卒年不详，魏国大梁（今河南开封）人。姓失传，名缭。秦王政十年（前237年）入秦游说，被任为国尉，因称尉缭，是著名的军事理论家。有人说尉缭是鬼谷子的学生，学成后即过着隐士的生活，后应魏惠王的邀请，曾向其陈述兵法，相传他著有一书名《尉缭子》。

《尉缭子》是中国古代的一部重要的兵书，是中国古典军事文化遗产的组成部分。《尉缭子》一书的作者、成书年代以及性质归属历代都颇有争议。一说《尉缭子》的作者是魏惠王时的隐士，一说为秦始皇时的大梁人尉缭。最早著录于《汉书·艺文志》，书中杂家类著录《尉缭》29 篇，兵形势家类著录《尉缭》31 篇。过去疑古派一直认为《尉缭子》是伪书，《尉缭子》也因此被长时期冷落，自 1972 年在山东临沂银雀山汉墓出土了《尉缭子》残简，证明《尉缭子》在西汉已流行，并非伪书，一般认为成书于战国时代，署名为尉缭子。

《尉缭子》从人性论的视角考察了人的心理，提出了不少精辟治国思想，如"民非乐死而恶生也"，"委积不多则士不行；赏禄不厚则民不劝；武士不选则众不强；器用不便则力不壮；刑罚不中则众不畏"，后一句话可以作为尉缭子经国治军思想的总纲领。《尉缭子》受到《六韬》或者当时其他黄老道家治国理论的影响，提出治国应当使人无欲，无欲则没有争斗，没有争斗就没有犯罪和战争，那么天下就太平了，即"反本缘理，出乎一道，则欲心去，争夺止，囹圄空"。《尉缭子》是研究先秦军事制度的宝贵材料。

图 11–6　鬼谷子

（6）鬼谷子

鬼谷子本名王诩，春秋时纵横家，卫国（今河南鹤壁一带）人。曾隐于清溪鬼谷，常入云梦采药修道，有弟子无数，出众者有张仪、苏秦、孙膑、庞涓四人。鬼谷子是中国历史上一位极具神秘色彩的人物，创建鬼谷门派。鬼谷精于兵法、奇门遁甲、五行八卦之学，后人称之为王禅老祖。今传《鬼谷子》十四篇。

《鬼谷子》一书，历来被人们称为“智慧禁果，旷世奇书”，它在中国传统文化中颇具特色，是乱世之治学，治世之哲学，又是谋略学巨著，成功学宝典，融合了鬼谷子的卓绝智慧和纵横韬略。

（7）建安七子

建安七子是汉建安年间（196—220年）七位文学家的合称，包括孔融、陈琳、王粲、徐干、阮瑀、应玚、刘桢。这七人大体上代表了建安时期除曹氏父子（即曹操、曹丕、曹植）外的文学成就，所以“七子”之说得到后世的普遍承认。“七子”之称，始于曹丕所著《典论·论文》：“今之文人，鲁国孔融文举，广陵陈琳孔璋，山阳王粲仲宣，北海徐干伟长，陈留阮瑀元瑜，汝南应玚德琏，东平刘桢公干。斯七子者，于学无所遗，于辞无所假，咸以自骋骥騄于千里，仰齐足而并驰。”七子中除孔融与曹操政见不合外，其余六家虽然各自经历不同，但都亲身受过汉末离乱之苦，后来投奔曹操，地位发生了变化，获得了安定、富贵的生活。他们多视曹操为知己，想依赖他干一番事业，故而他们的诗与曹氏父子有许多共同之处。因建安七子曾同居魏都邺城（今河北临漳县西）中，又号“邺中七子”。他们对于诗、赋、散文的发展，都曾作出过贡献。“建安七子”与“三曹”往往被视作汉末三国时期文学成就的代表。

3. 歇后语中的“子”

阿奶抱孙子——老手。

挨鞭子不挨棍子——吃软不吃硬。

阿婆留胡子——反常。

矮子踩高跷——取长补短。

矮子看戏——人云亦云。

鏊子上烙饼——翻来覆去。

八哥啄柿子——拣软的欺。

八十岁公公挑担子——心有余而力不足。

柏木椽子——宁折不弯。

败家子回头——金不换。

背后捅刀子——暗伤人。

碟子里的豆芽菜——开不了花，结不了果（比喻最终没有收获）。

丑

东汉·许慎《说文解字》释“丑”：“纽也。十二月，万物动，用事。象手之形。时加丑，亦举手时也。凡丑之属皆从丑。敕九切。”

一、“丑”字的形体演变

甲骨文“丑”字

金文“丑”字

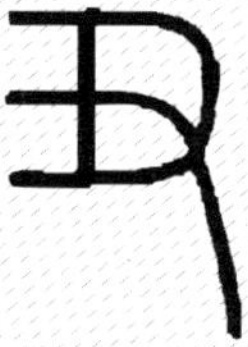
小篆“丑”字

马王堆帛书隶书“丑”字

颜真卿、褚遂良所写楷书“丑”字

楷书简体“丑”字（印刷体）

王羲之所写行书“丑”字

王羲之所写草书“丑”字

二、“丑”字的含义

（一）“丑”字考源

1. 造字法

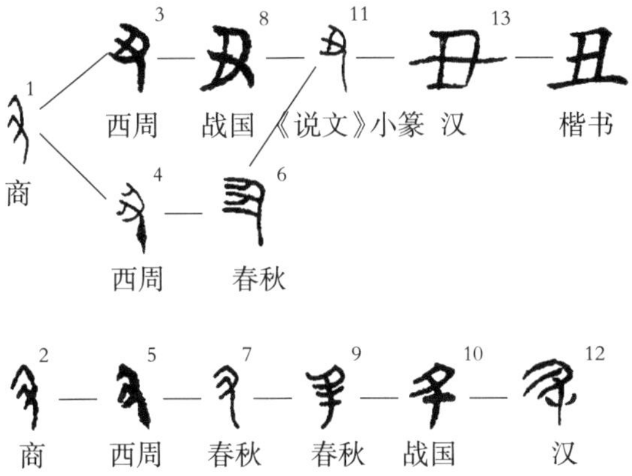

1、4《类编》66 页。2、3、5—10《汉语字形表》559 页。11《说文》310 页。12、13《篆隶表》1062 页。

图 12—1 “丑”字字形演变表①

丑，象形字。在字形上，甲骨文中的“”字像手指钩曲用力揪东西的形状，是“扭”的本字，表示“揪扭”；甲骨文中的“”字则由“鬼（丑陋）”和“酉（酒）”组成。金文中的“”字将钩指连成一片；“”字则未见于金文。战国文字中的“”字和小篆中的“”字整齐化，经过隶书字形“”后楷书写作“丑”；小篆中

① 李学勤主编：《字源》，天津古籍出版社 2019 年版，第 1283 页。

的""字也整齐化，经过隶书字形""后楷书写作"醜"，简化为"丑"。

2. 字义

《说文解字·丑部》："丑……象手之形。"张舜徽《说文解字约注》："疑丑本手之异文，许云'象手之形'必有所受矣。以本部录、羞二篆观之，亦实以丑为手也。"《说文解字·丑部》："羞，进献也。从羊，羊，所进也。从丑，丑亦声。"[①]徐锴曰："丑，手进也。"清·段玉裁《说文解字注》："从丑者，谓手持以进也。"因此，"丑"的本义为"手"。[②]

（二）"丑"字的本义

丑本像手甲形，《说文解字》谓："叉，手足甲也"，"丑""叉"乃后世区别之义。"丑"本像手有甲行，为"叉"之本字。[③]丑，象形字，像手爪之形。《说文解字·丑部》："丑，纽也。十二月，万物动，用事。象手之形。时加丑，亦举手时也。凡丑之属皆从丑。敕九切。"[④]郭沫若先生考证认为"丑"即"爪"字；[⑤]叶玉森先生认为"丑"字是"手"字的古文，李孝定先生也赞同此说，不确。李圃则谓丑为扭之初文。

（三）"丑"字的引申义

1. 地支第二位

"丑"引申为地支的第二位，用以纪月、纪时，在太岁纪年法中亦用以纪年。如《尔雅·释天》："太岁在丑

① （汉）许慎：《说文解字》，中华书局 2006 年版，第 310 页。

② （清）段玉裁：《说文解字注》，上海古籍出版社 2006 年版，第 745 页。

③ 于省吾：《甲骨文字诂林》，中华书局 2014 年版，第 3594 页。

④ （汉）许慎：《说文解字》，中华书局 2006 年版，第 310 页。

⑤ 郭沫若：《甲骨文字研究·释干支》，《郭沫若全集》考古编第一卷，科学出版社 1982 年版，第 198 页。

月赤奋若。”用以纪月指农历十二月，用以纪时指一时至三时。

“丑”字引申为干支专用字时，在这个意义上，原来表示“手足甲”的“丑”字便演变为“叉”字，典籍里借用“爪”表示，汉代仍以“爪”为手足甲之字。也有学者认为，“手”“又”“丑”“爪”原本一字，只是由于语言发展、词义演变，因此略变字形、稍异音读而各有所专。或谓丑为手足甲，不当。丑的本义就是手，其用于祭祀，是以手求神福佑，望有后而枝叶繁茂。十二地支用之，即本于祭祀。[1]

2. 牛的替字

丑，十二生肖属牛。汉·王充《论衡·物势》：“丑，牛也。”又如，“丑座”：十二生肖丑属牛，唐牛僧儒为相，李逢吉因戏呼之为丑座。宋·魏泰《东轩笔录》卷二：“〔丁晋公〕以其令威之裔，而好言仙鹤，故但呼为‘鹤相’，犹李逢吉呼牛僧儒为‘丑座’也。”

3. 假借为戏剧角色用字

如“丑角”：传统戏曲角色之一。由于化装时在鼻梁上抹一小块白粉，俗称“小花脸”，或“三花脸”。其名初见于宋元南戏，多为插科打诨人物或次要人物；在明清传奇中成为喜剧人物，性格化程度逐渐提高。近代戏曲各剧种多有丑行，且根据所扮演人物的身份、性格和表演特点而划分为文丑、武丑两行。元·关汉卿《窦娥冤》第四折：“丑扮吏人，参见科。”明·徐渭《南词叙录》：“以墨粉涂面，其形甚丑。今有文为丑。”

图 12—2　丑牛剪纸[2]

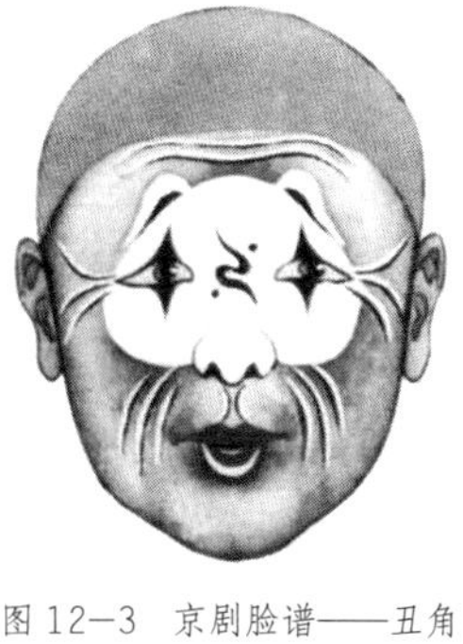

图 12—3　京剧脸谱——丑角

① 李裕：《干支字义考原》，《武汉大学学报（哲学社会科学版）》1997 年第 5 期。

② 轩编：《中国传统吉祥图典》，中央翻译出版社 2010 年版，第 312 页。

4.“醜”的简体字

《说文解字·鬼部》:“丑,可恶也。从鬼,酉声。”[1]本义为丑陋。

(1)指坏人、恶人,多指敌人

《晋书·陶侃传》:“无征不克,群丑破灭。”《左传》文公十八年:“丑类恶物,顽嚚不友。”孔颖达疏:“丑亦恶也,物亦类也,指谓恶人等辈,重复而言之耳。”[2]形容干坏事的人。也用作对敌人的蔑称。清·魏源《圣武记》卷八:“此险道也,地多篁木,易设伏,且迫贼肘腋,丑党必众,而我军甚孤。”

(2)样子难看,相貌丑陋

如丑陋、丑八怪。《史记·滑稽列传》:“呼河伯妇来,视其好丑。”[3]也指恶劣,不美,如《素问·方盛衰论》:“知丑知善。”

“丑妇家中宝”:谚语,意为丑陋的妻子安分守己,不易招惹是非。元·秦简夫《东堂老》第一折:“你抛撇了这丑妇家中宝,挑剔着美女家生哨。”元·无名氏《替杀妻》第四折:“常言道丑妇家中宝,休贪他人才精精细细伶伶俐俐能言快语不中。”

“丑态毕露”:丑陋的样子完全暴露出来。清·黄虞龙《与廖傅生》:“古能诗者,未必能文;能赋者,未必能诗。今则白丁黄口,拾人牙慧,自命兼才,倘一失足,丑态毕露。”

(3)怪异之事

《荀子·宥坐》:“四曰记丑而博。”

①(汉)许慎:《说文解字》,中华书局2006年版,第189页。

②(晋)杜预注,(唐)孔颖达疏正义:《春秋左传正义》(《十三经注疏》影印本),中华书局2003年版,第1862页。

③(汉)司马迁:《史记》,中华书局2002年版,第3212页。

（4）恶，认为……可耻

《荀子·荣辱》："我甚丑之。"《游侠列传序》："故伯夷丑周，饿死首阳山。"意思是：所以伯夷憎恶周朝，饿死在首阳山下。《游侠列传序》："游侠亦丑之。"意思是游侠也憎恶这样做。《驳复仇议》："将天丑其德，莫之顾邪?"翻译成白话文的意思是：也许老天爷认为他们的德行是可耻的，不肯照顾他们吧?《新唐书·王世充窦建德传赞》："炀帝失德，天丑其为。"

（5）羞耻，惭愧，不光彩

如"遮羞包丑"：指掩盖感到羞耻和丑陋的东西。钱锺书《围城》："这一张文凭，仿佛有亚当、夏娃下身那片树叶的功用，可以遮羞包丑。"

（6）谓羞辱

"越王句践遇吴王之丑，而尚摄中国之贤君。""（亲士）三子之能达名成功于天下也，皆于其国抑而大丑也。"

丑诋，指用难听的话毁谤。语出《汉书·刘向传》："是以群小窥见间隙，缘饰文字，巧言丑诋，流言飞文，哗于民间。"《明史·海瑞传》："房寰上疏丑诋（海瑞）。"宋·周密《齐东野语·杭学游士聚散》："或受赂丑诋朝绅，或设局骗胁民庶。"邹韬奋《经历》五七："假使中国有甲派和乙派做对头，甲派要打倒乙派（或乙派要打倒甲派），那甲派在香港办报的可尽量丑诋乙派，攻击乙派，打倒乙派。"

（7）比拟，比方

《管子·侈靡》："不有而丑天地，非天子之事也。"

（8）丑即类，用于指明被释词所表事物的类属

作用同“属”。例如，《尔雅·释鸟》：“鳧，雁丑。……乌，鹊丑。”意即“鳧”是大雁一类的鸟，“乌”是喜鹊一类的鸟。[①]

《小雅·出车》六章：“执讯获丑，薄言还归。”郑《笺》：“讯，言；丑，众也。执其可言问所获之众以归者，当献之也。”[②] 方玉润《诗经原始》：“执讯，其魁首当讯问者也。丑，徒众也。”《小雅·采芑》四章：“方叔率止，执讯获丑。”方叔，周宣王时卿士，时为南征的统帅。郑《笺》：“方叔率其士众，执将可言问所获敌人之众以还归也。”[③]

（9）相类，相同，同“俦”

《孟子·公孙丑下》：“今天下地丑德齐，莫能相尚，无他，好臣其所教，而不好臣其所受教。”[④] 意思是：现在各个大诸侯国的土地面积都差不多，道德水平也不相上下，彼此间谁也不能称王称霸，没有别的缘故，就是因为他们只喜欢用听话的人，不喜欢用能够教导他们的人。

①（晋）郭璞注，（宋）邢昺疏：《尔雅注疏》（《十三经注疏》影印本），中华书局 2003 年版，第 2655 页。

②（汉）毛亨传，郑玄笺，（唐）孔颖达正义：《毛诗正义》（《十三经注疏》影印本），中华书局 2003 年版，第 415 页。

③ 同上书，第 425 页。

④（汉）赵岐注，（宋）孙奭疏：《孟子注疏》（《十三经注疏》影印本），中华书局 2003 年版，第 2694 页。

三、“丑”字的文化内涵

（一）历史文化中的“丑”

《辛丑条约》签订于1901年9月7日，1901年是光绪二十七年，干支纪年为辛丑年，故称。1900年，八国联军攻占北京，12月22日，提出所谓“议和大纲”十二条，清政府完全接受。此后，列强又在“惩凶”和“赔款”问题上进行了激烈的争吵，延至次年9月7日，清政府全权代表奕劻、李鸿章与俄、英、美、德、法、日、意、奥、西、比、荷十一国代表在北京正式签订《辛丑条约》，共十二款，附件十九件。

图 12—4 《辛丑条约》签订图

其主要内容：

（一）中国向各国赔款白银四亿五千万两。以关税、盐税和常关税为担保，分三十九年还清，年息四厘。（二）将东交民巷划为使馆区，各国可以在界内驻兵，华人一律不准在内居住。（三）大沽炮台及从北京到大沽沿路的炮台"一律削平"，从北京到山海关的十二个战略要地，准各国驻兵。（四）惩办在义和团运动中和帝国主义作对的官吏。永远禁止中国人成立或加入有反帝性质的各种组织，违者处死。地方管辖区内如发生此类事件，必须立即镇压，否则地方官革职，永不叙用。（五）改总理各国事务衙门为外务部，列六部之首。

《辛丑条约》使中国人民戴上了空前沉重的镣铐，列强通过这个条约对中国进行军事监督、政治压迫和经济掠夺，中国完全沦为半殖民地半封建社会。《辛丑条约》是清政府的卖身契，从此，以慈禧太后为头子的清政府决意甘心当帝国主义的走狗，"量中华之物力，结与国之欢心"，清政府从此与反侵略战争绝缘，完全成了"洋人的朝廷"，成为列强统治中国的工具。

（二）姓氏文化中的"丑"

"丑"姓为汉族姓氏。《续通志·氏族略》收载，但未详其源。周代有丑父。南齐时有丑千，荥阳人，萧道成受禅之后，曾于嵩山东见天降石雨。元代有丑闾。明时，郁林、三山、武陵等处有丑氏后裔。[1]

古时醜、丑不同姓。今"醜"简化为"丑"，故今之丑姓，或有为醜姓所改者。丑姓是现今较罕见姓氏之一。今天津之武清，辽宁之清原，山西之太原、运城、长治、阳泉，湖北之武昌等地有分布。

① 柴玉文：《中华姓名词典》，中国言实出版社2002年版，第542—558页。

（三）语言文化中的“丑”

1. 词语、成语、惯用语中的“丑”：

（1）丑地

指东北偏北方位。常用于代指苦恶之地，边远偏僻的地方。北魏·郦道元《水经注·洧水》：“沼在丑地，皆蟾蠩吐水，石隍承溜。”《隋书·礼仪志二》：“黑郊为坛，宫北十一里丑地，高六尺，并广四丈。”宋·庄季裕《鸡肋编》卷上：“季冬之月，立土牛六头于国都郡县城外丑地，以送大寒。”《史记·项羽本纪》：“今尽王故王于丑地，而王其群臣诸将善地，逐其故主赵王，乃北居代，余以为不可。”[①]《新唐书·韦处厚传》：“其党刘栖楚等欲致绅（李绅）必死，建言当徙丑地。”清·归庄《徐克勤先生七十寿序》：“先生既以死自誓，而故人临歧相劳苦，亦质言无讳，诚以丑地危时，有不可测也。”

（2）百拙千丑

即拙劣丑陋。出自宋·晓莹《罗湖野录·辩禅师》：“黄龙鼻下无口，当然所见颟顸，至今百拙千丑。”

（3）比物丑类

近义词为“比物连类”，指连缀同类事物，进行排比归纳。成语出自《礼记·学记》：“古之学者，比物丑类。”郑玄注：“以事相况而为之。丑，犹比也。”[②] 如清·王引之《经传释词》卷十：“则知三代语言，汉人犹难遍识，愿学者‘比物丑类’以求之。”

①（汉）司马迁：《史记》，中华书局2002年版，第321页。

②（汉）郑玄注，（唐）孔颖达正义：《礼记正义》（《十三经注疏》影印本），中华书局2003年版，第1524页。

（4）丑事外扬

不光彩、见不得人的事在外面到处传扬。

（5）丑人多作怪

长相丑陋的人经常做出一些离奇古怪的事来为难别人。成语出自茅盾《叩门》："是你这工于吠影吠声的东西，丑人作怪似的惊醒了人，却只给人们一个空虚！"

（6）丑媳妇少不得见公婆

又称"丑媳妇免不得见公姑"。比喻害怕见人而不得不见人。源于明·冯梦龙《东周列国志》第97回："常言道：'丑媳妇少不得见公婆。'只得脱袍解带，免冠徒跣，跪于门外。"清·张岱《与祁世培》："丑媳妇免不得见公姑，缅焉呈面，公姑具眼，是妍是丑，其必有以区别之也。"丑媳妇总得见公婆，比喻隐藏不住，总要露相。出自清·李宝嘉《官场现形记》十六回："丑媳妇总得要见公婆的，索性我自己招罢。"

（7）丑话说在前头

不中听的话先说出来以免发生矛盾。语出柳建伟《英雄时代》第23章："丑话说在前头，这件事谁的嘴里缺把门的，说了出去，后果只能自负。"用于口语。

（8）丑八怪

相貌丑陋的人。出自老舍《我这一辈子》："一个漂亮小伙子所最怕的恐怕就是娶个丑八怪似的老婆吧。"袁静《新儿女英雄传》第14回："一个个喝成了丑八怪的样儿。"

（9）摧坚获丑

挫败敌方精锐的军队，俘获敌寇。形容作战十分英勇。摧坚：击溃敌精锐部队。丑：众，指敌人。出自宋·曾巩《折克行彭保传官制》："开通道途，收复贼聚，摧坚获丑，尔功居多。"

（10）出丑放乖

犹言出乖露丑、出乖弄丑。指在人前出丑。乖：荒谬的；丑：可耻的。出自元·耶律楚材《为石壁寺请信公庵主开堂疏》："窃以达摩昔年，莽卤截鹤续凫；天宁今日，颟顸证龟作鳖，可怜弄巧成拙，不免出丑放乖。"元·无名氏《鸳鸯被》第一折："小姐，若真个打起官司来，出乖露丑，亦发不好。"金·董解元《西厢记诸宫调》卷下："已恁地出乖弄丑，泼水再难收。"元·王实甫《西厢记》第四本第二折："［络丝娘］不争和张解元参辰卯酉，便是与崔相国出乖弄丑。到底干连着自己骨肉，夫人索穷究。"

（11）出丑扬疾

暴露丑恶。出自元·关汉卿《玉镜台》第三折："这一场出丑扬疾，安排下佯小心，装大胆，丹方一味。"明·贾仲名《萧淑兰》第四折："你既主张了罢，也免的出丑扬疾，也见我祖宗家门清洁。"

（12）丑态百出

各种丑恶的样子都表现出来了。出自清·李汝珍《镜花缘》第66回："他们那有甚么心事！不过因明日就要发榜，得失心未免过重，以致弄的忽哭忽笑，丑态百出。"

（13）丑类恶物

指坏人。出自《左传》文公十八年："丑类恶物，顽嚚不友。"[①] 例："我不喜欢与这帮丑类恶物交往。"

（14）丑声远播

坏名声传播得很远。出自《宋书·卢陵孝献王义真

① 杨伯峻：《春秋左传注》，中华书局2000年版，第638页。

传》："咸阳之酷，丑声远播。"如："他现在已经是丑声远播了。"

（15）当场献丑

在大庭广众下露出丑相，丢脸。当：对着，向着。出自明·冯梦龙《醒世恒言》第20卷："我今年已六十，尚无子嗣，你若肯时，便请个先生教你，也强如当场献丑。"

（16）当场出丑

在大庭广众下露出丑相，丢脸。出自明·徐霖《绣襦记·教唱莲花》："自古道宁分数斗，莫增一口。你今休怪，当场出丑。"如："真是不怕当场出丑，好笑极了。"

（17）地丑力敌

谓土地相似，力量相当。出自章炳麟《封建考》："故文武可以王，而桓文终于伯；由周兵革缮完，欲兼并之固难也。地丑力敌，不日寻干戈不已。"

（18）党邪丑正

犹言党邪陷正。出自《明史·路振飞传》："崇祯四年征授御史，疏劾周延儒卑污奸险，党邪丑正，祈立斥以清揆路。"

（19）地丑德齐

丑：同类。地相等，德相同。比喻彼此条件一样。出自《孟子·公孙丑下》："今天下地丑德齐，莫能相尚。"如梁启超《自序》："其在本族，亦地丑德齐，莫能相尚。"

（20）恶直丑正

嫉害正直的人。出自汉·蔡邕《太尉汝南李公碑》："迁徐州刺史，百司震肃，饕餮风靡，恶直丑正。"章炳麟《菌说》："若专以是非枉直相角，则天下皆恶直丑正者矣。"

（21）家丑不外扬

家庭内部不体面的事情不向外人宣扬。丑：羞耻；扬：宣扬，传播。出自宋·释普济《五灯会元·玄门偃禅师法嗣》："问：'如何是和尚家风？'师曰：'不欲说似人。'曰：'为甚么却如此？'师曰：'家丑不外扬。'"李英儒《野火春风斗古城》第16章："家丑不外扬，我也不揭你的秃疮痂。"

（22）家丑不可外谈

家里不光彩的事，不便向外宣扬。同"家丑不可外扬"。出自《西游记》第六九回："古人云：'家丑不可外谈。'奈神僧是朕恩主——惟不笑，方可告之。"

（23）里丑捧心

指妄学别人而愈见其丑。出处自《庄子·天运》："西施病心而矉其里，其里之丑人见而美之，归亦捧心而矉其里。其里之富人见之，坚闭门而不出；贫人见之，挈妻子而去之走。"南朝·梁·刘勰《文心雕龙·杂文》："里丑捧心，不关西施之矉矣。"

（24）散伤丑害

形容不和谐的声音。出自《鬼谷子·中经》："是以声散伤丑害者，言必逆于耳也。"

（25）饰非掩丑

掩饰错误和丑恶的行为。饰：掩饰；丑：丑恶。出自曹雪芹《红楼梦》第五回："多少轻薄浪子，皆以'好色不淫'为解，又以'情而不淫'作要，此皆饰非掩丑之语耳！"

（26）痛诬丑诋

尽情诬蔑，用很难听的话毁谤。出自清·薛福成《庸盦笔记·轶闻·〈盾鼻随闻录〉当毁》："〔汪堃所著《盾鼻随闻录》对〕何氏自文安公凌汉以下，并逮其家妇孺，无不痛诬丑诋，至令人不忍观。"

（27）跳梁小丑

比喻猖狂捣乱而成不了大气候的坏人。跳梁：腾跃跳动；小丑：对人的卑称。出自《庄子·逍遥游》："子独不见狸牲乎，卑身而伏，以候敖者，东西跳梁，不避高下。"陈白尘、贾霁《宋景诗》第三章："一些跳梁小丑，真正是何足道哉！"

（28）鼯鼠之丑

比喻丑陋低下的才艺。鼯：鼠名，形似松鼠，毛多褐色，尾巴很长，前后肢之间有薄膜，能从树上飞降下来，住在树沿中，昼伏夜出。如："一点鼯鼠之丑，献丑了。"

（29）么么小丑

指起不了什么作用的坏人。出自汉·班固《王命论》："又况么么不及数子，而欲暗干天位者也。"清·钮琇《觚剩·两大文章》："伏惟我皇上庙算如神，兵威丕振，么么小丑，指日扫灭。"

（30）躁言丑句

丑恶的言辞。躁，通"臊"。出自南朝·梁·刘勰《文心雕龙·奏启》："若能辟礼门以悬规，标义路以植矩，然后逾垣者折肱，捷径者灭趾，何必躁言丑句，诟病为切哉！"

（31）终身之丑

一生的丑恶行为。出自《庄子·外物》："老莱子曰：'夫不忍一世之伤，而骜万世之患，抑固窭耶。忘其略有弗反耶。惠以欢为骜，终身之丑，中民之行进焉。'"

2. 歇后语中的"丑"

白鼻子（戏剧中的丑角）演戏——陪衬。

厕所里的消息——丑（臭）闻。

厕所里耍笔杆——丑（臭）闻（文）。

丑八怪戴花——不知自丑。

丑女嫁丑汉——丑上加丑。

丑婆娘逛灯——活现眼。

丑媳妇见公婆——迟早一回，迟早有。

丑小鸭变天鹅——高升了。

对着镜子扮鬼脸——自己丑化自己。

恶魔对丑怪——对坏。

光屁股打灯笼——献丑，自己献丑。

黑泥鳅钻进金鱼缸——献丑。

猴子上凉亭——丑鬼耍风流。

老母猪摆擂台——丑八怪逞能。

猫头鹰报喜——丑名（鸣）在外。

麻媳妇拜见歪嘴婆——丑对丑，一对丑。

鲁班门前弄大斧——献丑，充内行。

毛驴笑人耳朵长——不知自丑。

潘金莲敬酒——丑话说在前。

贪官醉酒——丑态百出。

乌鸦笑猪黑——光看别人黑，不见自己黑，不知自丑，彼此彼此。

小丑化装——粉墨登场。

小丑跳梁——自取灭亡。

杂技团里的小丑——尽走过场。

诸葛亮的丑妻——家中宝。

猪八戒掉进万花筒——丑态百出。

猪八戒笑孙猴——不知自丑。

诸葛亮要丑妻——为事业着想。

爱奴儿掇着兽头城从里掠——好个丢丑儿的孩子。

拔了毛的长脚雁——奇丑无比。

班门弄斧，关门耍刀——不知天高地厚，献丑。

鳖笑龟儿——看不见自己的丑。

丑八怪搽胭脂——自以为美。

丑旦化妆——油头粉面。

丑陋二大娘的肿脸——更难看啦。

丑婆娘搽粉——充美人。

丑婆娘照镜子——就是那个样子。

丑丫头坐轿——不识抬举。

丑仔做官——不成样。

灯影子里相媳妇——一白遮百丑。

冬瓜花儿——丑的没时了。

狗黑子跑到戏台上——当面出丑。

金銮殿上牵牛——献丑。

老鸹站树头——献丑，呱呱叫。

脸丑怪镜歪——强词夺理。

卢道士戏妻——出了大丑。

箩底的橙子——全是丑的。

骆驼钻针眼——没门，异想天开，有得丑出。

骑牛遇亲家——真不巧，凑巧，出丑偏遇熟人。

三花脸升天——丑死了。

圣人门前卖经书——献丑，自己献丑，不识相。

3. 谜语中的“丑”

谜题：一丝不挂难遮丑（打一字）；谜底：纽。

提示：“纽”字不挂“纟”旁，“丑”就显露出来了。

谜题：丢人现丑（打一字）；谜底：件。

提示：地支“丑”与生肖“牛”相扣。

谜题：碰头便出丑（打二字计算机名词）；谜底：硬件。

提示：“碰”字的前头是“石”，地支“丑”对应生肖“牛”；“石”“牛”与“便”组合，即为“硬件”二字。

谜题：丑年初一午间见（打一成语）；谜底：牛头马面。

提示：根据地支和生肖的对应关系，“丑”与“牛”相扣，“午”和“马”相扣。

谜题：出丑之后便知羞（打一字）；谜底：羊。

提示：“羊”字与“丑”结合，便是“羞”。

谜题：满身疙瘩长得丑，蹲着像条看家狗，捕食害虫本领大，它是庄稼好朋友（打一动物）；谜底：蟾蜍。

提示：蟾蜍是农作物害虫的天敌，据科学家们观察研究，在消灭农作物害虫方面，它要胜过漂亮的青蛙，它一夜吃掉的害虫要比青蛙多好几倍。

谜题：斩颜良诛文丑（打一《水浒传》人名）；谜底：关胜。

提示：关羽斩颜良诛文丑，关羽胜。

谜题：四五个丑角（打一成语）；谜底：九牛一毛。

提示：“四五”相加得“九”，“丑”在地支中排第二，属“牛”，“一角”即“一毛”。

谜题：不演生旦丑末（打二字文明用语）；谜底：干净。

提示：“生旦净末丑”是京剧的角色行当，谜底别解为“只演净角”。

寅

东汉·许慎《说文解字》释“寅”：“髌也。正月，阳气动，去黄泉，欲上出，阴尚强，象宀不达，髌寅于下也。凡寅之属则从寅。”

一、“寅”字的形体演变

甲骨文“寅”字

金文“寅”字

小篆“寅”字

马王堆帛书隶书“寅”字

颜真卿所写楷书“寅”字

楷书简体“寅”字（印刷体）

唐寅所写行书“寅”字

王羲之所写草书“寅”字

二、“寅”字的含义

（一）“寅”字考源

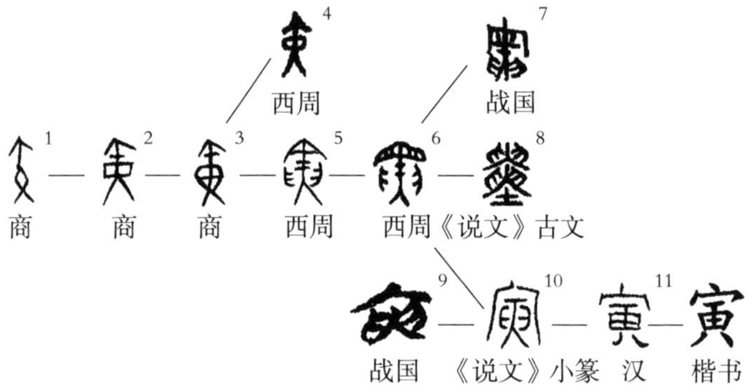

1—5《类编》388页。6、7、8《汉语字形表》560页。9《包山》224页。10《说文》310页。11《篆隶表》1062页。

图 13-1 “寅”字字形演变表[①]

1. 造字法

寅，象形字。甲骨文“”像箭矢形，甲从矢，从口（箭函），会从函中请出矢来之意，后又加一框状形符以与一般箭矢分开，金文将函讹为双手，字遂在西周时期呈双手持矢形；篆文又进而将矢镞讹变为“宀”，该字形遂为《说文解字》小篆承袭，隶变后楷书写作寅。

“寅”字就其字形来看，甲骨文前期作“矢”，其意为箭矢，此观点被诸家所认同。后来变化形体殊异，后期甲

① 李学勤主编：《字源》，天津古籍出版社2019年版，第1284页。

骨文于矢中段加符，或作一横画，或作方，或作圆，或作贮器状，形制不一。朱芳圃认为这是附加形符使其有别于矢，但这种说法有待商榷。按字所加的形符虽各有异，但其意思大都表示某种物体。箭矢之功能，在于射入乃至穿透目标。上举加符的“寅”字，应属象形会意，表示箭矢贯穿某物。此与古“贯”字以一竖穿物之形义相吻合。《尚书·尧典》：“寅宾出日。”[①]《史记·五帝本纪》作“敬道日出”[②]。寅宾犹言敬导。箭矢之“寅”何有敬义？其本于祭祀之肃敬恭谨甚明。以箭矢为祭，读为寅，取其意象如箭之引发演进，实隐喻顺利射中致孕。另，寅与引、孕二字音近，寅实为求子引子之祭仪，是有一定道理的，十二地支用为日名即由祭名而来，故推论寅当为求子之祭仪。

2. 字义

东汉·许慎《说文解字》：“寅：髌也。正月，阳气动，去黄泉，欲上出，阴尚强，象宀不达，髌寅于下也。凡寅之属则从寅。”[③]寅，摈弃排斥。寅代表正月，此时阳气发动，离开地底黄泉，想要向地上冒出，但地面的阴气还很强，就像屋盖一样遮盖，使阳气不能通达地面，排斥在地下。徐锴曰：“髌（摈）斥之意。人阳气锐而出上，阂于宀臼，所以摈之也。”宀义“交覆深屋”。宀不达髌，指古人居住的半地穴式房屋高度不及人的膝关节。许慎释“寅”为正月阳气初萌，天气寒冷，人躲在半地穴式房屋里不出来。徐锴释“寅”亦为人躲于屋内以御寒的意思。

篆文演化定型为宝盖头，表明甲骨文寅字顶部的部件是坡屋顶的象形。《说文通训定声》说寅：“像人体，从臼

①（清）孙星衍：《尚书今古文注疏》，中华书局2004年版，第14页。

②（汉）司马迁：《史记》，中华书局2002年版，第16页。

③（汉）许慎：《说文解字》，中华书局2006年版，第310页。

手自约束之形。”意思是冬季寒冷，人躲在家里抄手避寒，与许慎的释义相近。细析籀文寅内部位，中为一人，两旁为双手相对，恰是双手抱人的坐立之象。笔者认为，古文寅字，有五个部件，其上左右相对者表示草木花叶，似指苫覆着重重草木枝叶的房屋；其下为人，人下两手相对，手中亦有人；最下为土。斟酌其义，全字意象为一人双手抱人坐于草屋内的地上。两异体字寓意相同，都是严冬季节不宜外出，古人怀抱孩子坐于屋内避寒之义。

综上，“寅”字义为从函中请出矢，故引申表示恭敬。寅，如今既可单用，也可作偏旁，现今归入宀部。凡从寅取义的字皆与请出、前进等义有关。

（二）“寅”字的引申义

1. 引申为疾、进。

矢在弓上，其发必疾，故引申为疾、进。《诗经·小雅·六月》：“元戎十乘，以先启行。”毛传：“殷曰寅车，先疾也。”郑玄笺：“寅，进也。”[①] 指古代用于作战的兵车，又指古兵车名。唐·刘禹锡《答饶州元使君书》：“异日承进律之命，握兽符而驾寅车，而后贡其瞽言，重晓左右耳。”周称“元戎”。《诗经·小雅·六月》：“元戎十乘，以先启行。”汉·毛亨传：“元，大也。夏后氏曰钩车，先正也；殷曰寅车，先疾也；周曰元戎，先良也。”笺：“寅，进也。”《南齐书·高帝纪上》：“公投袂殉难，超然奋发，执金板而先驰，登寅车而戒路。”夏称“钩车”。《礼记·明堂位》：“钩车，夏后氏之路也。”汉·郑玄注：

① （汉）毛亨传，郑玄笺，（唐）孔颖达正义：《毛诗正义》（《十三经注疏》影印本），中华书局2003年版，第424页。

"钩，有曲舆者也。"疏："曲舆，谓曲前阑也。"《宋书·礼志五》："戎车立乘，夏曰钩车，殷曰寅车，周曰元戎，建牙麾邪注之，载金鼓羽幢，置甲弩于轼上。"[1]也称"戎车"。《司马法·天子之义》："戎车：夏后氏曰钩车，先正也。殷曰寅车，先疾也。周曰元戎，先良也。"[2]

2. 地支第三位

假借为地支字，为地支中的第三位，用以纪月、纪时，在太岁纪年法中又用以纪年。在太岁纪年法中，太岁（反木星）运行到析木为寅年，《尔雅·释天》："太岁在寅曰摄提格。"[3]用以纪月，指夏历正月；用以纪时，指凌晨三至五时，如寅正一刻指四点一刻。《西游记》："寅不通光，而卯则日出。"又如，俗语："一年之计在于春，一日之计在于寅。"

3. 代指虎

寅又指十二生肖中的虎。如"寅，其禽虎也。"寅皮，指老虎皮，亦指属虎的人。

① 孙书安编著：《中国博物别名大辞典》，北京出版社 2000 年版，第 710 页。

② 王者悦主编：《中国古代军事大辞典》，国防大学出版社 1991 年版，第 657 页。

③（晋）郭璞注，（宋）邢昺疏：《尔雅注疏》（《十三经注疏》影印本），中华书局 2003 年版。

三、“寅”字的文化内涵

（一）“寅”字的通假现象

1. 通“夤”

寅缘，即“夤缘”，沿着某物盘桓或顺着某物行进；或指某种可资凭借攀附的关系；或指水流或波纹等连绵不断。

唐·李白《愁阳春赋》：“演漾兮寅缘，窥青苔之生泉。”（寅，一本作“夤”）宋·陈鹄《耆旧续闻》卷七：“公戏郑曰：‘术者道我贵，吾今已升舍，若登甲科，贵亦不难。谓汝贵时，恐无此理。’郑徐答曰：‘我亦有少寅缘，但不欲言。’公力诘之，乃曰：‘某自丧偶后，有息女甫七岁，无人鞠养，将与中贵为养女，闻尝进入内，性极惠（慧）黠，颇得宠遇，恐异时因此进身，未可期。’”元·麻革《游龙山记》：“憩过年谒主僧英公，相与步西岭，过文殊……徜徉者久之，寅缘入西方丈。”清·蒋士铨《临川梦·拒弋》：“便是那张四维，倚恃金多，始贿新郑，再贿江陵，又贿武清伯李伟、太监冯保，乃得寅缘入相。”

2. 通“夤”，敬肃之意

《尚书·尧典》：“夙夜惟寅。”[①] 孔传：“言早夜敬思其职。”又《无逸》：“严恭寅畏天命。”[②] 蔡沈集传：“寅则钦肃，畏则戒惧。”汉·扬雄《元后诔》：“寅宾出日，东秩旸

①（清）孙星衍：《尚书今古文注疏》，中华书局2004年版，第68页。

②（汉）孔安国传，（唐）孔颖达正义：《尚书正义》（《十三经注疏》影印本），中华书局2003年版，第221页。

谷。”《梁书·武帝纪》(中)：“寅畏上灵，用膺景业。”

3. 通“夤”，深

清·朱骏声《说文通训定声·坤部》：“寅，因‘寅’为借义所专，又制‘夤’字。”如寅夜即夤夜，指深夜。宋·苏轼《乞诗赋经义各以分数取人将来只许诗赋兼经状》：“天下学者寅夜竞习诗赋，举业率皆成就。”《前汉书平话》卷下：“大汉十六年五月初四日寅夜，樊亢领三千军入内，将吕家三千口家属，尽皆斩首。”明·彭时《彭文宪公笔记》：“达官中有马亮者知之，寅夜诣至恭顺侯吴瑾家言之。”

4. 通“濥”，水深行地中

《淮南子·说林训》：“寅丘无壑，泉原不溥。”俞樾《诸子平议·淮南内篇四》：“寅丘，谓大丘也。《方言》：‘夤，大也。’《广雅·释诂》同。寅即夤之叚字。言丘虽大而无壑，则泉原不溥也。”一说，有地下水之丘。汉高诱注：“言污小潦水名寅。寅之丘无大壑，故泉流不得溥。”

5. 通“殥”，边远。

南朝·梁·沈约《大壮舞歌》：“君临万物，遂抚八寅。”八寅即“八殥”。《淮南子·地形训》：“九州岛之外，乃有八殥。”汉高诱注：“殥，犹远也。”九州岛指全中国，八殥指八方边远之地，“九州岛八殥”极言中国疆域之大。

（二）历史文化中的“寅”

1. 在历法中用以纪年、纪月、纪日、纪时

（1）上寅

指农历每月上旬的寅日。是日造麴。北魏·贾思勰《齐民要术·造神曲并酒等》：“又神曲法：以七月上寅日造，不得令鸡狗见及食。”

唐·元稹《代曲江老人百韵》："校猎求初吉，先农卜上寅。"唐·白居易《咏家酝十韵》："井泉王相资重九，曲蘖精灵用上寅。"原注："水用九月九日，曲用七月上寅。"

（2）寅半

古代把一天分为十二辰，每辰分上、中、下，后分为初、正。寅半即寅正，相当于清晨四点钟。《汉书·律历志》："天统之正，始施于子半……人统受之于寅初，日孽成而黑，至寅半，日生成而青。"颜师古注引臣瓒曰："谓分十二辰，各有上中下，言半，谓在中也。"

（3）寅夕

犹朝夕。寅，指寅时，泛指早晨。唐·高彦休《阙史·杨江西及第》："〔濮阳〕尽驱所行，置于庠序，命江西寅夕与之同处。"

2. 星次序数之一

寅，五行属木，古代天文学十二星次中的"析木"为寅。如东汉·王充《论衡》："寅，木也。"建寅：古代以北斗星斗柄的运转计算月份，斗柄指向十二辰中的寅即为夏历正月。古历法，夏朝以寅月为岁首，称建寅。古时据十二斗建称十二个月，寅月为正月，后也以夏历为农历，建寅亦成为农历正月的代称。《史记·历书》司马贞索隐："古历着，谓黄帝'调历'以前有《上元太初历》等，皆以建寅为正，谓之孟春也。以颛顼、夏禹亦以建寅为止。"[1]《国语·鲁语上》韦昭注："土蛰发，谓孟春建寅之月，蛰始震也。"《全唐诗》七一七曹松《客中立春诗》："腊尽星回次，寒余月建寅。"

①（汉）司马迁：《史记》，中华书局 2002 年版，第 1255 页。

据《尚书大传·略说》，古代历法有以建子、建丑、建寅三个月的朔日为岁首的，依次叫作周正、殷正、夏正，称之“三正”。“建”指“斗建”，即北斗所指的时辰，由子至亥，每月迁移一辰。正，一年的开始；朔，一月的开始。夏历以孟春之月（即冬至后二月，相当于今夏历正月）为正，平旦（天明）为朔；殷历以季冬之月（即冬至后一月，相当于今夏历十二月）为正，鸡鸣为朔；周历以仲冬之月（即包括冬至的月份，相当于今夏历十一月）为正，夜半为朔。自汉武帝时的太初历直至今天的夏历，都用夏正。

3. 表示恭敬之意

《说文解字》：“寅，居敬也。”《尔雅》：“寅，敬也。”《尚书·尧典》：“夙夜惟寅。”[①]《尚书·无逸》：“严恭寅畏天命。”[②]《周书·祭公》：“寅哉寅哉。”

（1）寅亮

指恭敬信奉。《尚书·周官》：“贰公弘化，寅亮天地，弼予一人。”孔传：“敬信天地之教，以辅我一人之治。”[③]东汉·班固《封燕然山铭》：“寅亮圣皇，登翼王室。”南朝·齐·王俭《褚渊碑文》：“自非坦怀至公，永鉴崇替，孰能光辅五君，寅亮二代者哉！”宋·王安石《批答宰臣曾公亮已下贺寿星见》：“卿等寅亮帝工，阜成邦采，摛文告庆，归福朕躬。”

（2）寅畏

恭敬畏惧。《尚书·无逸》：“严恭寅畏天命，自度。”[④]蔡沈集传：“寅则钦肃，畏则戒惧。”唐·白居易《画大罗

①（清）孙星衍：《尚书今古文注疏》，中华书局2004年版，第68页。

②（汉）孔安国传，（唐）孔颖达正义：《尚书正义》（《十三经注疏》影印本），中华书局2003年版，第221页。

③ 同上书，第235页。

④ 同上书，第221页。

天尊赞文》:“皇帝孝敬寅畏，忧勤劳谦。”《清史稿·穆宗纪二》:“毛昶熙言军务渐平，宜益思寅畏。”

（3）寅清

言行恭谨，持心清正。语出《尚书·尧典》:“夙夜惟寅，直哉惟清。”[①]后世多以“寅清”为官吏箴戒之辞。宋·杨万里《樱桃》诗:“天上荐新旧分赐，儿童犹解忆寅清。”杨万里有“寅清堂”，亦取此义。明·李东阳《送董礼部尚矩还南京》诗:“谁言省署寅清地，不及经帏侍从劳。”清·陈康祺《燕下乡脞录》卷十四:“谕谓‘寅清重秩，自应夙夜靖共，乃以疏懒鸣高，何以为庶寮表率?’”

（4）寅宾

恭敬导引。寅：恭敬。《尚书》孔疏:“寅，敬。”宾：作“道”，通“导”。[②]孔疏:“宾者，主行导引，故宾为导也。”《尚书·尧典》:“（尧）乃命羲、和，钦若昊天，历象日月星辰，敬授民时。分命羲仲，宅嵎夷，曰旸谷。寅宾出日，平秩东作。日中，星鸟，以殷仲春。”[③]意思是：尧于是命令羲氏和和氏，严肃谨慎地遵循天数，推算日月星辰运行的规律，制定出历法，把天时节令告诉人们。分头命令羲仲，居住在东方的汤谷，恭敬地迎接日出，辨别测定太阳东升的时刻。昼夜长短相等，南方朱雀七宿黄昏时出现在天的正南方，这一天定为春分。

（5）寅宾馆

即客馆，指古代官署县衙中用于接待客人的地方。元·马致远《陈抟高卧》第三折:“喜的他不弃寡人而来，

①（清）孙星衍:《尚书今古文注疏》，中华书局2004年版，第68页。

② 同上书，第14页。

③ 同上书，第16页。

今在寅宾馆中，尚未朝见。”寅恭谐协：恭谨协和。寅，恭敬。谐，和谐。明·张居正《陈六事疏》：“（臣）遭逢圣主，备位辅弼，朝夕与同事诸臣寅恭谐协，凡有所见，自可随时纳忠，似不必更有建白。”用于侍候君王、办理国事与处理同僚关系方面，勠力同心、同心同德。[①]

（6）寅饯

恭敬送行，恭恭敬敬地相送。《尚书·尧典》：“寅饯纳日，平秩西成。”[②]孔传：“饯，送也。日出言导，日入言送。”

（7）寅阶

唐制，明堂为十二阶，法十二辰以象地。青阳左个（东面左侧之室）之阶为寅阶，即东北方之阶。《新唐书·礼乐志九》：“太乐令展宫县于青阳左个之庭，设举麾位于堂上寅阶之南，北向。”《新唐书·礼乐志九》：“皇帝御舆入自青龙门，升自寅阶，即座。”

（8）寅谀

恭维。清·李慈铭《越缦堂读书记·严介溪文集》：“朱竹垞尝言《甘泉》一序尤令人张目；又谓道学者寅谀乃如是，然则如升庵、荆川，固不足责矣。”

4. 对同官、同僚的敬称

（1）寅丈

对同僚的尊称，或对比自己年长者的敬称。同“寅翁”“寅兄”。清·李渔《蜃中楼·婚诺》：“请问老寅丈，一向还在大令兄处，二令兄处？”

（2）寅生、同寅

犹同僚。旧时称在同一部门做官的人。宋·张镃

① 林玉山主编：《中华多用成语大辞典》，湖南人民出版社2007年版，第1561页。

②（清）孙星衍：《尚书今古文注疏》，中华书局2004年版，第16页。

《送赵季言知抚州》诗：“同寅心契每难忘，林野投闲话最长。”原指一起做官的人同心协力地为朝廷效劳，同怀谦恭敬畏之心。后多泛指同心协力地工作，互相尊敬谦让。《旧五代史·汉书·隐帝纪中》：“兼以修奉园陵，崇建宗庙，右贤左戚，同寅协恭，多事之中，大礼无阙。”《尚书·皋陶谟》：“天叙有典，勑我五典五惇哉；天秩有礼，自我五礼有庸哉；同寅协恭，和衷哉。”[①]天叙，天所定之伦序，谓五伦，君臣、父子、兄弟、夫妇、朋友之伦序；勑，谨；典，常；惇，厚；天秩，天意所定之贵贱品阶；自，遵循；五礼，天子、诸侯、卿大夫、士、庶民之礼；庸，常；寅，敬；协，合；衷，善。大意是：相传皋陶与帝舜及禹谋议大政，皋陶说天所规定的爵位有一定的礼法，使大家都能恭敬而和善相处，勤勉于政事。

（3）寅谊

同僚的友谊。《福惠全书·任部》：“至于邻封，均属寅谊。”旧称同官为“同寅”，因称同官的交谊为“寅谊”。

（4）老寅台

旧时对同僚的尊称。源见“同寅协恭”。《儒林外史》二三回：“董知县道：‘倒没甚么事，只有个做诗的朋友在贵治，叫做牛布衣，老寅台青目一二，足感盛情。’”

（5）寅好

旧称有交情的同僚。出自清·昭梿《王述庵书》：“惟是时承审之员，非该令平时结纳之上司，即系狼狈为奸之寅好。”

①（汉）孔安国传，（唐）孔颖达正义：《尚书正义》（《十三经注疏》影印本），中华书局2003年版，第139页。

（6）寅雅

古乐曲名，中国古代宫廷音乐中最重要的组成部分，主要为封建帝王及百官岁时行礼时所用。乐舞相合，通称“雅乐”。

梁武帝时，始定“国乐以雅为称”，并根据用途不同，分为《皇雅》《允雅》《寅雅》《介雅》《需雅》《雍雅》《涤雅》《牷雅》《諴雅》《献雅》《禋雅》《俊雅》等十二曲、二十五章。并命著名文士沈约等人新制曲辞，通称为“十二雅”。南朝梁·沈约《寅雅》诗序：“王公出入奏《寅雅》，取《尚书·周官》‘贰公弘化，寅亮天地’也。”

梁三朝雅乐歌·寅雅

礼莫违。乐具举。延藩辟。朝帝所。

执桓蒲。列齐莒。垂衮毳。纷容与。

升有仪。降有序。齐簪绂。忘笑语。

始矜严。终酣醑。

（三）语言文化中的“寅”

1. 成语中的“寅”

（1）寅吃卯粮

又言“寅支卯粮”。寅年吃卯年的粮，收入不够支出，预先支用了以后的进项。比喻经济困难，入不敷出，提前挪用或借支了下一年的款项。清·李伯元《官场现形记》第十五回：“我只吃一份口粮，那里会有多少钱！就是我们总爷也是寅吃卯粮，先缺后空。”茅盾《清明前后》第二幕：“天天忙着躲债，天天忙着东拼西凑，寅吃卯粮；二姨妈的嫁衣也当了，房了也卖了。”

（2）寅忧夕惕

早晚忧虑，提心吊胆。多用于执政者。语出《南齐书·明帝纪》：

“仰系鸿丕，顾临兆民，永怀先构，若履春冰，寅忧夕惕，罔识攸济。”

2. 人名中的“寅”

（1）推寅

相传是北魏皇室拓跋氏的祖先，鲜卑语中称爱动脑筋、勤于思考的人为“推寅”，所以他们常常把自己的部落首领唤作“推寅”。相传共有两个推寅：第一个推寅（全名拓跋推寅）约生活在东汉初年，当时匈奴衰弱，分为南北两部，蒙古高原出现了权力真空，于是推寅带领族人入主蒙古草原；第二个推寅（全名拓跋邻）约生活在东汉末年，他把本族分为八部，并率族南迁。

《魏书·序纪·圣武帝》：“其迁徙策略，多出宣献二帝，故人并号曰‘推寅’，盖俗云‘钻研’之义。”宣皇帝领着国人南迁到大泽，这里有一千多里宽的水面，地上昏黑低湿，便打算继续南迁，可是还未起程便去世了。景皇帝利继位。景帝死后，元皇帝俟立。元帝死，和皇帝肆立。和帝死，定皇帝机立。定帝死，僖皇帝盖立。僖帝死，威皇帝侩立。威帝死，献皇帝邻立。这时，有位神人说，这个地方过于偏僻荒远，应当迁徙到合适的地方营建都城。献帝已经年老了，他便把皇位传给了儿子圣武皇帝，命他带人南移。一路上山高水深，历尽了艰难险阻。他们正准备止步不前时，忽见有头神兽，模样像马，叫声像牛，在前头领路，一直走了一年多才出了高山深谷，从此居住在匈奴故地。由于南迁的策略多出自宣帝和献帝，所以当时的国人把两人同时叫作推寅，也就是俗话中所说的钻研的意思。

（2）陈寅恪

陈寅恪（1890—1969年），原攻比较语言学，通晓多种文字，为他从汉文以外搜罗史料以治史，提供了较大的方便。他继承了清代乾嘉学者治史中重证据、重事实的科学精神，又吸取西方的“历史演进法”（即从事物的演化和联系考察历史，探究史料），运用这种中西结合的考证比较方法，对一些资料穷本溯源，核订确切。陈寅恪对佛经翻译、校勘、解释，以及对音韵学、蒙古源流、李唐氏族渊源、府兵制源流、中印文化交流等课题的研究，均有重要发现。在《中央研究院历史研究所集刊》《清华学报》等刊物上发表了四五十篇很有分量的论文，是国内外学术界公认的博学而有见识的史学家。他把《隋唐制度渊源论稿》《唐代政治史述论稿》《元白诗笺证稿》以外的旧文，编为《塞柳堂集》《金明馆丛稿》，并写有专著《柳如是传》，最后撰《唐柳堂记梦》。陈寅恪长期致力于教学和史学研究工作。他热爱祖国，治学严肃认真，实事求是，在史学研究中写出了高水平的史学著作，为人们开拓了历史的视野，对中国史学研究作出了巨大贡献。有《诗存》问世。其平生著作，经过复旦大学中文系教授蒋天枢的整理、校勘，一套二卷二百万字的《陈寅恪文集》已于 1979 年编纂成册，由上海古籍出版社出版。

（3）马寅初

马寅初（1882—1982 年），经济学家，享有当代“中国人口学第一人”之誉。在 1957 年 7 月召开的第一届全国人民代表大会第四次会议上，提出了一个关于节制人口问题的提案，这就是所谓的“新人口论”，提出了“中国人口增长过快”的命题，对控制人口的必要性、迫切性进行了论述。马寅初还是一位著名的教育家，他在教育园地辛勤耕耘了 60 多年，桃李满天下。1949 年后，他热心于教育事业，一再强调办教育要“学习新思想，确立为人民服务的立场”，“全体师生只有在共同的政治思想基础上，才能团结无间，精诚互助，培养出切合实际要求的专门技术人才”。主要著作有：《通货新论》（1944）、《战时经济论文集》（1945）、《我的经济理论哲学思想和政治立场》(1958)、《中国国外汇兑》(1925)、《中国银行论》(1929)、《中国关税问题》(1930)、《资本主义发展史》(1934)、《中国经济改造》(1935)、《经济学概论》(1943)、《新人口论（重版）》(1979)、《马寅初经济论文集（上、下）》(1981）等。

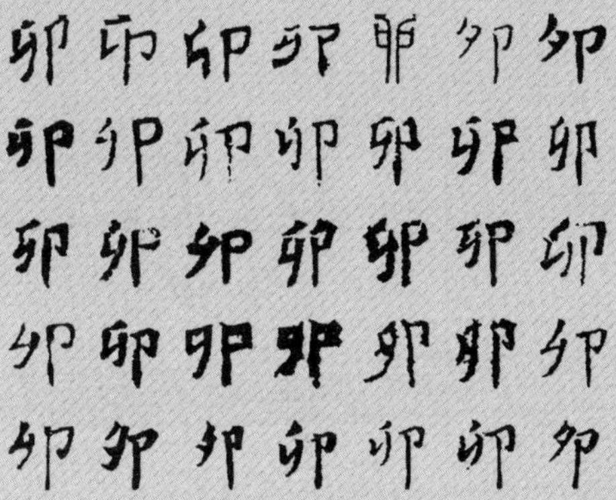

卯

东汉·许慎《说文解字》释“卯”：“冒也。二月，万物冒地而出。象开门之形。故二月为天门。凡卯之属皆从卯。”

一、“卯”字的形体演变

甲骨文“卯”字

金文“卯”字

小篆“卯”字

《史晨碑》隶书“卯”字

赵孟頫所写楷书“卯”字

楷书简体“卯”字（印刷体）

黄庭坚和文徵明所写行书“卯”字

颜真卿所写草书“卯”字

二、“卯”字的含义

（一）“卯”字考源

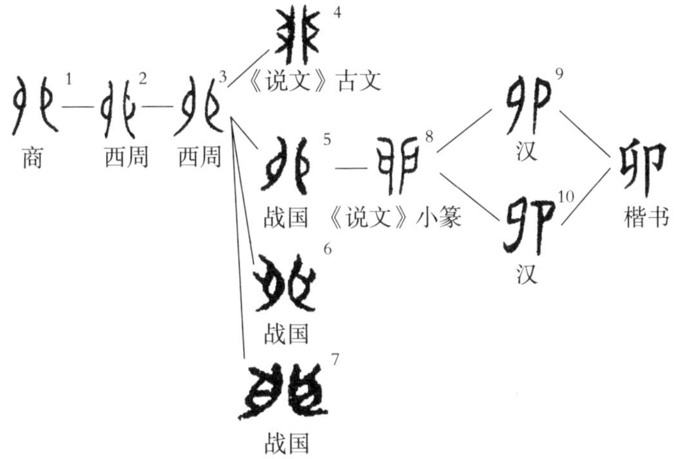

1、2、3《类编》448页。4、8《说文》311页。5《汉语字形表》560页。6、7《包山》224页。9、10《篆隶表》1063页。

图14—1 “卯”字字形演变表①

1. 造字法

卯，象形字。②一说指事字，认为两个竖指事的是符号‖，代表两扇门板，〈〉像钉在左右两扇门板上的双头钉。在古代，古人用粗大的木栓，穿过两扇门板上两个双头钉的“匚”形孔，即可将门关牢。用来穿门栓的“匚”形双头钉。金文卯基本上承续了甲骨文卯的字形。篆文卯则写成正反类似于两个“户”、，突出框形“匚”双头

① 李学勤主编:《字源》，天津古籍出版社2019年版，第1284页。

② 同上。

铆钉的“关门”用途。[1]

2. 字义

卯字字义，众说纷纭，主要有以下几种观点：

其一，叶玉森认为：“卯为象门有双环，双环外向，乃开门形，许君说殆古训也。”[2]

其二，徐中舒在其主编的《甲骨文字典》卷九“卯”条认为：“从二欠相对，象二人张口相向之形，为向背之向初字。与《说文解字》卯字篆文略同。”[3]但这个说法被认为其实解释的是“向”字的初文，而被误系于“卯”条下。

其三，吴其昌把“卯”解释为“刘”或者“杀”的初字。这种说法认为“卯”字本为象形字。认为“卯之始义，为双刀对植之形”。“刘”的繁体字——“刘”的左上部分就是“卯”。[4]卯字为“刘”的解释，可从“金卯”一词得到印证。金卯一词有解释如下：“刘”姓的隐语。晋·陆云《张二侯颂》：“金卯纷落，四海畔换。”晋·王嘉《拾遗记·前汉下》：“刘向于成帝之末，校书天禄阁，专精覃思，夜有老人，着黄衣，植青藜杖，登阁而进……云：‘我是太乙之精，天帝闻金卯之子有博学者，下而观焉。’”词汇的意思跟“金刀”类似。繁体字“刘”字为卯、金、刀合成，故用以代指刘姓。《汉书·王莽传中》：“夫‘刘’之为字，卯、金、刀也。”唐·李商隐《武侯庙古柏》诗：“玉垒经纶远，金刀历数终。”元·刘埙《隐居通议·诗歌四》：“子大以诗贺之曰：‘……金刀喜有南邻翁，曾吹藜焰丹霞峰。’”

① 于省吾：《甲骨文字诂林》，中华书局2014年版，第3438页。

② 同上。

③ 徐中舒：《甲骨文字典》，四川辞书出版社2003年版，第1013页。

④ 于省吾：《甲骨文字诂林》，中华书局2014年版，第3439页。

其四，王国维等认为“卯”字的本义为用牲之法，即“刘”或者“杀”。“卜辞屡言卯几牛，卯义未详，与尞、瘗、沈等同为用牲之名。以音言之，则古音卯刘同部……疑卯为刘之假借字。”[①]《尔雅·释诂》：“刘，杀也。”

其五，左安民认为“卯”为用牲之法，引申为地支第四位，也用以纪时，指上午的五至七时。

“卯”字在甲骨卜辞中经常有卯几牢、卯几牛、卯几羊的说法，这是用牲之名，杀牲祭祖祭天等。所以“卯”字的本义应为“杀”。后来本义消失，被假借为地支的第四位，也是十二时辰之一，故“卯时”即上午五时至七时。因为这个时间为旧时官署开始办公的时间，所以上班点名也称为“点卯”“画卯”。早晨喝的酒，古时亦叫“卯酒”，如唐·白居易《醉吟》：“心头卯酒未消时。”意思是说心头的晨酒还没有消呢。[②]

其六，杨树达则解释“卯”为十二地支：“殷先公先王多以十干为名，然亦有以十二支为名者，如卯是也。”[③]

其七，韩步璋在其《甲骨文常用字解释》中的说法更有意思。他认为“卯”字的甲骨文构形，是妇女在生育时，胎儿及胎盘完全从母体产出，脱离了母体。表示十月怀胎一朝分娩的完成。金文的“卯”字与甲骨文相同。小篆为了使字形美观圆润，在其上增加两个弯横。“卯”字的本义源自胎儿与胎盘的分体，因而有分和产的意义。“卯”为地支第四位，卯时为早上五时到七时，如点卯、应卯。卯眼通常表示器物接榫的凹入部分，源自子宫内胎儿安坐在胎盘之上这一图景。[④]

① 于省吾：《甲骨文字诂林》，中华书局2014年版，第3438页。

② 左民安：《细说汉字：1000年汉字的起源与演变》，中信出版社2015年版，第64—65页。

③ 于省吾：《甲骨文字诂林》，中华书局2014年版，第3438页。

④ 韩步璋：《甲骨文常用字解释》，青岛出版社2012年版，第680页。

其八，还有一种听到得比较少的说法，认为“卯”字为兜。持此说法的是孙诒让。孙云：“卯鍪古同音，卯象兜鍪形，两旁与兜从同意。”那么，这个鍪又是一个什么东西呢？一说这个鍪是古代的一种炊具，作用相当于锅。青铜制或铁制。侈口束颈，口有唇缘，鼓腹圆底。流行于战国并沿用至汉代早期。古代士兵带的胄与鍪相似，因此叫作“兜鍪”。而这个鍪的读音是 móu，可能把卯解释为兜的原因就是由于这个读音的问题亦未可知。

其九，东汉·许慎《说文解字》：“卯，冒也。二月，万物冒地而出。象开门之形。故二月为天门。凡卯之属皆从卯。𨙩，古文卯。”[①]其意为：“卯指阳气从地下冒出。地支中‘卯’字代表农历二月，这时万物冒出地面长出新芽。‘卯’的字形，像开门的形状。所以二月又叫‘天门’。所有与卯相关的字，都采用“卯”作偏旁。𨙩，这是古文写法的‘卯’字。”段玉裁认为：“《律书》曰：‘卯之为言茂也。’言万物茂也。律历志：‘冒茆于卯。’《天文训》曰：‘卯则茂茂然。’释名曰卯。卯，冒也。载冒土而出也。蓋阳气至是始出地。字象开门也。莫饱切。古音在三部。卯为春门。万物巳出。”[②]

在甲骨文“卯”字的解释出现之前，人们对“卯”的解释多是遵从许慎在《说文解字》中的解释，认为“卯”就是“冒”，指的是“二月，万物冒地而出”的“冒”字。

（二）“卯”字的引申义

卯在甲骨文中主要指用牲之法，指对剖，如“丁酉

①（汉）许慎：《说文解字》，中华书局 2006 年版，第 310 页。

②（清）段玉裁：《说文解字注》，上海古籍出版社 1981 年版，第 745 页。

卜，贞：王宾文武丁，卯六牢，鬯六，无忧?”[1]引申为地支的第四位，用以纪月、纪时，在太岁纪年法中又用以纪年。《尔雅·释天》：“太岁在卯曰单阏。”用以纪月，指农历二月。用以纪时，指五时至七时，也泛指早晨。如唐代诗人白居易曾作有《卯饮》：“卯饮一杯眠一觉，世间何事不悠悠。”宋代的朱熹认为，生肖纪日中时辰与动物的搭配选用，是根据每天动物活动时间来确定的。晨五时至七时，为卯时，天刚亮，太阳还没有升起，兔子出窝吃带露水的青草，而在天空中月亮仍在照耀，玉兔捣药正忙。由于“卯”字“象开门之形”，所以借来与日出开门的那段时间对应，由此演变出卯在古代有点卯、报到的意思。旧时官署例定在卯时开始办公时，进行点名报到等活动，其点名册叫“卯簿”“卯册”，俗称“到一下”叫“点个卯”或“打个卯”。

① 郭沫若:《甲骨文合集》第35355片，中华书局1978年版。

三、“卯”字的文化内涵

（一）姓氏文化中的“卯”

“卯”作姓氏既可读作 máo，亦可读作 mǎo，得姓始祖是茆叔（姬茆）、于则、于谦、朱元璋、石纳。卯氏是一个多民族、多源流的姓氏群体，但在当今中国大陆的姓氏排行榜上未列入百家姓前五百位，在中国台湾地区则名列第四百五十九位，多以单父、武州、威宁为郡望。

（二）语言文化中的“卯”

1. 与“卯”用来纪年、纪月、纪日等纪时相关的词语

（1）寅支卯粮

寅年支用了卯年的粮，比喻入不敷出，预先借支。明·毕自严《蠲钱粮疏》：“大都民间止有此物力，寅支卯粮，则卯年之逋势也。”《二十年目睹之怪现状》第八八回：“有差使的时候，已是寅支卯粮的了。”梁斌《红旗谱》二八：“你下月薪金早借光了，这个朋友走，借点路费，那个朋友走，借点路费。寅支卯粮，哪里行！”

（2）卯君

卯年出生的人。宋·苏轼《子由生日以檀香观音像及新合印香银篆盘为寿》诗：“东坡持是寿卯君，君少与我师皇坟。”赵次公注：“卯君，子由也。子由已卯生，故云。”清·曹寅《十五夜射堂看月寄子猷二弟》诗：“侍香班散联吟去，疏柳长窗坐卯君。”

（3）卯生

卯年生，属兔。元·陆友《研北杂志》卷下：“余平生见黄荃画雪兔，凡三四本。盖伪蜀孟昶卯生，每诞辰，荃即画献也。”

（4）建卯月

夏历二月。《新唐书·肃宗纪》：“建卯月辛亥，大赦。”

（5）唱卯

谓司更者呼报已到卯时。明·王家屏《日方升赋》：“太史书云，鸡人唱卯。”

（6）刚卯

汉代人用以辟邪的佩饰。于正月卯日制成，以金、玉或桃木为材料，刻有辟邪内容的文字。《汉书·王莽传（中）》：“正月刚卯，金刀之利，皆不得行。”颜师古注：“服虔曰：‘刚卯，以正月卯日作佩之，长三寸，广一寸，四方；或用玉，或用金，或用桃，着革带佩之。今有玉在者，铭其一面曰：正月刚卯。’晋灼曰：‘刚卯长一寸，广五分，四方。当中央从穿作孔，以采丝葺其底，如冠缨头蕤。刻其上面，作两行书……其一铭曰：疾日严卯，帝令夔化，顺尔固伏，化兹灵殳。既正既直，既觚既方，庶疫刚瘅，莫我敢当。’今往往有土中得玉刚卯者，案大小及文，服说是也。”宋·马永卿《懒真子·正月刚卯》：“盖刚者，强也；卯者，刘也。正月佩之，尊国姓也。”元·方回《五月初三日雨寒痰嗽》诗：“佩符岂有玉刚卯，挑药久无金错刀。”

（7）扶头卯酒

旧俗新婚次日清晨饮迎朝酒之称。清·孔尚任《桃花扇·却奁》：“请老爷同到洞房，唤他出来，好饮扶头卯酒。”

（8）卯困

谓因吃卯酒而困倦昏睡。宋·苏轼《惠守詹君见和复次韵》：“三杯卯困忘家事，万户春浓感国恩。”

（9）卯醉

早晨酒醉。宋·彭乘《墨客挥犀》卷四：“上皇登沉香亭诏妃子，妃子时卯醉未醒，命力士使侍儿扶掖而至。”清·曹寅《雨中饮饯醉甚卧舆中行三十里始醒戏题》诗：“卯醉瞢腾堕玉鞭，笋舆轻藉半程眠。”

（10）卯云

晨云。《中国谚语资料·农谚》：“卯云涨，阴胜阳。”原注：“卯云，即晨云。晨云多，主雨。”

（11）卯酉

卯，卯时，早晨；酉，酉时，傍晚。亦用以代指岁月。宋·苏辙《新桥》诗：“病夫最与民同喜，卯酉匆匆无复忧。”元·关汉卿《谢天香》第四折：“见妾身精神比杏桃，相公如何共卯酉？”

星命家言卯酉、子午相冲，藉以指对头，作对。元·无名氏《陈州粜米》第二折：“我从来不劣方头，恰便似火上浇油，我偏和那有势力的官人每卯酉。”

（12）卯睡

早晨睡觉。宋·苏辙《复次烟字韵答黄大临庭坚见寄》诗之一：“定应笑我劳生在，卯睡闻呼衣为颠。”

（13）卯饭

早饭。宋·王炎《再用元韵因简县庠诸先辈》：“书生卯饭动及午，姜糁菜丝烦自煮。”

（14）犯卯

超过卯时（凌晨五时至七时）。唐·马异《暮春醉中寄李干秀才》：“欢异且交亲，酒生开瓮春。不须愁犯卯，且乞醉过申。”清·朱彝尊

《柳巷杏花歌同严中允钱编修作》："朝从潞河还，犯卯酒未醒。"

2. 在"卯"字纪时意义上的衍生词汇

（1）卯册

即卯簿，旧时官署中的点名册。点卯时用之，故称。清·黄六鸿《福惠全书·莅任·驭衙役》："各役过堂点卯。卯簿详注年貌、籍贯、住址及着役日期、经管某事于姓名之下。"清·林则徐《密拏汉奸札稿》："或称卯册无名，或称其人早故。"

（2）画卯

旧时官署规定卯时（上午五至七时）开始办公。吏胥差役按时赴官署签到，听候差使，称"画卯"。元·李致远《还牢末》第一折："我画卯呵来的早，他请太医直恁般迟。"《水浒传》第四五回："次日五更，杨雄起来，自去画卯，承应官府。"明·周顺昌《与朱德升孝廉书》："月申分兵部观政，殊无政可观，不过作揖打躬升堂画卯而已。"

（3）违卯

迟到了就叫违卯，旧指在官府当差的人耽误了点卯。清·黄六鸿《福惠全书·刑名·土番点卯》："朔望捏病违卯者，立拿重究。"

（4）应名点卯

谓形式上查点人役，形容照例行事。《红楼梦》第五八回："尤氏虽天天过来，也不过应名点卯，不肯乱作威福。"

（5）误卯

我国古代军队在卯时点名，未到的叫误卯，借指做事晚到。如："他上课从不误卯。"

（6）退卯

旧时官署吏役卯时到职谓之应卯，长官于卯时点名为点卯，故以"退卯"谓吏胥退役。清·叶兰《纪事新乐府》序："〔赵静甫〕暴横致富，已退卯，朦捐县佐，犹贪其利，阴为把持。”《冷眼观》第十五回：“彼时有个老捕快，退卯居乡已有多年了。”

（7）书画卯酉

犹言上下班。卯时签到，酉时签退。《水浒传》第五一回：“依旧每日县中书画卯酉，听候差使。”

3. 指器物的零件或部分利用凹凸方式相连的地方的凹进部分

（1）榫卯

榫头和卯眼，亦特指榫头。明·周圻《名义考·地部·榫卯》：“枘凿者榫卯也……今俗犹云公母榫。”赵树理《传家宝》一：“〔黑箱子〕榫卯完全坏了，角角落落都钻上窟窿用麻绳穿着。”

图 14-2　榫卯

（2）卯不对榫

话不对题。郭澄清《大刀记》开篇十五：“翠花听了他这卯不对榫的话，愕然问道：‘你不说刚进门吗？’”

（3）脱卯

榫头离开卯眼，比喻事物脱节或失误。元·王嘉甫《八声甘州·怨别》套曲：“唱道言许心违，说的誓寻思畅好脱卯。”《水浒传》第三九回：“是我一时只顾其前，不顾其后，书中有个老大脱卯。”

（4）露卯

古代制屐钉屐齿的一种钉法。将钉齿穿过屐底，露出钉尾，敲使之弯曲，平贴屐里，如此则齿不易松动。《晋书·五行志上》：“旧为屐者，齿皆达褊上，名曰露卯。太元中，忽不彻，名曰阴卯。”

（5）阴卯

不外露的屐齿。《晋书·五行志上》："旧为屐者，齿皆达楄上，名曰露卯。太元中忽不彻，名曰阴卯。识者以为卯，谋也，必有阴谋之事。"

4. 与"卯"作期限相关的词汇

（1）过卯

指追交租粮的日子。清·朱樟《催租行》："东邻白头妪起早，黄口小儿啼不饱。无钱能买爪牙威，七十老翁孥过卯。"原注："杭州比粮日谓之过卯。"

（2）比卯

旧时地方官府征收钱粮或缉拿罪犯，限期追比，称为"比卯"。《豆棚闲话·朝奉郎挥金倡霸》："或有说官司连累，急急去救父母的；或有说钱粮拖欠，即刻去比卯救家属的。"

5. 其他相关词汇

（1）参辰卯酉

参、辰，二星名。参星酉时出于西方，辰星卯时出于东方。参与辰、卯与酉相对立，因用以比喻互不相关或势不两立。元·关汉卿《陈母教子》第二折："我觑着那珠翠金银，我可便浑如似参辰卯酉。"元·王实甫《西厢记》第四本第二折："不争和张解元参辰卯酉，便是与崔相国出乖弄丑。"亦作"参辰日月"。元·白朴《墙头马上》第三折："则他这夫妻儿女两离别，总是我业彻，也强如参辰日月不交接。"

也指是非曲直。清·惜秋旅生《维新梦·感愤》："握金章，悬紫绶，一例唯唯否否，全不管参辰卯酉，只盼到腰缠万贯上扬州。"

（2）克丁克卯

做事认真，一丝不苟。刘心武《醒来吧！弟弟》："当个铁面无私，克丁克卯的检查员。”

（3）许丁卯

指唐代诗人许浑。许浑住丹阳（今属江苏）丁卯桥旁丁卯庄，著有《丁卯集》，故称。清·方文《赠袁长卿郡伯》诗：“前辈犹传许丁卯，凌敲送客不曾闲。”

（4）丁卯桥

桥名。在江苏丹徒南。晋元帝子裒镇广陵，运粮出京口，为水涸，奏请立埭，以丁卯日制可，后人筑桥，因名。宋·陆游《小筑》诗：“虽非隐士子午谷，宁愧诗人丁卯桥。”宋·陆游《跋许用晦丁卯集》：“许用晦居于丹阳之丁卯桥，故其诗名《丁卯集》。”清·孙枝蔚《春日怀友》诗：“丁卯桥边丁酉社，别来江水只东流。”

（5）卯上

方言，意思是全力以赴。《新民晚报》1982年1月8日：“记得那天，陈老总是中途入场，戴墨镜，但瞒不过观众眼睛，由注目演员转移到注目陈老总。信息回馈到台上，谭富英唱做卯上，特别卖劲。”

（6）正卯

其一，谓正在东方。古人以地支与方位相配，卯为正东。汉·王充《论衡·感虚》：“阳公麾日，安能使反？或时战时日正卯，战迷，谓日之暮，麾之，转左曲道，日若却。”

其二，指正式职官。《冷眼观》第五回：“他衙门里有起无耻的书办，将女眷打扮的同娼妓一样，带进去吃酒，听说很有好几家清白的家小，被藩台赏识了，就实时补了正卯呢。”

（7）可丁可卯

指恰好，不多不少，程度正适合；也指严格按规定办事，不能变通。

（8）丁一卯二

其一，确实；实在。元·无名氏《抱妆盒》第三折：“要说个丁一卯二，不许你差三错四。”《初刻拍案惊奇》卷三三：“本说的丁一卯二，生扭做差三错四。”

其二，谓认真、仔细。《醒世姻缘传》第六六回：“若要丁一卯二地算计起来，这二十一两多的本儿，待了这两个月，走了这两千里路，极少也赚他八九两银子哩。”

（9）丁是丁，卯是卯

丁、卯分别是天干、地支之一，不能相混，错乱了影响计时。形容做事认真，一丝不苟。《红楼梦》：“凤姐笑道：‘我看你厉害，明儿有了事，我也是丁是丁，卯是卯的，你也别抱怨。’”

6. 谜语中的“卯”

谜题：无聊到摘去左耳（打一字）；谜底：卯。

提示：这个字显而易见，“聊”去了耳朵就是“卯”了。

谜题：子丑寅卯辰巳午未申亥（打一成语）；谜底：鸡犬不留。

提示：十二地支单单缺酉和戌，而这俩在生肖里代表的是鸡和犬，所以谜底是“鸡犬不留”。

谜题：寅吃卯粮（打一成语）；谜底：弱肉强食。

提示：与生肖有关，老虎吃了兔子的粮，所以谜底是“弱肉强食”。

谜题：不丁不卯（打一字）；谜底：罪。

提示：“丁”与“卯”分别为天干、地支中的第四位，不是第四位，而“罪”为“非四”组成，所以谜底是罪。

7. 歇后语中的“卯”

兔子宴请老虎——寅吃卯粮。

寅时点兵，卯时上阵——说干就干。

打铁的榔头不乱敲——丁是丁，卯是卯（钉是钉，铆是铆）。

丁是丁，卯是卯——办事认真。

子午卯酉——总有一天。

（三）节日中的“卯”

卯节，是我国古老的少数民族水族的节日，类似于汉族人过的春节。水族卯节流行于一部分不过端节的水族生活地区，节期为四天，按古老的遗俗以水历九、十月（农历五、六月）的卯日开始，按不同地区先后分四批逢卯日轮流过节。卯节的日期是依据水族历法来推算的。水历十月，水书称为“绿色生命最旺盛的时节”，辛卯日被称为“最顺遂的日子”，是过节的上吉日。水族人认为，过节逢辛卯就预示风调雨顺，人寿年丰。与此相反，丁卯日被视为凶日，是过节的忌日，过节逢丁卯日会招致旱象、虫灾与瘟疫。

卯节的分批在很古的时候就约定俗成。水族节日歌唱道：“第一卯，水利的卯，第二卯，洞坨的卯，第三卯，水扒浦卯，第四卯，九阡卯。九阡宽，吃卯殿后。”头三批卯节在荔波境内，第四批卯节除三都的九阡、水各、周覃外，荔波的岜鲜、水维、永康等乡的水族人也在这最后一批卯日过节。

卯节的前三四天，水族人就像汉族人迎大年一般，开始动手洒扫庭除，将扬尘撒放稻田里（水家人认为扬尘能杀虫）。寅日为年终除夕，这一天要认真清扫房屋院坝，为祭天敬祖摆上鱼、肉、酒、饭等供品，并且要准备丰盛的佳肴款待宾客。这时凡过卯节的村寨，都会敲起铜鼓、皮鼓，或唱起阵阵歌声，入夜不止。

卯日是节日活动的高潮。新年初一的卯日盛行着赶卯坡青年男女唱对歌的习俗。卯坡是经过多年遗俗选定下来的，是专让青年男女以唱对歌的形式进行广泛社交活动的场所。一般多选在一个依山傍水、地势较宽、能容纳数万人平坦的坡顶上进行。届时，不仅过卯节的村寨青年人要上卯坡对歌，就是不过卯节的外寨和毗邻各县的男女老幼也会赶来参加盛会。有些经商者也来摆摊设点，出售各种食品和日用杂货，顿时会使整个卯坡人声鼎沸，热闹非凡。开始对歌前，先由一德高望重的老人当众宣布对歌场上的戒律：只有未婚青年男女方可参加对歌，并预祝对歌的后生们能在对歌声中寻到自己的意中人。于是，在一片吆喝嬉笑声中，青年男女三五成群地各自寻找自己唱对歌的对手，在卯坡的树丛中、草地上、山石旁，或站或坐地撑起各色花伞遮住脸唱起对歌来。虽然水族由于受到封建礼教的束缚较深，平时男女青年的社交活动受到一定的限制，即便私下里有了相爱的对象，也不能自由往来，只能在必要的时候托自己的熟人，如家中的姐妹等去暗地传递一定的相爱信息，但在卯节这一天对歌却不受这种限制，青年男女都可自由选择自己心爱的人去对歌。只要两人唱得合心合意，事后只要由男方家带着猪、酒、糯米等认亲礼品前去认亲，选好了婚期便可成婚，一般家中很少干涉。

节日之夕，家家笑声朗朗，碰杯之声不绝于耳，铿锵的铜鼓和浑厚的皮鼓声响彻水寨。水家人一边喝着醇香的糯米酒，一边唱着比米酒更香的“姨娘歌”。每个水族寨子都设有“歌堂”，女歌手和伴音姑娘坐在房间里，男歌手与同伴、听众坐在堂屋中，欢歌达旦，甚至连绵数昼夜。

卯节的起源来自一个神话故事。传说远古时候一支水族的祖先来到荔波定居，禾苗忽遭严重虫灾，人们束手无策，眼看颗粒无收，这时水书先生陆铎从天而降，指示人们扫积屋内烟尘撒在禾苗上，终于除去了害虫。人们庆胜利，聚而欢歌，代代沿袭便形成了卯节。

辰

东汉·许慎《说文解字》释“辰”：“震也。三月，阳气动，雷电振，民农时也。物皆生，从乙、匕，象芒达；厂，声也。辰，房星，天时也。从二。二，古文‘上’字。凡辰之属皆从辰。”

一、“辰”字的形体演变

甲骨文“辰”字

金文“辰”字

小篆“辰”字

马王堆帛书隶书“辰”字

颜真卿、赵孟頫所写楷书“辰”字

楷书简体“辰”字（印刷体）

米芾、文徵明、欧阳询、赵孟頫、王羲之所写行书“辰”

文徵明所写草书“辰”字

二、“辰”字的含义

（一）“辰”字考源

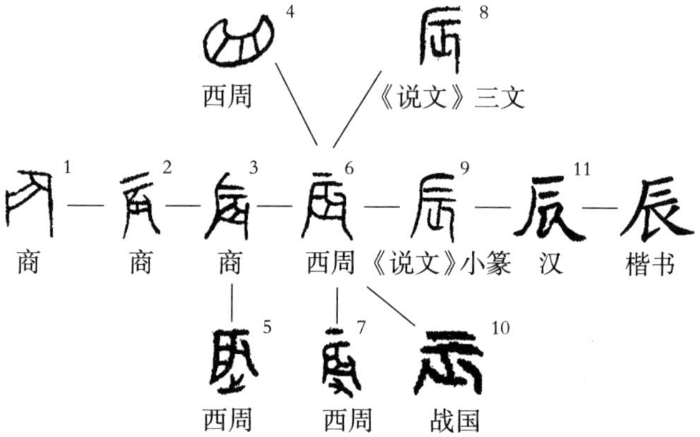

1、2、5、7、10《汉语字形表》560页。3、4、6《类编》371页。8、9《说文》311页。11《篆隶表》1063页。

图 15-1 “辰”字字形演变表[①]

1. 造字法

辰，象形字，在西周早期金文中像蜃蛤形。本义为蜃蛤，为“蜃”的本字。因为蜃在上古曾用作耕器，所以该字在商代甲骨文和金文中附上“手”符（偶有作“止”符者），以会操作之意，其后或增益“又”符。

2. 字义

（1）“辰”为振、震动义

东汉·许慎《说文解字》释“辰”：“震也。三月，

① 李学勤主编：《字源》，天津古籍出版社2019年版，第1284页。

阳气动，雷电振，民农时也。物皆生，从乙、匕，象芒达；厂，声也。辰，房星，天时也。从二。二，古文'上'字。凡辰之属皆从辰。"[1] 其意为：辰，震动。在十二地支中，"辰"代表农历三月，三月阳气已经发动，雷电振天，是百姓忙于农务的时令。此时万物已经生长，所以字形采用"乙、匕"会意，像草芒伸展；"厂"是声旁。

《史记·律书》："辰者，言万物之蜃也。"[2] 三国·魏·曹丕《柳赋》："彼庶卉之未动兮，固肇萌而先辰。"《晋书·乐志上》："辰者，震也，谓时物尽震动而长也。"

（2）"辰"代表房星

房星是天时的指标，表示春耕开展的时候。因此，字形采用"二"作偏旁，"二"是古文写法的"上"字。所有与辰相关的字，都采用"辰"作偏旁。

（3）"辰"与"蜃"为一字，"辰"字的本义是用大蛤蜊壳磨制成的锄草的农具

东汉·许慎《说文解字》对"蜃"字的解释是："蚌，蜃属。"[3] 蜃从辰从虫。关于"辰"与"蜃"的关系，著名学者郭沫若曾提出："辰与蜃在古代当系一字。蜃字从虫，当后起。"并进一步做了阐释："余以为辰实古之耕器，其作为壳形者，盖蜃器也……附以提手，字盖象形，其更加以手形若足形者，则示操作之意。""辰本耕器，故农、辱、蓐、耨诸字均从辰。星之名辰者，盖星象于农事大有攸关。古人多以耕器表彰之。"[4]

上述有说辰是耕器的，有说辰跟蜃有关的，而《汉字

①（汉）许慎：《说文解字》，中华书局2006年版，第311页。

②（汉）司马迁：《史记》，中华书局2002年版，第1246页。

③（汉）许慎：《说文解字》，中华书局2006年版，第282页。

④ 郭沫若：《甲骨文字研究·释干支》，《郭沫若全集》考古编第一卷，科学出版社1982年版，第205页。

字源》里面的解释正是综合了这两种说法：认为“辰”字的本义是用大蛤蜊壳磨制成的锄草的农具，又做“蜃”。

韩步璋在《甲骨文常用字解释》里面对于“辰”字的各种解释做了归纳：“辰”字的甲骨文构型是上下结构，上面像一个石刀，下面像一个人手持石刀，两形会意，有不同解释。第一种解释：认为是以手振石；第二种解释：认为是蛰伏之虫；第三种解释：认为借指大辰星；第四种解释：认为商代农民用蜃壳做镰刀，在蜃壳背部穿孔扎绳缚在拇指上，用边缘锋利的蜃刀割草，或收割庄稼；第五种解释：妇女在生育时用边缘锋利的蜃刀割断脐带，使胎儿与胎盘分离。

（二）“辰”字的引申义

1. 引申为干支字，用以纪年、纪月、纪时，有时有“时”的意思

用以纪月，指农历三月；用以纪时，指七时至九时；用以纪年，《尔雅·释天》：“太岁寅曰摄提格，在卯曰单阏，在辰曰执徐。”宋·沈括《梦溪笔谈·象数一》：“十二支谓之十二辰。”

甲骨文中，“辰”多借为干支字，有时有“时”的意思。如“庚辰卜，大贞：雨不足辰，不隹年？”[①]“贞：雨不足辰，亡匄？”[②]

《晋书·乐志上》：“三月之辰名为辰。”宋·黄庭坚《和师厚栽竹》：“根须辰日斸，笋要上番成。”宋·洪迈《容斋续笔·双生子》：“辰时为弟，巳时为兄，则弟乃先

① 郭沫若：《甲骨文集合集》，第24933片，中华书局1978年版。

② 金祖同：《殷契遗珠》，艺文印书馆1974年版，第454页。

兄一时矣。”清·赵翼《陔余丛考·一日十二时始于汉》：“古时本无一日十二时之分……其以一日分十二时，而以干支为纪，盖自太初改正朔之后，历家之术益精，故定此法。如《五行志》‘日加辰巳’之类，皆汉法也。”

2.“辰”字还单一指被称为北极的北辰

“辰”在古时和现代都有星辰的意思，还指代日、月、星的统称。《左传》昭公十七年：“在此月也，日过分而未至，三辰有灾。”桓公二年：“三辰旂旗，昭其明也。”[①]杜预注：“三辰，日、月、星也。”李善注引毛苌《诗传》：“辰，北辰也。”

3. 代指生肖龙

“辰”还可以作为十二生肖之一，属龙。汉·王充《论衡·言毒》：“辰为龙，巳为蛇。”

4. 指代方向

“辰”字用以指代方向时，指东南偏东方向。

5. 星宿名

“辰”也是星宿名，指二十八宿之一的心宿，又称“大火”。《左传》昭公元年：“后帝不臧，迁阏伯于商丘，主辰。”杜预注：“辰，大火也。”[②]

6. 日子，时光

“辰”也当日子、时光讲。《仪礼·士冠礼》：“吉月令辰，乃申尔服。”《汉书·叙传上》：“辰倏忽其不再。”颜师古注：“辰，时也。”

7. 延长，伸展

辰有延长，伸展的意思。王念孙《读书杂志·汉书

①（晋）杜预注，（唐）孔颖达正义：《春秋左传正义》（《十三经注疏》影印本），中华书局2003年版，第1743、2082页。

②（晋）杜预注，（唐）孔颖达正义：《春秋左传正义》（《十三经注疏》影印本），中华书局2003年版，第2023页。

四》："美当为羡，字之误也。羡之言延也……《太玄·玄数》：'辰戌丑未。'范望曰：'辰，取其延长。'是辰亦延长之义也。《释名》曰：'辰，伸也。物皆伸舒而出也。'伸亦延长。振羡二字，俱是辰字之训。"

8. 帝王的代称

"辰"字也被当作是帝王的代称。《文选·颜延之〈应诏宴曲水作〉诗》："帝体丽明，仪辰作贰。"

三、“辰”字的文化内涵

（一）历史文化中的“辰”

1. 与星辰含义有关的“辰”

（1）七辰

指日、月及五星。宋·范仲淹《易兼三材赋》：“璇玑测象，括运动于七辰；玉琯候时，含惨舒于四气。”

（2）二辰

指日、月。《尚书大传》卷三：“其二辰以次相将，其次受之。”郑玄注：“二辰，谓日、月也。”《宋书·志序》：“然则自汉高帝五年之首冬，暨宋顺帝升明二年之孟夏，二辰六沴，甲子无差。”

（3）三辰

指日、月、星。《左传》桓公二年：“三辰旂旗，昭其明也。”杜预注：“三辰，日、月、星也。”[①] 南朝·梁·沈约《齐故安陆昭王碑》：“昭昭若三辰之丽于天，滔滔犹四渎之纪于地。”宋·梅尧臣《效阮步兵一日复一日》诗：“四序相盛衰，三辰运光魄。”清·唐孙华《进呈御览诗百韵》：“紫极三辰正，黄图九域清。”

（4）日辰

指日月星辰。《史记·历书》：“至今上即位，招致方

① （晋）杜预注，（唐）孔颖达正义：《春秋左传正义》（《十三经注疏》影印本），中华书局2003年版，第1743页。

士唐都，分其天部；而巴落下闳运算转历，然后日辰之度与夏正同。”[①]

（5）辰斗

指星辰，星斗。《梁书·侯景传》：“盖悬象在天，四时取则于辰斗；群生育地，万物仰照于大明。”

（6）辰勾

即水星。比喻难遇之事。元·王实甫《西厢记》第三本第二折：“似这等辰勾空把佳期盼。”王季思校注：“王伯良曰：‘辰勾，水星。其出虽有常度，见之甚难。’”

（7）辰晷

指日月星之光。比喻天子。《文选·陆云〈大将军宴会被命作诗〉》：“神道见素，遗华反质。辰晷重光，协风应律。”李周翰注：“辰晷，喻天子也。”

（8）辰精

指水星。精，神灵。《文选·王俭〈褚渊碑文〉》：“辰精感运，昴灵发祥。”李善注：“《尔雅》曰：‘大辰，房、心、尾也。’齐水德，故曰辰精。”

（9）辰星

即水星。《史记·天官书》：“刑失者，罚出辰星。”[①]

（10）顺辰

谓月球循着十二辰次序运行。《文选·谢庄〈月赋〉》：“顺辰通烛，从星泽风。”李善注：“辰，十二辰，言月顺之以照天下也。《淮南子》曰：‘正月建寅，月从左行十二辰。’许慎曰：‘历十二辰而行。’”

①（汉）司马迁：《史记》，中华书局 2002 年版，第 1246 页。

②（汉）司马迁：《史记》，中华书局 2002 年版，第 1327 页。

（11）辰序

指星辰运行的次序。《管子·宙合》："半星辰序，各有其司，故曰天不一时。"尹知章注："半星辰序，言其星辰昼隐夜出常见半，至于次序，有司以为法也。"

（12）辰象

即天象。指日、月、星。唐·刘知几《史通·叙事》："桑榆既夕，而辰象粲然。"

（13）辰纬

即星座。《南史·隐逸传上·顾欢》："同昧其本而竞谈其末，犹未识辰纬而意断南北。"南朝·梁·沈约《为齐竟陵王解讲疏》："驻彩辰纬，停华日月。"

（14）辰太

即星际、太空。南朝·齐·谢超宗《齐北郊乐歌·昭夏乐》："昭望岁芬，环游辰太。"

（15）辰旆

古代画有日、月、星的旌旗。《南齐书·乐志》："神娱展，辰旆回。"

2. 与北极星含义有关的"辰"

（1）北辰

即北极星。《论语·为政》："为政以德，譬如北辰，居其所，而众星共之。"

（2）辰极

即北斗。《文选·嵇康〈琴赋〉》："披重壤以诞载兮，参辰极而高骧。"吕向注："辰极，北斗也。"宋·石介《感事》诗："帝宅居土中，紫垣当辰极。"明·何景明《万岁节》诗："北望看辰极，孤城首重回。"

（3）拱辰

即拱卫北极星。语本《论语·为政》：“为政以德，譬如北辰，居其所，而众星共（拱）之。”后因以喻拱卫君王或四裔归附。

3. 与帝王含义有关的“辰”

（1）朝辰

谓朝见帝皇。辰，北极星，喻指帝皇。《陈书·后主纪》：“今三元具序，万国朝辰。”

（2）圣辰

犹圣时。《宋书·律历志下》：“臣生属圣辰，逮在昌运，敢率愚瞽，更创新历。”

（3）辰驾

指帝王的车驾。《文选·颜延之〈车驾幸京口三月三日侍游曲阿后湖作〉诗》：“春方动辰驾，望幸倾五州。”李善注：“《论语》，子曰：为政以德，譬如北辰。故谓天子为辰也。”按，六臣本作“宸”。

（4）辰衡

指君主与宰相。《宋书·沉怀文传》：“昔天官正纪，六典序职，载师掌均，七府成务，所以翼平辰衡，经赞邦极。”

（5）辰仪

通“宸仪”，指帝王的仪仗。《南齐书·乐志》：“谛容辍序，佾文静县。辰仪耸跸，宵卫浮銮。”

（6）辰阶

即宸阶，殿陛。亦借指帝廷。南朝·梁·沈约《为临川王九日侍太子宴》诗：“任伍辰阶，祚均河楚。”

（7）辰鉴

犹宸鉴，御览。《宋书·袁淑传》：“上说辰鉴，下弭素言，足以安民纾国，救灾恤患。”

（8）辰居

即宸居，指帝王居处。南朝·宋·谢庄《歌太祖文皇帝》：“维天为大，维圣祖是则，辰居万宇，缀旒下国。”南朝·梁·江淹《萧骠骑谢甲仗入殿表》：“官骑辰居，羽林天部。”一本作“宸居”。

（9）辰选

犹御试。南朝·梁·沈约《从齐武帝琅琊城讲武应诏诗》：“皇情咨阅典，出车追辰选。”

4. 作地支用以纪年、月、日、时的“辰”

（1）十二辰堆

古代设在衙门和驿站前用以报时的时辰台。清·周亮工《书影》卷三：“开元中，郑审检校两京馆驿。今驿门前十二辰堆，即审所刱。十二辰堆，即今各衙门堂前时辰台也。驿骑虑有淹迟，故置堆以纪去来之候耳。”

（2）本命辰

同生年干支相值的辰区。古人把黄道附近一周天的十二等分由东向西配以子丑寅卯等十二支，称十二辰，用以纪年。太岁由东向西运行，每年达到一个辰区。宋·范成大《丙午新年六十一岁俗谓之元命作诗自贶》：“岁复当生次，星临本命辰，四人同丙午，初度再庚寅。”

（3）阴辰

指干支纪日中地支处于偶数的丑、卯、巳、未、酉、亥六日。宋·王逵《蠡海集·历数》：“阴错阳差，有十二日……甲子甲午为阳辰，故有阴错；己卯己酉为阴辰，故有阳差也。”

（4）阳辰

十二地支的单数位，即子、寅、辰、午、申、戌。宋·王逵《蠡海集·历数》:“阴错阳差，有十二日……甲子、甲午为阳辰，故有阴错；己卯、己酉为阴辰，故有阳差也。”

（5）浃辰

古代以干支纪日，称自子至亥一周十二日为“浃辰”。《左传》成公九年：“浃辰之间，而楚克其三都。”杜预注：“浃辰，十二日也。”[1]

（6）时辰钟

即时钟。《红楼梦》第十四回：“横竖你们上房里也有时辰钟。”冰心《离家的一年》:“看时辰钟已经六点，自己穿起长衣。”

（7）时辰台

古代置于衙门和驿站前用来报时的设备。清·周亮工《书影》卷三：“开元中，郑审检校两京馆驿。今驿门前十二辰堆，即审所剏。十二辰堆，即今各衙门前时辰台也。驿骑虑有淹迟，故置堆以纪去来之候耳。”

（8）时辰牌

指示时间的牌子。明·刘若愚《酌中志·大内规制纪略》:“刻漏房，凡八刻水则交一时，直殿监官抱时辰牌赴干清门里换之。牌长尺余，石青地金字。某时路遇者，必侧立让行，坐者起立，盖敬天时之义。”

（9）时辰八字

指人出生的年、月、日、时。星命家称人出生的年、月、日、时为四柱，各配以天干地支而成八，故称“八字”。据以推算人的命运。茅盾《残冬》二：“把你的时辰八字写来，外加五百钱，草人就替了你的灾难，懂么?”

① 杨伯峻:《春秋左传注》，中华书局 2000 年版，第 846 页。

（10）灵辰

吉祥的时刻。汉·扬雄《甘泉赋》："于是乃命群僚，历吉日，协灵辰，星陈而天行。"旧时谓正月初七日为人日，亦称"灵辰"。

（11）建辰月

指夏历三月。《新唐书·肃宗纪》："建辰月壬午，大赦。"

（12）辰夜

犹晨夜。辰，通"晨"。《诗经·齐风·东方未明》："不能辰夜，不夙则莫。"《朱熹集传》："此晨夜之限甚明，人所易知，今乃不能知，而不失之早，则失之莫也。"一说，司夜。

（13）辰时

中国古代计时法指上午七点钟到九点钟。清·袁枚《祭妹文》："果予以未时还家，而汝以辰时气绝。"

（14）辰暮

朝暮，早晚。辰，通"晨"。南朝·梁·任昉《同谢朏花雪》诗："土膏候年动，积雪表辰暮。"一本作"晨暮"。

5. 与生肖龙有关的"辰"

十二辰属，即十二相属。前蜀·冯鉴《续事始》："黄帝立子丑十二辰，以名月，以名兽，配十二辰属之。"《宋史·外国传八·吐蕃》："涣至，厮啰迎导供帐甚厚……道旧事则数十二辰属，曰兔年如此，马年如此。"

6. 与方位有关的"辰"

（1）辰地

指东南偏东的地方。《魏书·灵征志上》："庄帝永安三年六月甲子申时，辰地有青气，广四尺，东头缘山，西北引，至天半止。"《隋书·礼仪志三》："将屈战所，卜刚日，备玄牲，列军容，设柴于辰地，为坛而祃祭。"

（2）辰汉

指大辰与天河。大辰，指房宿、心宿、尾宿。《文选·颜延之〈直东宫答郑尚书〉诗》："寝兴郁无已，起观辰汉中。"李善注："辰，大辰也。《尔雅》曰：'大辰，房心尾也。'……毛苌《诗》传曰：'汉，天河也。'"

（3）辰巳

指东南方。古代阴阳五行家将十二地支和四方相配，子在正北，卯在正东，午在正南，酉在正西。辰巳在卯午之间，于位为东南方。《淮南子·天文训》："子午卯酉为二绳，丑寅辰巳未申戌亥为四钩。"汉·王充《论衡·言毒》："辰巳之位在东南。"

7. 与星宿有关的"辰"

（1）大辰

其一，即心宿，大火。《左传》昭公十七年："冬，有星孛于大辰，西及汉。"大辰即心宿二，又名大火。[①]《公羊传》昭公十七年："大辰者何？大火也。大火为大辰，伐为大辰，北辰亦为大辰。"[②] 其二，指苍龙七宿中房、心、尾三宿的总称。《尔雅·释天》："大辰，房、心、尾也。"

（2）辰参

其一，指心宿和参宿。两星宿此出彼没，永不相逢，喻人之分离不得相见。其二，喻隔阂。清·顾陈垿《分拟鲍参军〈白头吟〉》："如何乖宿昔，貌昵情辰参……"

（3）辰马

指房宿和心宿。房宿，一名天驷，故名。《国语·周语下》："月之所在，辰马农祥也。"韦昭注："辰马，谓

① 杨伯峻：《春秋左传注》，中华书局2000年版，第1390页。

②（汉）何休注，（唐）徐彦疏：《春秋公羊传注疏》（《十三经注疏》影印本），中华书局2003年版，第2324页。

房、心星也。心星，所在大辰之次为天驷。驷，马也，故曰辰马。”

（4）辰角

其一，星宿名，即角宿。《国语·周语中》：“夫辰角见而雨毕。”其二，借指东方。

（5）超辰

古天文术语。汉以前占星家用岁星（即木星）纪年，认为此星十二年运行一周天，而其实不足十二年，约为11.86年。刘歆创“超辰”之说以补救之，谓经过一百四十四年（按实测为八十六年）后，岁星的实际位置便超过一个星次，谓之“超辰”。亦称“超次”。《后汉书·律历志中》：“百四十四岁超一辰……岁从一辰，日不得空周天，则岁无由超辰。”《后汉书·律历志中》：“刘歆研几极深，验之《春秋》，参以《易》道……百四十四岁一超次。”王先谦集解：“惠栋曰：‘超次即服虔注《左传》龙度天门之说也。龙，岁星也。’……超次即超辰也。以列宿所在言之，谓之次；以日月所会言之，谓之辰。”

（6）辰宿

指星宿，星座。《晋书·天文志上》：“苟辰宿不丽于天，天为无用，便可言无，何必复云有之而不动乎？”北魏·张渊《观象赋》：“游气眇其高搴，辰宿焕焉华布。”

（7）辰尾

星宿名，即尾宿。尾宿九星，形成东方苍龙之尾，故也称龙尾。《左传》昭公三十一年：“日月在辰尾，庚午之日，日始有谪。”杜预注：“辰尾，龙尾也。”[1]

[1]（晋）杜预注，（唐）孔颖达正义：《春秋左传正义》（《十三经注疏》影印本），中华书局2003年版，第2127页。

（二）语言文化中的“辰”

1. 与“辰”作时光、日子有关的词语、惯用语

（1）髫辰

童年。《陈书·始兴王伯茂传》：“体自尊极，神姿明颖，玉暎髫辰，兰芬绮岁。”

（2）曩辰

昔时；往日。《魏书·术艺传·徐謇》：“况疾深于曩辰，业难于畴日，得不重加陟赏乎？”

（3）霜露之辰

指父母先人的生日。清·蒲松龄《聊斋志异·白于玉》：“值霜露之辰，辄问父所，母具告之。”

（4）霜辰

寒天。清·黄景仁《题施锡蕃雪帆图》诗：“归帆一叶阻霜辰，忽忽披图意与亲。急雪溪山同寂寞，孤舟天地入清贫。”

（5）嘉辰

良辰。南朝·梁·王筠《五日望采拾》诗：“长丝表良节，命缕应嘉辰。”宋·秦观《代贺坤成节表》：“嘉辰既属，率土交欢。”明·李东阳《春至》诗：“嘉辰忽不见，城市转萧然。”

（6）简辰

犹择日。南朝·梁·王筠《昭明太子哀册文》：“简辰请日，筮合龟贞。”

（7）畴辰

往日；昔时。《晋书·习凿齿传》：“彼一时也，此一时也，焉知今日之才不如畴辰，百年之后，吾与足下不并为景升乎！”

（8）丁辰

适逢其时。《后汉书·班固传》："逢吉丁辰，景命也。"李贤注："丁，当也。辰，时也。景，大也。逢休吉之代，当封禅之时，此为天子之大命也。"

（9）及辰

犹及时。晋·陶潜《游斜川》诗："念之动中怀，及辰为兹游。"明·高启《拟古》诗之七："盛年易倾谢，为乐愿及辰。"

（10）不辰

不得其时。《诗经·大雅·桑柔》："我生不辰，逢天僤怒。"宋·文天祥《六歌》："我生我生何不辰，孤根不识桃李春。"《金史·列女传·冯妙真》："妇生不辰，不得终执箕箒，义不从辱。"清·侯方域《新迁颜鲁公碑记》："际世不辰，灵迹多淹。"

（11）比辰

近时；近日。宋·梅尧臣《十一月二十三日欧阳永叔刘原甫范景仁何圣徒见访之什》诗："尔后几千载，此贤埋埃尘。谁谓四君子，蹈古犹比辰。"宋·苏轼《答范梦得书》之二："久不奉书，愧负不可言，不审比辰起居佳否？"

（12）上辰

其一，上好的日子，良辰。北魏·贾思勰《齐民要术·造神曲并酒等》："主人某甲，谨以七月上辰，造作麦曲，数千百饼。"石声汉注："上辰，是好日子。"北周·庾信《周祀圆丘歌》之三："日至大礼，丰牺上辰。"倪璠注："上辰言上吉之辰也。"

其二，农历每月上旬的辰日。《西京杂记》卷三："正月上辰，出池边盥濯，食蓬饵，以祓妖邪。"《宋书·礼志二》："旧说后汉有郭虞者，有三女。以三月上辰产二女，上巳产一女。二日之中，而三女并亡。”

（13）元辰

其一，指良辰，吉辰。《礼记·月令》：“〔孟春之月〕乃择元辰，天子亲载耒耜。”郑玄注：“元辰，盖郊后吉辰也。”汉·张衡《思玄赋》：“占既吉而无悔兮，简元辰而俶装。”《北齐书·文宣帝纪》：“敬简元辰，升坛受禅。”其二，指元旦。晋·庾阐《扬都赋》：“岁惟元辰，阴阳代纪；履端归余，三朝告始。”唐杨师道《奉和正日临朝应诏》诗：“皇猷被寰宇，端扆属元辰。”

（14）生辰吉帖

即庚帖。《醒世恒言·钱秀才错占凤凰俦》：“颜俊道：‘多带些人从去，肯便肯，不肯时打进去，抢将回来。便告到官司，有生辰吉帖为证。’”

（15）生辰纲

指成批运送的生日礼物。纲，成批运输货物的组织，如茶纲、盐纲、花石纲。《水浒传》第十五回：“晁盖大笑道：‘先生所言，莫非北地生辰纲么？’”

（16）发生辰

指春天。唐·曹松《武德殿朝退望九衢春色》诗：“自兹怜万物，同入发生辰。”

（17）令辰

指吉利的时辰。《国语·楚语下》中有“百姓夫妇择其令辰……”，也指吉日。

（18）正辰

犹正日，与邪辰、邪时相对。古以时辰占察来者之善恶。《汉书·翼奉传》：“平昌侯比三来见臣，皆以正辰加邪时。辰为客，时为主人，以律知人情。”

（19）移辰

犹移日。《西京杂记》卷一：“旧传此镜见妖魅，得佩之者为天神所福，故宣帝从危获济，及即大位，每持此镜，感咽移辰。”

（20）悬弧之辰

弧：弓。悬弧：古代习俗，生了男孩，就在门的左首悬挂一张弓。指男子生日。语本《礼记·内则》：“子生，男子设弧于门左。”清·朱彝尊《兴化李先生清寿诗》：“玉堂才子念明发，四月正及悬弧辰。”

（21）萧辰

秋季。唐·岑参《暮秋山行》诗：“千念集暮节，万籁悲萧辰。”宋·王安石《上江宁府王龙图启》：“萧辰方肃，宇荫尚遥，伏希上为治朝保和福履。”清·钱谦益《后观棋绝句》之一：“客舍萧辰看弈棋，秋风卷箨响枯枝。”

（22）弱辰

幼年。南朝·梁·沈约《郊居赋》：“伊皇祖之弱辰，逢时艰之孔棘。”

（23）涓辰

选择吉利的时辰。宋·沉遘《台州通判都官》：“伏审涓辰之良，受署以礼。”《宋史·乐志八》：“克禋克祀，揆日涓辰。”

（24）逢吉丁辰

谓遇上好时运。《后汉书·班固传下》：“逢吉丁辰，景命也。”李贤注：“丁，当也。辰，时也……逢休吉之代，当封禅之时，此为天子之大命也。”

（25）逢辰

谓遇到好时机。唐·顾升《瘗琴赋》：“生不逢辰兮，人物弃捐；音徽不远兮，南山之巅。”宋·陈师道《九日寄秦观》诗：“登高怀远心如在，向老逢辰意有加。”《花月痕》第五回：“生不逢辰，久罹荼苦；死而后已，又降鞠凶。”

（26）贸辰

渺茫而不确定的日期。晋·陆云《答兄平原》诗之四：“忧怀惟何？顾景惟尘。峩峩高踪，眇眇贸辰。”

（27）贱辰

对自己生日的谦称。清·顾炎武《与友人辞祝书》：“昨见子德云：明府将以贱辰光临赐祝。”《三侠五义》第四三回：“今日乃因老夫贱辰，有劳众位台驾，理应老夫各敬一杯才是。”

2. 其他含“辰”的词语、成语、惯用语

（1）十二辰虫

即十二时虫。唐·段成式《酉阳杂俎·虫篇》：“南中有虫名避役，一曰十二辰虫。状似蛇医，脚长，色青赤，肉鬣。暑月时见于篱壁间，俗云见者多称意事。其首倏忽更变，为十二辰状。”

（2）爻辰

汉代易学术语。郑玄用乾坤六爻与十二时辰相配合以研究易学，称为爻辰。清·江藩《汉学师承记·惠周惕》：“汉儒言《易》，如孟喜以卦气，京房以通变，荀爽以升降，郑康成以爻辰，虞翻以纳甲，其说不同，而指归则一，皆不可废。”

（3）司辰

其一，主管时令。汉·祢衡《鹦鹉赋》：“若乃少昊司辰，蓐收整辔，严霜初降……”其二，官名。唐代司天台之属官，掌知漏刻。

（4）牝咮鸣辰

同“牝鸡司晨”，指母鸡报晓。旧时比喻妇女窃权乱政。《尚书·牧誓》："牝鸡无晨。牝鸡之晨，惟家之索。"[①]《新唐书·长孙无忌褚遂良等传赞》："反天之刚，挠阳之明，卒使牝咮鸣辰，胙移后家，可不哀哉！"

（5）铎辰

春秋时赤狄的一支，分布在今山西省境内。《左传》宣公十六年："晋士会帅师灭赤狄甲氏及留吁、铎辰。"杨伯峻注曰"杜注'铎辰不书，留吁之属。'若依杜注所云，铎辰当在今山西省潞城县、屯留县附近。"[①]

（6）拱辰管

古乐器名。宋·沈括《梦溪笔谈·乐律一》："鼓吹部有拱辰管，即古之叉手管也，太宗皇帝赐今名。"

（7）昌辰

犹盛世。唐·刘禹锡《代慰义阳公主薨表》："岂意遘兹短历，奄谢昌辰。"宋·苏轼《集英殿秋宴教坊词·教坊致语》："臣等幸觏昌辰，叨尘法部。"

（8）辰牡

古代按时节进献的雄兽。《诗经·秦风·驷驖》："奉时辰牡，辰牡孔硕。"毛传："辰，时也。牡，兽之牡者也。辰牡者，冬献狼，夏献麋，春秋献鹿豕群兽。"一说，"辰"当读为"慎"；辰牡，即慎牡，五岁兽，兽之最大者。

（9）辰旒

古代旌旗名，即太常旗。上画日、月、星，垂十二旒。《文选·张衡〈东京赋〉》："建辰旒之太常，纷焱悠以容裔。"薛综注："辰，谓日、月、星也，画之于旌旗，垂

①（清）孙星衍：《尚书今古文注疏》，中华书局2004年版，第286版。

② 杨伯峻：《春秋左传注》，中华书局2000年版，第767、768页。

十二旒，名曰‘太常’。”

（10）辰堠

古代驿站间标志道里的土坛。唐·无名氏《大唐传载》：“郑公审，开元中为殿中侍御史，充馆驿使，令每传舍立辰堠，自公始也。”

3. 谜语中的“辰”

谜题：菊花满径伴良辰（打一成语）；谜底：黄道吉日。

提示：“菊花”是黄色的，“径”即小道，“良辰”即吉日。

谜题：手可摘星辰（打一梁山好汉绰号）；谜底：摸着天。

谜底提示：摸着天才能摘星星

谜题：辰年守岁等除夕（猜一地名）；谜底：龙山。

提示：辰年扣的是龙年，岁字除掉夕就是山。

谜题：不是不报，时辰未到（猜一动物）；谜底：羊。

提示：在时辰中，未对应羊。

谜题：诞辰（打一工厂用语）；谜底：生产时间。

提示：“诞辰”即“出生时间”，本词意思为产品从开始投产至产出的全部时间。

谜题：白居易五十寿辰（打一成语）；谜底：乐天知命。

提示：白居易，字乐天。《论语》有“五十而知天命”的话。该成语表示安于自己的处境，由命运安排。这是相信宿命论的人生观。

谜语：良辰美景画中看（打一字）；谜底：田。

提示：意思是良辰美景在画中间看，“画”字中间为“田”字。

谜题：雨中辰光，辰时下雨，地动山摇（打一字）；谜底：震。

4. 歇后语中的“辰”

半夜鸡叫——乱了时辰。

吃了早饭睡午觉——乱了时辰。

大白天打更——乱了时辰。

大年夜借糕桶——勿看辰光。

鼓楼顶掏时辰牌——挨时度日。

鸡娃儿叫明——执不住时辰。

九月初八过重阳——不到时辰。

闹钟报时辰——自鸣得意。

三伏里穿皮袄——不是辰光。

寒冬腊月捞红鱼——时辰不到（没到时辰，或时辰未到）。

十二个时辰占三个字——申子戌（身子虚）。

十三点的时辰钟——大声又不准。

巳

东汉·许慎《说文解字》释“巳”：“巳也。四月，阳气巳出，阴气巳藏，万物见，成文章，故巳为蛇，象形。凡巳之属皆从巳。”

一、“巳”字的形体演变

甲骨文“巳”字

金文“巳”字

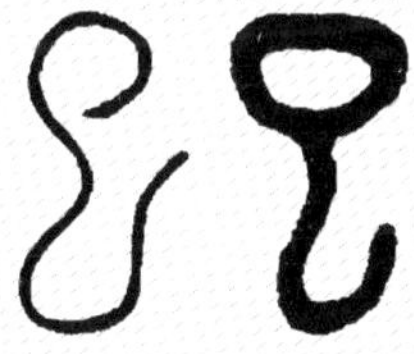

小篆及吴大澄篆书“巳”字

马王堆帛书隶书“巳”字

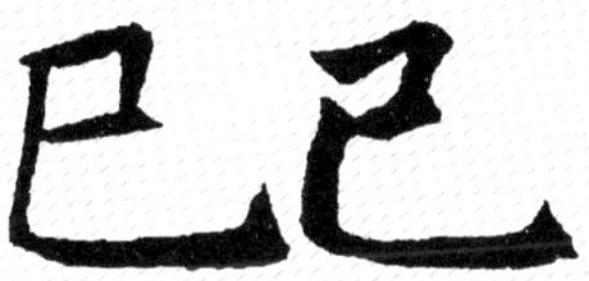

褚遂良、赵孟頫所写楷书“巳”字

楷书简体“巳”字（印刷体）

米芾所写行书“巳”字

怀素、王羲之所写草书“巳”字

二、“巳”字的含义

（一）“巳”字考源

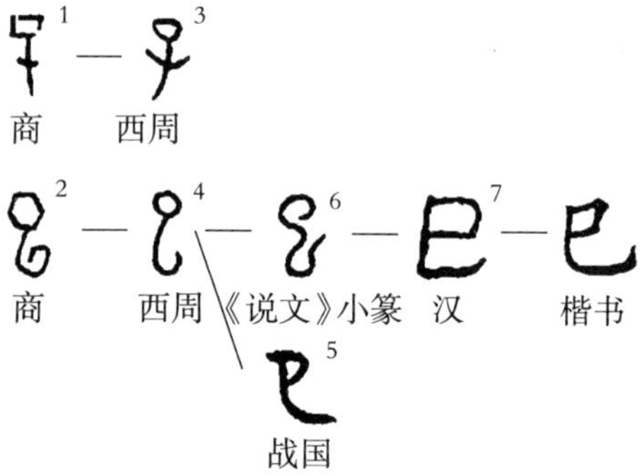

1、3、4《类编》7页。2《汉语字形表》560页。5《包山》225页。6《说文》311页。7《篆隶表》1064页。

图 16—1　巳字形体演变①

1. 造字法

巳，象形字。该字自商至周有二形：一与“子”同，像婴儿形，甲骨文字形是，像个未成形的胎儿，更有说法认为像受精卵形成没多久的胚胎形状；金文写作，《说文解字》小篆写作，皆承续了甲骨文字形，许慎以为像“子未成形”。

2. 字义

东汉·许慎《说文解字》释“巳”：“巳也。四月，阳气巳出，阴气巳藏，万物见，成文章，故巳为蛇，象形。

① 李学勤主编：《字源》，天津古籍出版社 2019 年版，第 1285 页。

凡巳之属皆从巳。”[1] 其意为：“巳代表四月，这时阳气已经出来，阴气已经藏匿，万物出现，形成华美的色彩和花纹，（蛇在这个时候也已出洞）所以‘巳’字字形表示蛇，因为其像蛇形。大凡巳的部属都从巳。”

清·朱骏声《说文通训定声》：“巳，似也。象子在包中形，包字从之。”李孝定在《甲骨文集释》中也考证认为：“巳”乃“子”之重文，子、巳在早期实为一字也。

（二）“巳”字的引申义

1. 巳在甲骨文、金文中用为“祀”字，在后世引申指后嗣

巳的本义是胎儿，胎儿没有出生还在腹中为巳，所以巳在后世引申指后嗣。甲骨文里也用作“祀”，指求子之祭。现代民俗学家也认为“上巳”有尚子的意思，所以上巳节在古代有求子的习俗。后期巳的这个意思逐渐用“祀”来代替。《玉篇·巳部》：“巳，嗣也。”

2. 引申为干支字，用以表示地支的第六位，用以纪月、纪时，在太岁纪年法中又用以纪年

用以纪月，即农历四月。《史记·律书》：“四月也……其于十二子为巳。巳者，言阳气之已尽也。”[2]

用以纪时，即上午九时至十一时。《水浒传》第二三回：“可教往来客人，结伙成队，于巳、午、未三个时辰过冈。”

用以纪年，如《尔雅·释天》：“太岁在巳曰大荒落。”用以纪日，如《左传》隐公五年：“冬十二月辛

①（汉）许慎：《说文解字》，中华书局2006年版，第311页。

②（汉）司马迁：《史记》，中华书局2002年版，第1246页。

巳，臧僖伯卒。”[①]

3. 指代生肖蛇

十二生肖以巳为蛇；五行以巳配火。汉·王充《论衡·物势》：“巳，火也；其禽，蛇也。”

4. 上巳的省称

巳还用来作“上巳”，古时指阴历三月上旬的第一个巳日，魏晋后始定为三月初三。上巳节，巳是其省称。上巳节是中国古老的传统节日，俗称三月三，该节日在汉代以前定为三月上旬的巳日，后来固定在夏历三月初三。“上巳”最早出现在汉初的文献。《周礼》郑玄注：“岁时祓除，如今三月上巳如水上之类。”据记载，春秋时期上巳节已在流行。

① 杨伯峻：《春秋左传注》，中华书局2000年版，第47页。

三、“巳”字的文化内涵

（一）“巳”字的读音问题

巳同“已”，有终止的意思。所以巳的读音有二：一个和四的音相同，读作“sì”；另一个依其同“已”的意思，读作“yǐ”。

（二）语言文化中的“巳”

1. 辰巳

东南方。古代阴阳五行家将十二地支和四方相配，子在正北，卯在正东，午在正南，酉在正西。辰巳在卯午之间，位为东南方。《淮南子·天文训》：“子午卯酉为二绳，丑寅辰巳未申戌亥为四钩。”汉·王充《论衡·言毒》：“辰巳之位在东南。”晋·成公绥《天地赋》：“昆仑镇于阴隅，赤县据于辰巳。”

2. 己巳之变

也称“土木之变”，指明英宗被瓦剌俘于土木堡事件。明正统十四年（1449年），瓦剌贵族也先率兵攻明。宦官王振挟持英宗统兵五十万亲征，至大同，闻前方小败，即惊慌后撤，行军至土木堡（今河北怀来县东）被敌军追及，仓促应战，死伤过半，英宗被俘，王振也为乱军所杀。因这一年是己巳年，故名。《明史·张钦传》：“英宗不听大臣言，六师远驾，遂成己巳之变。”

3. 建巳月

夏历四月。唐·杜甫《戏赠友》诗之一："元年建巳月，郎有焦校书。"《新唐书·肃宗纪》："建巳月庚戌，史朝义寇泽州，刺史李抱玉败之。"

4. 巳牌

上午九时至十一时。古代把一昼夜分为十二个时辰，用子丑寅卯等十二支表示。官府在衙门前挂牌报时，故称某时为某牌。《古今小说·新桥市韩五卖春情》："且说吴山到次日巳牌时分，唤寿童跟随出门。"《儒林外史》第二回："直到巳牌时候，周先生才来。"

5. 除巳

指农历三月上巳节。旧俗于此日祓除不洁，故称。汉·蔡邕《祓禊文》："洋洋暮春，厥日除巳……唯女与士，自求百福，在洛之涘。"

6. 元巳

即上巳。阴历三月上旬的巳日。旧俗于此日临水祓除不祥，叫作"修禊"。自三国魏以后，这个节日固定为三月三日。汉·张衡《南都赋》："暮春之禊，元巳之辰，方轨齐轸，祓于阳濒。"《文选·沈约〈三月三日率尔成篇〉诗》："丽日属元巳，年芳具在斯。"张铣注："元巳，上巳也。"

7. 三巳

即上巳。原指农历三月第一个巳日，魏以后专指农历的三月初三日。晋·王廙《洛都赋》："若乃暮春嘉禊，三巳之辰，丽服靓妆，祓乎洛滨。"唐·沈佺期《三月三日梨园侍宴》诗："九重驰道出，三巳禊堂开。"

8. 吉巳

古礼，皇后于每年季春三月之巳日躬亲蚕桑之事，其日卜须吉，故称"吉巳"。《旧唐书·礼仪志四》："季春吉巳，祭先蚕于公桑，皇后亲桑。"《宋史·礼志五》："绍兴七年，始以季春吉巳享先蚕。"

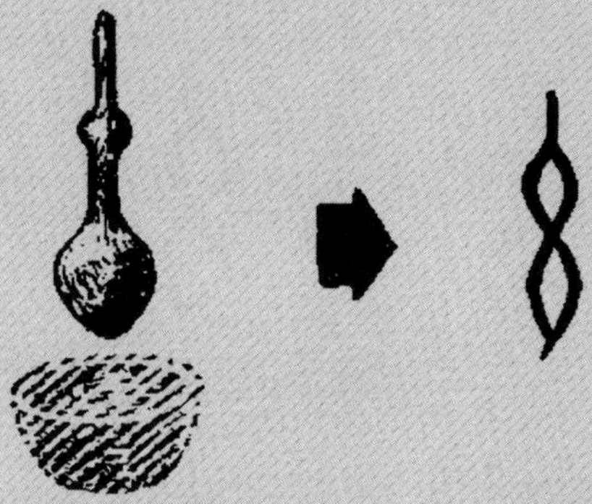

午

东汉·许慎《说文解字》释“午”：“啎也。五月，阴气午逆阳。冒地而出。此予矢同意。凡午之属皆从午。”

一、“午”字的形体演变

甲骨文“午”字

金文“午”字

小篆“午”字

马王堆帛书隶书“午”字

褚遂良、颜真卿所写楷书“午”字

楷书简体“午”字（印刷体）

颜真卿、蔡襄所写行书“午”字

草书“午”字

二、“午”字的含义

(一)“午”字考源

商　商　西周　春秋《说文》小篆　汉　楷书

1—4《类编》373 页。5《说文》311 页。6《篆隶表》1065 页。

图 17—1 “午”字字形演变图①

1. 造字法

午，象形字。午字在甲骨文、金文中像杵形。甲骨文字形为，与“幺”相似，字形像一根舂米用的杵，也有说像杵棒上有两个横结，以增加在臼中舂米的摩擦力。有的甲骨文将横结写成实心圆点，以区别于“幺”。金文有所变形，夸大了杵棒的第一个横结。篆文将金文的第二个横结写成横画。有的隶书严重变形。当“午”的“杵棒”本义消失后，篆文再加“木”另造“杵”代替。

2. 字义

（1）午为逆反义

东汉·许慎《说文解字》释“午”：“啎也。五月，阴气午逆阳。冒地而出。此予矢同意。凡午之属皆从午。”② 其意为：午，逆反。在地支中，“午”代表五月，这时地

① 李学勤主编：《字源》，天津古籍出版社 2019 年版，第 1285 页。

②（汉）许慎：《说文解字》，中华书局 2006 年版，第 311 页。

里的阴气逆反阳气，从地面冒出。“午”字的造字方法与“矢”字的造字方法相同。所有与午相关的字，都采用“午”作偏旁。

（2）午为索形，驭马之辔

郭沫若在《甲骨文字研究》中考证认为：“甲骨文午字，疑当是索形，殆驭马之辔也。”[①]

（3）午为有横结的舂米棒

“午”字指有横结的舂米棒，国光红在《古文字形意研究》考证午字的甲骨文字形时认为：“午字字形是天地之间两条特殊意义的正弦曲线之上示意正北的日影，所以午字的本义应当就是正午。”

（4）甲骨文午为中午，假借为天干第五位

黄懿陆在《史前易学·人类文明起源的百科全书》一书研究认为：“甲骨文午形为两个菱形符号相串，为两对阴阳相交合，即一对阴阳为一天，两对阴阳为两天，一天当中的太阳交合达到最热之阶段，实乃阴阳交合之中午也。此乃借天数五之‘五’音，非忤也。”

由此，学术界对午字的甲骨文构形有以下几种观点：（1）舂杵说：认为甲骨文字的形状像一根木棍，一头粗大像“舂杵”，农家用以舂米；因此，“午”为“杵”的原形字；（2）辔绳说：认为甲骨文字形状像丝股之形，像一绞丝或麻；（3）忤逆说：认为甲骨文字形状像丝股反拧之形，引申有忤逆之义；（4）矢镞说：认为甲骨文字形状像一支矢镞之形；（5）脐带说：认为甲骨文字形状像婴儿身上脱落下来的脐带。[②]

① 郭沫若：《甲骨文字研究·释干支》，《郭沫若全集》考古编第一卷，科学出版社1982年版，第210页。

② 韩步璋：《甲骨文常用字解释》，青岛出版社2012年版，第683页。

（二）“午”字的引申义

1. 引申为干支字，用以表示地支的第七位，用于纪月、纪时，在太岁纪年法中又用以纪年

用以纪年，如《尔雅·释天》：“太岁在午曰敦牂。”

用以纪月，指农历五月。《说文解字》：“午，五月阴气午逆阳，冒地而出。”

用以纪时，指午时，即中午十一时到十三时，指中午时分，如正午、中午、午餐等。唐·李绅《悯农》诗之二：“锄禾日当午，汗滴禾下土。”唐·韩愈《贞曜先生墓志铭》：“唐元和九年，岁在甲午。”《水浒传》第二三回：“可教往来客人，结伙成队，于巳、午、未三个时辰过冈。”

用以纪日，如《左传》隐公五年：“冬十二月辛巳，臧僖伯卒。”①《左传》：“庚午之日，日始有谪。”②在干支纪日法中，干支逢午曰午，午还特指阴历的五月初五，如常见的端午。

2. 南方的代称

在古人以十二地支配方位时，午为正南方，因此常常把午字作为南方的代称。《史记·律书》：“景风居南方……其于十二子为午。”③

3. 生肖马的代称

对照十二生肖午字属马，因此亦为马的代称。汉·王充《论衡·物势》：“午……其禽，马也。”

① 杨伯峻：《春秋左传注》，中华书局2000年版，第47页。

② 杨伯峻：《春秋左传注》，中华书局2000年版，第1514页。

③（汉）司马迁：《史记》，中华书局2002年版，第1246页。

三、“午”字的文化内涵

（一）历史文化中的“午”

1. 用以纪年、月、日、时的“午”

（1）中日甲午战争

1894 年 7 月末—1895 年 4 月，日本侵略中国和朝鲜的战争。1894 年（光绪二十年）爆发，按中国干支纪年，时年为甲午年，故称甲午战争。大清政府迫于日本军国主义的军事压力，签订了继《南京条约》后又一个丧权辱国的《马关条约》，又一次把中华民族带入灾难的深渊。

（2）庚午年

中国传统纪年农历的干支纪年中一个循环的第 7 年称“庚午年”。各个公元年份，年份数除以 60 余 10，或年份数减 3，除以 10 的余数是 7，除以 12 的余数是 7，自当年立春起至次年立春止的岁次内均为“庚午年”。

（3）歇午

午饭后休息。《红楼梦》第十九回：“彼时黛玉自在床上歇午，丫鬟们皆出去自便，满屋内静悄悄的。”

（4）逾午

中午以后。明·徐弘祖《徐霞客游记·游黄山日记》：“初九日，逾午少霁。”清·王韬《淞滨琐话·仙井》：“时已逾午，颇觉饥肠雷鸣。”叶圣陶《穷愁》：“时已逾午，得无饥饿？”

（5）晌午歪

指正午之后，约一两点钟之间。《儿女英雄传》第二十回：“这天待好晌午歪咧，管保也该饿了。”

（6）晌午饭

午饭。元·无名氏《冤家债主》第二折：“〔我〕留着一只手上油待吃晌午饭，不想我睡着了。”《水浒传》第二九回：“〔武松〕吃了晌午饭，起身别了。”

（7）破午

中午。《事物异名录·岁时·日中》引明·赵琦美《铁网珊瑚》：“破午，日正午也。”

（8）过午不食

佛教戒律。每日一餐，过了中午就不再吃食。清·俞正燮《癸巳存稿·午食》：“古以不能夕食为病，宋人言长年诀：夜卧不覆首，晚饭少数口。避瘴者诀：稍饮卯前酒，莫吃申后饭，似非常行之道。学佛者则过午不食，谓是佛所制……佛以日午食者，乞他食故。”亦作“过中不食”。

（9）端午节

又称端阳节、龙舟节、重午节、龙节、正阳节、天中节等，源自天象崇拜，由上古时代祭龙演变而来。仲夏端午，苍龙七宿飞升至正南中天，是龙飞天的吉日，即如《易经·乾卦》第五爻的爻辞曰：“飞龙在天”。端午日龙星既“得中”又“得正”，乃大吉大利之象。其起源涵盖了古老星象文化、人文哲学等方面内容，蕴含着深邃丰厚的文化内涵；在传承发展中杂糅了多种民俗为一体，节俗内容丰富。划龙舟与食粽子是端午节的两大礼俗，这两大礼俗在中国自古传承，至今不辍。

图 17—2　端午节

端午节本是南方吴越先民创立用于拜祭龙祖、祈福辟邪的节日，因传说战国时期的楚国诗人屈原在五月五日跳汨罗江自尽，后来人们亦将端午节作为纪念屈原的节日，也有纪念伍子胥、曹娥及介子推等说法。端午节与春节、清明节、中秋节并称为中国四大传统节日。2006 年 5 月，国务院将其列入首批国家级非物质文化遗产名录；自 2008 年起，被列为国家法定节假日。2009 年 9 月，联合国教科文组织正式批准将其列入《人类非物质文化遗产代表作名录》，端午节成为中国首个入选世界非遗的节日。这一天，民间有赛龙舟、吃粽子、喝雄黄酒、门上挂菖蒲的习俗。

（10）端午索

古代儿童于端午节所系的项索。明·刘侗、于奕正《帝京景物略·春场》：“五月五日之午前……项各彩系，垂金锡若钱者、若锁者，曰端午索。”

（11）赏午

庆赏端午节。《红楼梦》第三一回：“这日正是端阳佳节，蒲艾簪门，虎符系臂。午间，王夫人治了酒席，请薛家母子等赏午。”

（12）头午

指上午九时左右一段时间。方纪《三峡之秋》一：“在头午以前，大家却很少说话，像是有意要掩藏起内心的激动，但一过九点半，便沉不住气了。”李存葆《高山下的花环》九：“坚持，你们想办法坚持！是坚持到明天头午，我们才能上去！”

（13）平午

正午，中午。宋・苏舜钦《丙子仲冬紫阁寺联句》："日光平午见，雾气半天。"天文学用语，指平太阳上中天的时刻，即"平太阳时"的十二时。

（14）半晌午

方言。约指上午九十点钟的时候。王汶石《大木匠》："'他起身得迟吗？'小伙子问。'可不是吗！走时，都半晌午啦！'"

（15）午牌

揭报正午的时牌。借指正午。《三国演义》第四十回："是日午牌时分，来到鹊尾坡。"明・沉鲸《义侠记・秘计》："岁暮天寒难早起，午牌方始披衣。"《官场现形记》第一回："那时候已有午牌过后，家里人摆上饭来。"

（16）庭午

庭，通"亭"，即亭午。指日或月正当天空中央之时。唐・项斯《忆朝阳峰前居》诗："雪残猿到阁，庭午鹤离松。"宋・孙觌《华亭朱师实中大燕超堂》诗："高卧水国秋，静憩月庭午。"

（17）月午

月至午夜，即半夜。唐・刘禹锡《送惟良上人》诗："灯明香满室，月午霜凝地。"《太平广记》卷三七二引唐戴孚《广异记・蔡四》："世间月午，即地下斋时。"宋・苏轼《减字木兰花・春月》词："春庭月午，摇荡香醪光欲舞。"明・徐渭《雌木兰》第一出："打磨出苗叶鲜，栽排上绵木杆。抵多少月午梨花，丈八蛇钻。"

2. 与生肖马相关的"午"

（1）午岁

干支纪年法逢"午"之年。十二生肖午属马，即马年。《魏书・崔浩传》："今兹害气在扬州，不宜先举兵，一也；午岁自刑，先发者伤。"

（2）典午

典午有两重含义。其一，为"司马"的隐语。《三国志·蜀志·谯周传》："周语次，因书版示立曰：'典午忽兮，月酉没兮。'典午者，谓司马也；月酉者，谓八月也。至八月而文王（司马昭）果崩。"晋帝姓司马氏，后因以"典午"指晋朝。《晋书·安帝恭帝纪论》："是以宋高非典午之臣，孙恩岂金行之寇。"明·胡应麟《少室山房笔丛·史书占毕四》："当涂为魏，典午为晋，世率知之，而意义出处，或未明了。案……典，司也；午，马也。"柳亚子《南社会于虎丘之张东阳祠……诗以纪之》："莫笑过江典午鲫，岂无横槊建安才。"

其二，指司马之官职。北周·庾信《哀江南赋》："居笠毂而掌兵，出兰池而典午。"唐·颜真卿《鲜于公神道碑铭》："邵阳典午，汉阳纡组。"宋·陆游《老学庵笔记》卷十："宋文安公《自禁庭谪鄜畤》诗云：'九月一日奉急宣，连忙趋至合门前。忽为典午知何罪，谪向鄜州更怃然！'盖当时谪黜者，召至合门受命乃行也。"

（3）当涂典午

借指晋朝司马氏，也用以形容朝代更替。

汉魏之际，盛行谶纬之术。人们想做一件大事，总要先从谶文和纬书中找到相关的预言，然后决定行动与否。纬书是汉代的神学迷信解释儒家经义的书，以所谓经义附会人事的吉凶祸福，预言治乱兴废，多有怪诞无稽之谈；谶文则纯为预言，妄诞尤甚于纬书。东汉末年，曹操之子魏王曹丕图谋篡汉，自立为帝。太史丞许芝上书说："以魏代汉这件事，谶、纬中有过预言，说明是可以做的。谶文上说，'代汉者当涂高'。以前白马令李云上书言事中也有'许昌天子气应在当涂高，当涂高者应在许昌昌盛'。"他们从这样的谶语中附会出"当涂高"就是指魏。因为魏即“巍”，岂不是高大的意思吗？象征魏的是宫门的高楼；当涂即“当道”，所以当道而高大，就是魏天子气应在魏，是说“魏王应当是天子，所以魏应当取代汉”。

另一个类似的例子是：三国时蜀国史官谯周曾在一块板上写了“典午忽兮，月酉没兮”两句话给人看，有人竟附会出“典”是掌管的意思，与“司”同义，“午”是指十二生肖中的马，“典午”即指司马，月酉是八月的意思，“八月没”是说有人在八月死去。果然，这一年八月，文王司马昭死了，不久，他的儿子司马炎取代曹魏称帝，建立了晋朝。

（4）午日三公

马的异名。晋·葛洪《抱朴子·登涉》：“午日称三公者，马也。”清·厉荃《事物异名录·兽畜·马》：“午日三公：《抱朴子》：‘山中午日称三公者，马也。’”

（二）语言文化中的“午”

1. 成语中的“午”

（1）旁午走急

形容纵横交错，往来奔赴。出自汉·贾谊《新书·匈奴》：“旁午走急，数十万之众，积于北方，天下安得食而馈之。”

（2）旁午构扇

形容相互构陷、煽惑。出自唐·柳宗元《寄许京兆孟容书》：“以此大罪之外，诋诃万端，旁午构扇，便为敌仇。”

（3）午桥泉石

唐宰相裴因不满宦官擅权，于洛阳郊外建“午桥庄”别墅，日以泉石诗酒自娱。后因以“午桥泉石”为山林隐居之典实。宋·周密《齐东野语·谢惠国坐亡》：“谢方叔惠国，自宝祐免相，归江西寓第，从容午桥泉石凡一纪余。”

（4）祁奚举午

春秋时期，晋国贵族之间权力斗争十分激烈，范宣子赶跑了他的外孙栾盈，并杀了他的同党羊舌虎。大夫祁奚向晋侯请求告老还乡，晋侯问他谁可以接任，他推荐了他的仇敌解狐。晋侯问谁可以担任中军尉，祁奚推荐了自己的儿子祁午。见《左传》襄公三年：“祁奚请老，晋侯问嗣焉。称解狐，其仇也……又问焉。对曰：‘午也可。’”[①] 午是指祁奚之子。祁奚推荐自己的儿子，指举贤不避亲，客观公正。亦作祁奚举子。

（5）晌午大错

释谓正午已经过去了很久。《红楼梦》第十五回：“里面的堂客皆是凤姐张罗接待，先从显官诰命散起，也到晌午大错时方散尽了。”

（6）过午不候

古人把“午”视为一个极限，到了这个极限，就不能容忍。其实，任何事物都有它的某种限度，超出这个限度，就会产生相反的效果；人也是一样，人的身体和心理都有一个尺度和标准，破坏了这个标准，人也会失去平衡。所谓“劳逸结合”“张弛有度”，才是修养之道，也是处世立身之道。

2. 词语、俗语中的“午”

（1）午楹

殿堂正门的前柱。清·曹寅《谒孟庙》诗：“殿陛肃

① 杨伯峻：《春秋左传注》，中华书局2000年版，第927页。

乔木，炉烟开午榲。”

（2）旁午（旁迕）

旁午有三种含义。其一：交错；纷繁。汉·王褒《洞箫赋》：“气旁迕以飞射兮，驰散涣以逫律。”《汉书·霍光传》：“受玺以来二十七日，使者旁午，持节诏诸官署征发。”颜师古注：“一从一横为旁午，犹言交横也。”《剪灯余话·秋夕访琵琶亭记》：“旁午纷纭，殊无宁月。”曹埃布尔《武昌革命真史》：“本军政府当军事旁午之际，势不能并谋兼顾，为吾乡僻同胞尽完全保护之责。”

其二：四面八方；到处。北魏·杨衒之《洛阳伽蓝记·永宁寺》：“尔朱荣不臣之迹，暴于旁午；谋魏社稷，愚智同见。”宋·刘克庄《运粮行》：“县符旁午催调发，大车小车声轧轧。”钱锺书注：“旁午，四面八方。”《明史·刑法志三》：“自京师至天下，旁午侦事，虽王府不免。”

其三：将近中午。明·潘问奇《自磁州趋邯郸途中即事》诗：“旁午停征辔，炊烟得几家。”茅盾《雾》：“旁午的时候，雾变成了牛毛雨，像帘子似的老是挂在窗前。”

（3）蜂午

纷然并起貌。《史记·项羽本纪》：“今君起江东，楚蜂午之将皆争附君者，以君世世楚将，为能复立楚之后也。”裴骃集解引如淳曰：“蜂午犹言蜂起也。众蜂飞起，交横若午，言其多也。”司马贞索隐：“凡物交横为午，言蜂之起交横屯聚也。故《刘向传》注云：‘蜂午，杂沓也。’”[1] 宋·张孝祥《水调歌头·送刘恭父趋朝》词：“鳌禁辍颇牧，熊轼赖龚黄，一时林莽千险，蜂午要驱攘。”

①（汉）司马迁：《史记》，中华书局2002年版，第300页。

章炳麟《封建考》："然其官事频繁，使命蜂午，千里之赋，不足以给也。"

（4）罗午

众多。康有为《〈日本杂事诗〉序》："〔公度〕求百国之宝书，罗午旁魄，其故致博以滋。"

（5）贯午

纵横交错。清·谭嗣同《〈湘报〉后序下》："而一切新政、新学，皆可以弥纶贯午于其间而无憾矣。"清·谭嗣同《致刘淞芙书》之十："加以中外贯午，华夷互错，测其经纬，着其图像，诸家之言，汗漫无极。"

（6）午割

交叉切割。《仪礼·特牲馈食礼》："肵俎心舌，皆去本末，午割之。"郑玄注："午割，从横割之。"《仪礼·少牢馈食礼》："心皆安下切上，午割。"

（7）午道

纵横交贯的要道。《战国策·赵策二》："韩守成皋，魏塞午道。"《史记·张仪列传》："今秦发三军，其一军塞午道。"司马贞索隐："此午道，当在赵之东，齐之西也。午道，地名也。郑玄云：'一纵一横为午，谓交道也。'"①

（8）舛午

亦作"舛忤"，亦作"舛迕"，指抵触，违背。《汉书·刘向传》："朝臣舛午，胶戾乖剌，更相谗愬，转相是非。"颜师古注："言志意不和，各相违背。"晋·葛洪《抱朴子·塞难》："真伪有质矣，而趣舍舛忤，故两心不相为谋焉。"清·黄宗羲《答忍庵宗兄书》："宗兄谓先师

①（汉）司马迁：《史记》，中华书局2002年版，第2299页。

于《易》欲另出头地，故其说类与先儒舛迕，亦非也。”也指差错。鲁迅《中国小说史略》第十五篇：“此种故事，当时载在人口者必甚多，虽或已有种种书本，而失之简略，或多舛迕。”

（9）冲午

我国古代天文学的星象占候说认为，二十八宿中北方的虚宿，对冲南方的张、翼二宿，则张、翼二宿所对应的分野周、楚之地就会有祸变，张、翼星次“鹑火”“鹑尾”，属午，故谓之“冲午”。《魏书·术艺传·张渊》：“或取证于逢公，或推变于冲午。”原注：“冲午，谓虚宿对午。午为张、翼，张、翼周、楚之分。裨灶占知周王、楚子死，故言推变于冲午。”

（10）午日仙人

老树的异名。晋·葛洪《抱朴子·登涉》：“午日……称仙人者，老树也。”清·厉荃《事物异名录·树木·总名》：“午日仙人：《抱朴子》，山中午日称仙人者，老树。”

（11）题“午”

宋·范正敏《遯斋闲览》：“李安义者谒富人郑生，辞以出，安义于门上大书午字而去。或问其故，答曰：‘牛不出头耳。’此亦昔人题凤之意。”午字字形为牛字不出头，李安义题午于门，是讥骂郑生不肯接见，以发泄胸中的愤懑。后因用为讥诮之典。

3. 歇后语中的“午”

兔子驾辕午打套——乱套了。

八月十五过端午——晚了，迟了。

肚子饿赶上吃晌午饭——正合心意。

午睡梦游阎王殿——白日见鬼。

正午往南走——看不见影儿。

端午吃饺子——与众不同。

一二三四——才到午（五）；刚到午（五）。

砂锅居的幌子——过午不候。

上午上房梁，下午想搬家——急于求成。

端午节的粽子——一串。

午后见阳光——每况愈下。

吃过晌午饭搭早车——不赶趟。

吃过晌午饭打更——不是时候；不看时候；早得很；为时过早。

端午节包粽子——有棱有角。

端午节吃粽子——皆大欢喜。

端午节后布谷叫——过时了。

端午节划龙舟——载歌载舞。

端午节才贴春联——跟不上形势。

正晌午的太阳——光辉普照。

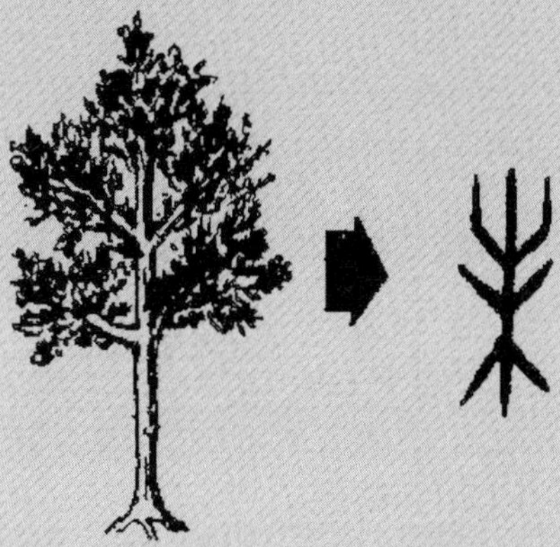

未

东汉·许慎《说文解字》："味也。六月，滋味也。五行，木老于未。象木重枝叶也。凡未之属皆从未。"

一、“未”字的形体演变

甲骨文“未”字	金文“未”字

小篆“未”字	马王堆帛书隶书“未”字

褚遂良、颜真卿、欧阳询所写楷书“未”字	楷书简体“未”字（印刷体）

王羲之所写行书“未”字	草书“未”字

二、“未”字的含义

（一）“未”字考源

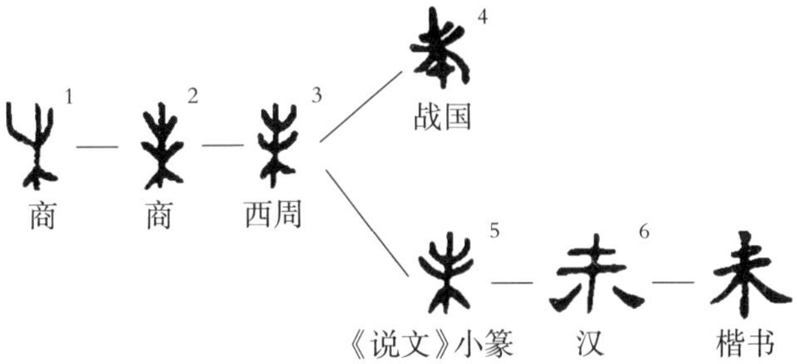

1、2、3《类编》278页。4《楚文编》857页。5《说文》311页。6《篆隶表》1066页。

图18—1 “未”字字形演变图[①]

1. 造字法

未，象形字。字像树木枝叶繁盛形。枝叶繁盛，果实皆成。其造字本义是果树枝叶正茂还没有结果时的样子。金文、小篆基本继承了其甲骨文的字形。

2. 字义

东汉·许慎《说文解字》：“味也。六月，滋味也。五行，木老于未。象木重枝叶也。凡未之属皆从未。”[②] 许慎认为“未”和“味”本是同一个字。六月，是最富有滋味的季节。在五行之中，木大于未。未的字形像树上枝叶重叠繁茂的样子。所有和未相关的字都采用“未”作为其偏

① 李学勤主编：《字源》，天津古籍出版社2019年版，第1286页。

②（汉）许慎：《说文解字》，中华书局2006年版，第311页。

旁。许慎的这种说法与《史记·律书》里关于“未”字解释的说法相符：“未者，言万物皆成，有滋味也。”[①]这种说法现在也被大多数学者认同。

韩步璋在《甲骨文常用字解释》里面对于“未”字的甲骨文构型进行了阐释，他认为：第一，甲骨文构型是枝繁叶茂的树木形，生长正旺盛，未到秋老凋零时；第二，甲骨文构型是枝繁叶茂的树木形，树果虽未成熟，已有滋味，为强化滋味之义，就有了后造字“味”；第三，唐汉先生认为甲骨文的“未”字的构型源于四肢蹬踏、挥舞的婴儿。上边的增笔表示婴儿双臂的挥动，下边的两撇捺则来自婴儿双足的合并和分踢。

甲骨文“未”字是树将长出新枝的象形，由此产生“未来”的含义，也意味着将来会长出新枝，但现在还没长出来，由此产生否定的含义，即“未”字引申出来的含义为未来。

“未”字的物象源于枝繁叶茂的树木，因树叶未长成或是果未成熟，都含有“未然”之义，还是注重“未”所引申出来的否定的含义。李孝定对“未”字的解释是：“契文亦像木重枝之形……疑古文木未同源。”这里又提出未可能与木同源。但这种说法现在不被学者们所接受，因为甲骨文中的“木”和“未”并不一致。而对于我们前面提到的“未”和“味”的关系，黄懿陆在《史前易学·人类文明起源的百科全书》中提出：“甲骨文中没有‘味’字，传统解释是借音，‘未’与‘味’没有必然联系。”

此外，“未”字的物象源于婴儿满月后抱出来给人观

①（汉）司马迁：《史记》，中华书局2002年版，第2299页。

看庆贺时，婴儿的四肢挥动。“未”字的本义为“未然”，即婴儿能否成活、长大。“未”也有否定之义。

（二）“未”字的引申义

1. 引申为干支字，用以表示地支的第八位，用以纪月、纪时，在太岁纪年法中用以纪年

未作为地支的第八位，在古代与天干相配以纪日。《尔雅·释天》：“太岁在寅曰摄提格……在未曰协洽。”《春秋·文公十六年》：“秋八月辛未，夫人姜氏薨。”

用以纪月，指农历六月。在古代，通常冬至所在的十一月配子，称为建子之月，十二月为建丑之月，正月为建寅之月，由此顺推，六月为建未之月。《汉书·律历志上》：“林钟……位于未，在六月。”

用以纪时，指十三时至十五时。《淮南子·天文训》：“牵牛出以辰、戌，入以丑、未。”

2. 五行属土

未字在古时的阴阳五行里面属土。汉·王充《论衡·物势》：“戊，土也……丑、未亦土也。”

3. 指代生肖羊

未字对应的十二生肖是羊。汉·王充《论衡·物势》：“丑，禽牛，未，禽羊也。”

4. 西南偏南方位

未字对应的方位指西南偏南方位。《隋书·礼仪志一》：“其神州位在青陛之北甲寅地，社位赤陛之西未地，稷位白陛之南庚地。”

5. 未来，将来

未还可以表示未来、将来的意思。《荀子·正论》：“凡刑人之本，

禁暴恶恶，且征其未也。”这也是现在“未”和“来”组词比较常见的一种用法。

6. 没有、不曾、尚未

未字在古代和现代都可以表示没有、不曾、尚未的意思，如《孟子·滕文公上》：“吾闻出于幽谷迁于乔木者，未闻下乔木而入于幽谷者。”《尚书·金縢》：“秋，大熟，未获，天大雷电以风，禾尽偃。”[①]未当“没有”讲的时候，还有许多与之相配的成语，如未卜先知、未老先衰，等等。

7. 不

未字还有“不”的意思，如《仪礼·乡射礼》：“众宾未拾取矢，皆袒决遂。”很多词语、成语里面的“未”字可以直接用“不”字代替，如未可限量、未可同日而语、未识一丁、未足轻重，等等。但“未”字和“不”字也稍有差别，“未”字当“不”字用的时候否定过去，不否定将来。

8. 不止、不足、还不够

未也有不止、不足、还不够的意思。《左传》僖公十五年：“晋侯逆秦师，使韩简视师。复曰：‘师少于我，斗士倍我……我怠、秦奋，倍犹未也。’”[②]《国语·周语上》：“夫晋侯非嗣也而得其位，亹亹怵惕，保任戒惧，犹曰未也。”[③]

①（汉）孔安国传，（唐）孔颖达正义：《尚书正义》（《十三经注疏》影印本），中华书局2003年版，第197页。

② 杨伯峻：《春秋左传注》，中华书局2000年版，第355页。

③ 徐元诰：《国语集解》，中华书局2002年版，第34页。

三、"未"字的文化内涵

（一）历史典故中的"未"

1. 未济卦（䷿）

未济（wèi jì）卦是《易经》六十四卦最后一卦，以未能渡过河为喻，阐明"物不可穷"的道理。未济卦是既济的综卦，下坎上离，离为火，坎为水。火向上炎，水往下润，两两不相交。卦中也是三阴三阳，两两相应，有同舟共济之象，故此卦"亨"。但六爻均位不正，阴差阳错，若"小狐汔济，濡其尾，无攸利"。小狐过河尾向上舒，可刚要到河边尾巴就被沾湿了，没有过去，以此喻事情尚未完结，还要向前发展。未济卦说明主方处境困难，受客方制约，为客方服务，在这种形势下应当做什么。

2. 口血未干

古时订立盟约，要在嘴上涂上牲口的血；指订约不久就毁约。出自《左传·襄公九年》："与大国盟，口血未干而背之，可乎？"[1] 春秋时期，各诸侯国不断打仗，晋国联合鲁国进攻郑国，郑国见他们来势凶猛，只好派代表公子马非到戏地与晋国大将荀偃歃血为盟，签订合约。不久，楚国派兵来进攻郑国，晋国坐视不救，公子马非认为晋国口血未干而不救，就与楚结盟。

① 杨伯峻：《春秋左传注》，中华书局 2000 年版，第 971 页。

3. 长乐未央

长久欢乐，永不结束。“长乐未央”的产生，有深厚的历史背景。“长乐”的乐，最早出自周公旦“制礼作乐”的乐，“乐者，天地之和也”。[①]《礼记·乐记》中记载，“乐”的本质是“和”，天代表天子，地代表诸侯。《乐记》又说：“乐也者，圣人之所乐也，而可以善民心，其感人深，其移风易俗，故先王著其教焉。”[②] 周公以礼乐文明把当时居住在中原地区的虞、夏、商、周各族紧密地结合在了一起。“礼乐”是西周一种有亲和力的治国方式，以“礼”来区别诸侯等级，以“乐”的亲和力来落实“礼”的等级秩序制度。礼是下对上应遵从的规范，较刚；乐是上对下的亲和力，较柔，两者相辅相成，相互促进。

“长乐”的意思是：国君以亲和力善待臣民，国得以永续。西汉宫殿是汉帝国的统治中心，以“长乐”为宫名，体现了帝王自我激励的“君与臣民长和”的愿望。秦的兴乐宫亦如此，意思是：天子以亲和力治国，国得以昌隆。若把“长乐”解读为“永远快乐”的国君愿望，与商纣的酒池肉林一样，天天饮酒作乐，不理朝政，国不亡也难，如何长乐?“未央”意为未尽、没有穷尽，最早出自《诗经·小雅·庭燎》：“夜如何其？夜未央，庭燎之光。”[③] 西汉宫殿以“未央”命名，其愿景是希望汉帝国永续，传之“千秋万岁”。“长乐未央”一词应出现在商纣之后，它的意思是：天子与各地诸侯长和，则国能传之“千秋万岁”。1954 年，在包头汉墓出土的“千秋万岁”“长乐

① (清) 孙希旦:《礼记集解》，中华书局 2019 年版，第 990 页。

② 同上书，第 998 页。

③ (汉) 毛亨传，郑玄笺，(唐) 孔颖达正义:《毛诗正义》(《十三经注疏》影印本)，中华书局 2003 年版，第 432 页。

未央”等瓦当残片便是这一段历史的见证。

4. 李广未封

指功高不爵，命运乖舛。后世多把李广作为有才华而无法施展的代表性人物。唐·杜甫《将赴荆南寄别李剑州》诗：“但见文翁能化俗，焉知李广未封侯。”

据《史记·李将军列传》载，汉代名将李广英勇善战，才略过人，一生与匈奴打了大大小小70多次仗，威名远扬，匈奴望风而逃，称之为“飞将军”。“但使龙城飞将在，不教胡马度阴山”“君不见沙场征战苦，至今犹忆李将军”都是赞扬他的名句。然而，李广没有能够封侯，引来史家一片惋惜，民间无数惆怅。

汉武帝时代，本是开疆拓土、重奖军功的年代，李广从弟李蔡，文帝时同为中郎，景帝时一同抗击匈奴，被封乐安侯，官至丞相。二人同出身，同做官，同立战功，并且李蔡人品、才能、名声远不及李广，官名、爵位却在李广之上。李广的儿子李敢以校尉身份跟着霍去病出征匈奴，“因夺左贤王旗，斩首多”，赐爵关内侯。甚至李广的部属军吏也有不少以军功取侯。偏偏李广本人驰骋疆场，戎马一生，历文帝、景帝、武帝三朝，一直难以封侯，最后还自杀身亡。其原因何在？千百年来，人们提出种种看法。有人说是他命不好，王维《老将行》：“卫青不败由天幸，李广无功缘数奇。”有人说他虽然作战勇敢，但不善用兵，缺乏政治头脑和治军才能。更有人说是汉武帝重用外戚，宠信卫青、霍去病，并不真正器重李广，甚至故意排挤他。

5. 出师未捷

指三国·蜀相诸葛亮“出师未捷身先死”，出征讨敌尚未报捷而身先死去。“未捷”是指可望奏凯而尚未奏凯，“身先死”是说把“兴汉讨贼”的艰难事业丢在身后，没有实现愿望。诸葛亮一生始终抱着“兴复汉室，还于旧都”的宏伟志望，曾经六出祁山，以图统一天下。然而，后汉建兴十二年（234 年），最后一次出师，占据武功县的五丈原，和司马懿相拒于渭水时，竟然病逝军中。“哲人云亡”“将是遽陨”，成为遗恨千古、令人“痛心酸鼻”的莫大憾事！

唐·杜甫《蜀相》：“丞相祠堂何处寻？锦官城外柏森森。映阶碧草自春色，隔叶黄鹂空好音。三顾频烦天下计，两朝开济老臣心。出师未捷身先死，长使英雄泪满襟。”《宋史·宗泽传》：“诸将出，泽叹曰：‘出师未捷身先死，长使英雄泪满襟。’翌日，风雨昼晦。泽无一语及家事，但连呼‘过河’者三而薨。”

6. 宝刀未老

形容人到老年还依然威猛，不减当年之雄风。出自《三国演义》第七十回：魏将张郃攻打蜀国的汉中地区（今陕西汉中），守将告急。老将黄忠请缨出战，并且让同是老将的严颜当副将。到了关上，两军对峙，张郃便笑黄忠这么老了还出来打。黄忠怒道：“竖子欺吾年老，吾手中宝刀不老。”

7. 云英未嫁

晚唐人罗隐以寒士赴举，路过钟陵县，结识了当地一位色艺双全的歌妓云英。十二年后，罗隐再度落第又路过钟陵，与云英不期而遇。罗隐见云英仍隶名乐籍，未脱风尘，一时不胜唏嘘。不料云英一见罗隐，不禁惊诧道：“怎么罗秀才竟还是布衣？”罗隐感慨万端，赋诗赠妓云英：“钟陵醉别十余春，重见云英掌上身。我未成名君未嫁，可能俱是不如人。”后以“云英未嫁”喻女子尚未出嫁。

（二）语言文化中的“未”

1. 成语中的“未”

（1）惊魂未定

指受惊后心情还没有平静下来。出自宋·苏轼《谢量移汝州表》：“只影自怜，命寄江湖之上；惊魂未定，梦游缧绁之中。”

（2）防患未然

在祸患发生之前就加以预防。出自《周易·既济》：“君子以思患而豫防之。”[①] 东汉·班固《汉书·外戚传·孝成赵皇后》：“事不当时固争，防祸于未然。”

（3）童心未泯

形容年岁不断长大却仍有天真之心，特指那些有着小孩特质心态、心境、个性、趣味的一类人。他们与生俱来的童心情结，就算是外表不可避免地变得成熟，也要在内心保留小孩儿的一角。《左传·襄公三十一年》：“于是昭公十九年矣，犹有童心，君子是以知其不能终也。”[②]

（4）乳臭未干

身上的奶腥气还没有褪尽，形容人幼稚不懂事理，对年轻人表示轻蔑的说法。《汉书·高帝纪上》：“是口尚乳臭，不能当韩信。”

（5）壮志未酬

旧指潦倒的一生，志向没有实现，也指抱负没有实现。出自唐·李频《春日思归》：“壮志未酬三尺剑，故乡空隔万重山。”

①（三国·魏）王弼、（晋）韩康伯注，（唐）孔颖达正义：《周易正义》（《十三经注疏》影印本），中华书局2003年版，第72页。

② 杨伯峻：《春秋左传注》，中华书局2000年版，第1186页。

（6）生死未卜

或生或死结果尚难测定。出自清·无垢道人《八仙全传》第25回：“急的是母亲生死未卜，生怕见了面不能说话，仍和不见一般，岂不可痛！”

（7）羽毛未丰

指小鸟的羽毛还没有长全，比喻尚未成熟或力量还不够强大。出自西汉·刘向《战国策·秦策一》：“秦王曰：‘寡人闻之，毛羽不丰满者，不可以高飞。’”

（8）方兴未艾

事物正在发展，尚未达到止境。出自宋·陈亮《戊申再上孝宗皇帝书》：“天下非有豪猾不可制之奸，虏人非有方兴未艾之势，而何必用此哉！”

（9）前所未有

意思是从来没有过的。出自宋·徐度《却扫编》卷下：“而邓枢密洵武真以少保领院而不兼节钺，前所未有也。”

（10）亘古未有

从古到今都不曾有过。清·平步青《霞外捃屑》卷四：“太青晚作《嘉莲》诗，七言今体至四百余首，亘古未有。”清·薛福成《强邻环伺谨陈愚计疏》：“臣愚以为皇上值亘古未有之奇局，亦宜恢亘古未有之宏谟。”

（11）见所未见

看到从来没有看到过的，形容事物十分稀罕。汉·扬雄《法言·渊骞》：“日闻所不闻，见所不见。”

（12）前所未闻

从来没有听说过。出自宋·周密《齐东野语·黄婆》：“此事前所未闻，是知穷荒绝徼，天奇地怪，亦何所不有，未可以见闻所未及，遂以为诞也。”

（13）九死未悔

纵然死上九回也不后悔。形容意志坚定，不论经历多少危险，也决不动摇退缩。出自屈原《离骚》：“亦余心之所善兮，虽九死其犹未悔。”

（14）吉凶未卜

吉凶：吉利与不吉利，引申为祸福，成败；卜：占卜，引申为预测。无法预测是福是祸、是成是败。出自清·钱彩《说岳全传》第五十九回：“圣人命我进京，怎敢抗旨？但奸臣在朝，此去吉凶未卜。”

（15）草创未就

刚开始做，尚未完成。出自汉·司马迁《报任少卿书》：“亦欲以究天人之际，通古今之变，成一家之言。草创未就，会遭此祸，惜其不成，是以就极刑而无愠色。”

（16）谦让未遑

谦让都来不及，指不好意思接受别人的推崇。出自《汉书·贾谊传》：“谊以为汉兴二十余年，天下和洽，宜当改正朔，易服色制度，定官名，兴礼乐。乃草具其仪法，色上黄，数用五，为官名悉更，奏之。文帝谦让未皇（遑）也。”

（17）坑灰未冷

指时间极为短暂、匆促。出自唐·章碣《焚书坑》诗：“坑灰未冷山东乱，刘、项原来不读书。”

（18）墨迹未干

比喻协定或盟约刚刚签订不久。出自明·冯梦龙《喻世明言·杨思温燕山逢故人》：“墨迹还未干，题笔人何在？”

（19）前古未闻

指从来没有听说过。出自清·纪昀《阅微草堂笔记·滦阳续录》："惟太素脉、揣骨二家，前古未闻。"

（20）沉吟未决

沉吟：深思吟味，引申为犹豫；决：决断，形容人遇到难题时，自言自语地决定不下来。三国·魏·曹操《秋胡行》："沉吟不决，遂上升天。"

（21）喘息未定

呼吸急促，还没有平稳下来。比喻时间短促，情况紧张，人还未歇过气来。出自明·施耐庵《水浒传》七十七回："方才进步，喘息未定，只见前面尘起，叫杀连天。"明·冯梦龙《东周列国志》第七回："立寨甫毕，喘息未定，忽闻寨后一声炮响，火光连天。"钱锺书《围城》："兵法上有名的'敌人喘息未定，即予以迎头痛击'。"

（22）雌雄未决

比喻胜负未定。出自《后汉书·窦融传》："今豪杰竞逐，雌雄未决，当各据其土宇，与陇、蜀合从，高可为六国，下不失尉陀。"

（23）行而未成

行：从事；成：成功。虽然行动了，但没有成功。比喻时机还没有成熟。出自《周易·乾》："文言曰：隐而未见，行而未成，是以君子费用也。"①

（24）消患未形

消除祸患于未形成之前。出自清·黎庶昌《上沈相国书》："必有消患未形，而为朝野所利赖，远人所折服也。"

①（三国·魏）王弼、（晋）韩康伯注，（唐）孔颖达正义：《周易正义》（《十三经注疏》影印本），中华书局2003年版，第17页。

（25）韫椟未酤

藏在匣子里尚未出售，比喻怀才待用或怀才隐退。《论语·子罕》：“有美玉于斯，韫椟而藏诸，求善贾而沽诸？”

（26）踌躇未决

踌躇：犹豫、迟疑。形容犹犹疑疑地拿不定主意。出自清·褚人获《隋唐演义》第八十三回：“但恐贵妃与虢国夫人不舍他，因此踌躇未决。”

（27）福禄未艾

福禄：福气与禄位；艾：停止。福气和禄位还没有停止，指还可以继续高升，享有荣华富贵。出自宋·魏泰《东轩笔录》卷一：“古人有言，知将不为福将。臣观参知政事王钦若，福禄未艾，宜可为守。”

（28）根柢未深

柢：树木的根，树根还没有扎得很深，比喻事业或学业的基础不牢，底子尚薄。出自《三国志·吴志·钟离牧传》：“当及其根柢未深而扑取之。”

（29）狐疑未决

传说狐狸多疑，所以称多疑叫狐疑。形容心里疑惑，一时决定不下来。出自《东观汉纪·来歙传》：“时山东略定，帝谋西收嚣兵，与俱伐蜀。嚣将王元说嚣，故狐疑不决。”

（30）尸骨未寒

寒：变冷。尸骨尚未冷透，指人刚死不久。明·施耐庵《水浒全传》第六十回：“晁天王临死时嘱咐：‘如有人捉得史文恭者，便立为梁山泊主。’此话众头领皆知。今骨肉未寒，岂可忘了？”

（31）明鉴未远

明鉴：明显的鉴戒，明显的教训没过多久，不要忘记。出自《后汉书·陈蕃传》："明鉴未远，覆车如昨，而近习之权，复相扇结。"《魏书·世宗纪》："慎狱重刑，著于往诰。朕御兹宝历，明鉴未远，断决烦疑，实有攸愧。"

（32）元恶未枭

指没有惩治首恶。出自《三国志·蜀志·诸葛亮传》："方今天下骚扰，元恶未枭，君受大任，干国之重，而久自挹损，非所以光扬洪烈矣。"

（33）小惠未遍

惠：恩惠；遍：普遍。另有版本"遍"作"偏"，通假字。一点小的恩惠，不能使所有的人都得到。出处自《左传·庄公十年》："小惠未遍，民弗从也。"清·毕沅《续资治通鉴》卷二十四："岂所议赦书小惠未遍，上天以雷警朕邪？"

（34）旷古未有

自古以来所没有的事。《北齐书·王纮传》："冒死效命之士反见屠戮，旷古未有此事。"

（35）一事未成

连一样事情也没有做成，指什么事情都做不成，形容毫无成就。出自唐·刘得仁《寄无可上人》："十年期是梦，一事未成身。"

（36）创痍未瘳

比喻战后的残迹还没有复原。《史记·季布列传》："秦以事于胡，陈胜等起，于今创痍未瘳。"

（37）以防未然

指对可能发生的事情，预先做好防备。《汉书·陈汤传》："孝成皇帝承建业之基，乘征伐之威，兵革不动，国家无事，而大臣倾邪，谗佞在朝，曾不深惟本末之难，以防未然之戒，欲专主威，排妒有功。"

（38）陵土未干

陵：陵墓。指皇帝刚死不久。出自《晋书·宣帝纪》：“天子在外，内起甲兵，陵土未干，遽相诛戮，贞臣之体，宁若此乎。”

（39）驹齿未落

指小马的乳齿尚未更换，比喻人尚年幼。《北齐书·杨愔传》卷34载：“愔从父兄黄门侍郎昱特相器重，曾谓人曰：‘此儿驹齿未落，已是我家龙文（千里马名），更十岁后，当求之千里外。’”

（40）毛羽未丰

力量不足，条件还不成熟。出自西汉·刘向《战国策·秦策一》：“毛羽不丰满者，不可以高飞。”

（41）绸缪未雨

事先做好准备工作，防患于未然。出自《诗经·豳风·鸱鸮》：“迨天之未阴雨，彻彼桑土，绸缪牖户。”[①]

（42）旷古未闻

旷古未闻，指自古以来没有听说过。出自《诗经·周颂·敬之》曰：“维予小子，不聪敬止。日就月将，学有缉熙于光明，佛时仔肩，示我显德行。”孔颖达疏：“人臣而代天子，旷世之所罕闻。”[②]

（43）迟疑未决

形容拿不定主意。出自《新五代史·前蜀世家·王建传》：“昭度迟疑未决，建遣军士擒昭度亲吏于军门，脔而食之。”

① （汉）毛亨传，郑玄笺，（唐）孔颖达正义：《毛诗正义》（《十三经注疏》影印本），中华书局2003年版，第394页。

② 同上书，第599页。

（44）万里未归人

指远行在外的人还没有回来。出自唐·戴叔伦《除夜宿石头驿》诗：“一年将尽夜，万里未归人。”

（45）一波未平，一波又起

比喻事情进行波折很多，一个问题还没有解决，另一个问题又发生了。出自唐·刘禹锡《浪淘沙》词：“流水淘沙不暂停，前波未灭后波生。”宋·姜夔《白石道人诗话》：“波澜开阖，如在江湖中，一波未平，一波又作。”

2. 谜语中的“未”

谜题：成本一定要下降（打一字）；谜底：未。

提示：一个字需要下降“一”才能成为“本”，这个字不是“末”就是“未”。

谜题：妹早嫁作西村妇；谜底：未。

提示：“妹”的“女”字旁嫁走了，剩下的就只有“未”字了。

谜题：宛如土下生根须；谜底：未。

提示：“未”的上部为“土”，下半部像根须。

谜题：一向上爬忘了本；谜底：未。

提示：“本”字的最后一画“一”移至上方，变成“未”。

谜题：午后独自上西楼；谜底：未。

提示：“独”义扣“一”，“楼”字的西部为“木”，合成“未”字。“未”别指“未时”，即13点至15点，与“午后”相扣。

谜题：大未必佳（打一通信工具）；谜底：小灵通。

提示：大的未必有小的灵通[1]。

谜题：多年的种子未发芽（打一成语）；谜底：生不逢时。

提示：生下来没有遇到好时候，旧时指命运不好。

谜题：一波未平，一波又起（打一成语）；谜底：滔滔不绝。

提示：形容流水不断。

谜题：未许凡人到此来（打一成语）；谜底：聚精会神。

提示：谜底中的“精”别指“妖精”，“神”别指“神仙”，三界之内的主要物种已存其二，唯独缺“凡人”。

谜题：未移一笔保原状（打一字）；谜底：本。

提示：“未”字移一笔，可成为“本”字，“本”别解为原本、原状。

谜题：中原尚未定（打一成语）；谜底：犹豫不决。

提示：“豫”，是河南的简称，古称中原；“犹”，此处作“犹且、还”之意。

谜题：发票未盖章（打一成语）；谜底：不足为凭。

提示：未盖章的发票是没效果的。

谜题：未得君亲成庶人（打一字）；谜底：群。

提示：“未”，地支的第八位，属“羊”，与“君”亲近，成为“群”字；“庶人”泛指无官爵的平民百姓，和谜底的“群众”之意相扣。

谜题：得来全未费工夫（打一成语）；谜底：不劳而获。

① 小灵通是一种个人手持式无线电话系统，泛指小灵通手机，无线市话（Personal Handy-phone System，中文意为低功率移动电话系统）简称PHS，使传统意义上的固定电话不再固定在某个位置，可在无线网络覆盖范围内自由移动使用，随时随地接听、拨打本地和国内、国际电话，是市话的有效延伸和补充。2011 年全部退市。

提示：自己不劳动却占有别人的劳动成果。

谜题：说说乙未年（打一星座名）；谜底：白羊。

提示："乙未年"即"羊"年。

谜题：来信未拆（打一成语）；谜底：原封不动。

提示：还没有开封。

谜题：若不造反，未必会乱（打一字）；谜底：举。

提示："不"字造反，成"ㄓ一"，"未"字会乱，成"八一十"，合为"举"字。

谜题：未到晓钟犹是春（打二节气）；谜底：白露、夏至。

提示：只有晨钟敲响春才离开，所以白色露出，夏天就到了。

谜题：君未得道也（打一数学名词）；谜底：群论。

提示："君未"是"群"，未属羊。"得道"是"论"。

谜题：未吐一字泪先流（打一字）；谜底：相。

提示："未"字吐掉"一"，余下"木"；"泪"字先头的"水"流走了，剩下"目"。

谜题：旧日已逝未来远（打一字）；谜底：丫。

提示："旧"字的"日"已经逝去，留下"丨"；"未来远"别解为"来"字的"未"远去，剩下"丷"。

谜题：未必不知道（打一电影名）；谜底：迷途的羔羊。

提示："羔羊"与"未"相扣，"迷途"与"不知道"相扣，"不知道"即"不知道路"。

申

东汉·许慎《说文解字》释“申”：“神也。七月，阴气成，体自申束。从臼，自持也。吏臣铺时听事，申旦政也。凡申之属皆从申。”

一、“申”字的形体演变

甲骨文“申”字

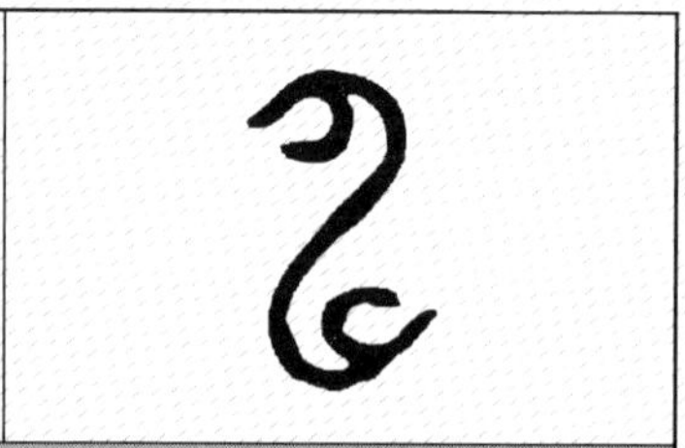

金文“申”字

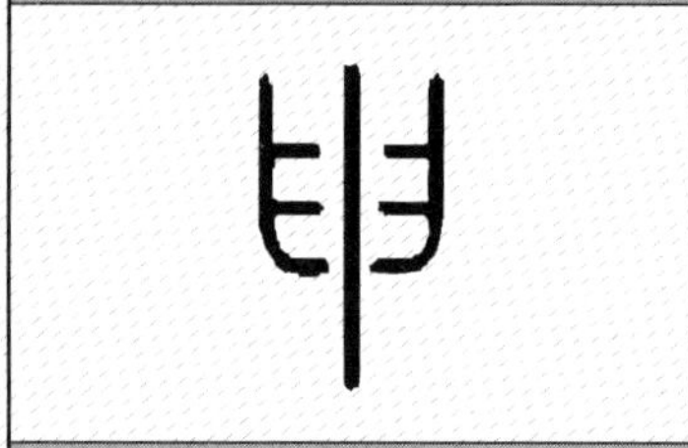

小篆“申”字

马王堆帛书隶书“申”字

褚遂良、欧阳询、颜真卿所写楷书“申”字

楷书简体“申”字（印刷体）

王羲之、赵孟頫、文徵明所写行书“申”字

草书“申”字

二、“申”字的含义

(一)“申”字考源

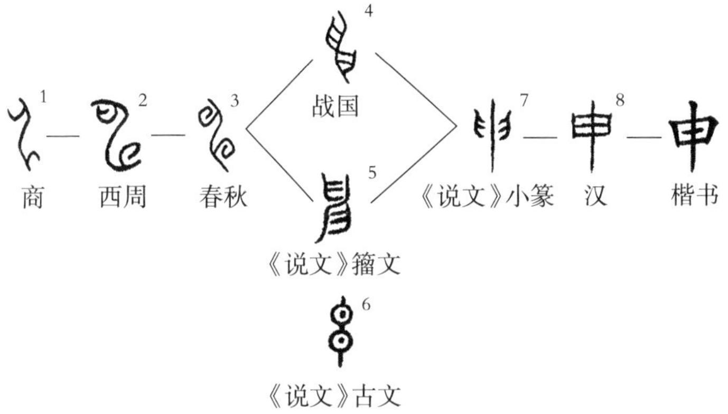

1—4《类编》428 页。5、6、7《说文》311 页。8《篆隶表》1066 页。

图 19—1 “申”字字形演变图①

1. 造字法

申，象形字。像电耀屈折形，一般被认为是“电”(电)和“神”的本字。甲骨文、金文的“申”字皆像闪电舒张的形状。甲骨文和金文的“申”字写法略有不同，但是字形的上下两个部分是完全一样的，不同之处只是在于方向是相反的，由此有说法认为“申”的本义是上通下达、上呼下应的意思。有的金文写成双手有所持的形状，一竖指事符号“丨”代表一切，表示掌控一切的天神。闪电形象消失后，篆文将闪电拉直。隶变后楷书写作

① 李学勤主编:《字源》，天津古籍出版社 2019 年版，第 1286 页。

“申”。闪电从中心向四周展开，由此产生展开的含义，字形像闪电时云层出现的曲折的电光。古人认为闪电是神的显现，所以常以“申”来称呼“神”。后加“示”旁为“神”，加“雨”旁为“电”。

2. 字义

“申”的造字本义是雨天的闪电。东汉·许慎《说文解字》：“神也。七月，阴气成，体自申束。从臼，自持也。吏臣餔时听事，申旦政也。凡申之属皆从申。”[①] 其意为：“申，神明。（申）代表七月，这时阴气形成，它的体能，或自伸展，或自卷束。从臼，表示自我持控的意思。官吏在申时吃晚饭的时候，听理公事，是为了申明早晨所布置的政务完成情况。大凡申的部属都从申。”一些学者的研究对此予以了肯定。叶玉森《殷墟书契前编集释》：“（甲骨）像电耀屈折。《说文》‘虹’下许君曰‘申，电也’。”张舜徽《约注》：“初民睹此（电光），不解所以，相与惊怪跪祷，此即天神之见所由兴。”

一般认为申是加了示字旁的神，申有神的意思。申的字形之意是自然闪电，但是闪电的形状千变万化而无定型，申字并不是非这个形状而别无选择……殷商人在诸多可能选项中立即或者终于选择了形，而字形中有，所以申字形可能与字的字形之意大有关系。而后作者经过考证，认为从电闪的申字引申出了“神”的意义；申字以“乙”为骨干，所以国光红在其著作中更是考证出这个大神以“帝乙”为号。[②]

当然，也有学者持不同的意见。郭沫若在《甲骨文字

①（汉）许慎：《说文解字》，中华书局2006年版，第311页。

② 国光红：《古文字形意研究》，文物出版社2013年版，第210—212页。

研究》中提到，“申字乃象一线联结二物之形”；[①] 徐中舒研究称：“甲骨文申字，其两端亦象绳两合之形，古申在真部，绳在蒸部，蒸真古可通协……是申盖即绳之本字。”

（二）“申”字的引申义

1. 由闪电引申为神灵

《说文解字·申部》：“申，神也。”[③] 许慎很可能讲的是申的引申义。古代科学不发达，古人不知道空中的闪电雷鸣是一种自然现象，认为其是神灵所造成的，因而“申”由“闪电”引申出“神灵”。申字的创造，说明我们的先民对闪电这种自然现象的观察是十分细致的。

2. 常用以表示重复

《尚书·尧典》：“申命羲叔宅南交。”由此引申为反复述说以说明某种道理。《楚辞·九章·抽思》：“道卓远而日忘兮，愿自申而不得。”《尔雅》：“申，重也。”就是再三强调的意思。《汉书·文帝纪》“十四年冬……上亲劳军，勒兵，申教令”里的“申”也是再三强调、重申之意。

3. 用作动词，指郑重、庄严地说明，亦有“约束”之义

如申办、申报、申述，等等。《史记·孙子吴起列传》：“即三令五申之。”[④]《孟子·梁惠王上》：“申之以孝悌之义，颁白者不负戴于道路矣。”俞樾平议：“申乃约束之义……谓以孝悌约束之也。”

4. 引申为“伸展”

闪电的形状是一种动态的形体，看上去给人以屈伸之感，所以又引申出“伸展”“舒展”的意思。如《战国

① 郭沫若：《甲骨文字研究·释干支》，《郭沫若全集》考古编第一卷，科学出版社1982年版，第215页。

② 同上书，第311页。

③（汉）司马迁：《史记》，中华书局2002年版，第2161页。

策·魏策四》："衣焦不申，头尘不去。"吴师道补注："申，舒也。"[①]高亨在《文学形义学概论》中这样解释"申"字："古（指夏历）称七月为申月。许慎以为申即申月之申，申者，伸展也，七月阴气已成，自伸展，自束卷，故申字从臼持丨，丨像阴气，从臼取其自持之意。又以为申亦申时之申，申时即铺时，即用晚餐之时，官吏以此时听理公务，乃在于申明晨时所颁行之政，亦以伸展为义也。"[②]

5. 引申为"明白"

因为反复申述的目的是让别人明白，所以"申"又引申为"明白"。《字汇·田部》："申，明也。"《后汉书》："利口倾险，反乱国家，罪无申证，狱不讯鞠。"李贤注："申，明白也。"

6. 假借为"伸"，伸张、舒展、扩展

申也是个假借字，同伸，如申述、伸张等。《荀子·解蔽》："形可劫而使诎申。"《说苑·正谏》："咎犯申其左臂而诎五指。"这里面的"申"字都是伸张、舒展的意思。

董莲池在《说文解字考正》中认为："申，甲骨文做。像闪电曲折激射之形，即'电'之初文。闪电列阙而伸延，引申为伸；闪电令人惧而神秘莫测，引申为神。又借作地支之'申'。后增雨旁而造'电'字以表本义，以'申'表假借和'申说'义。许慎以'神'释'申'，是误以引申义为本义，至于'阴气成，体自申束。从臼，自持也'云云系穿凿附会，不可从。"[③]

① 全弘茗：《汉字趣谈》，金盾出版社2009年版，第118—119页。

② 高亨：《文学形义学概论》，清华大学出版社2004年版，第208页。

③ 董莲池：《说文解字考正》，作家出版社2005年版，第687页。

7. 引申为干支字，用以表示地支的第九位，用以纪月、纪时，在太岁纪年法中用以纪年

“申”用以纪月，指农历七月；用以纪时，指十五时至十七时。用以纪年，如《尔雅·释天》：“太岁在申曰涒滩。”如清·徐珂《清稗类钞·战事类》：“咸丰庚申、英法联军自海入侵，京洛骚然。”咸丰，清文宗年号。庚申年即咸丰十年。又如，庚申帝即元顺帝，又称庚申君，因生于庚申年（延佑七年），故称。

用以纪日，如“守庚申”。信奉道教者每于庚申日通宵静坐不眠，谓之守庚申。据南朝·梁·陶弘景《真诰》卷十载：“凡庚申之日，尸鬼竞乱，精神躁秽，夫妻不可同席及言语面会，当清斋不寝，屏除欲念，故云。”用以纪时，如《三元里抗英》：“申末酉初，虹亘中天，日气蒸云，竟天作黄金色。”

8. 用来表示方位

申还可以用来表示方位，是星次的叙述之一。如明·巩珍《西洋番国志》：“自古里国开船望西南申为行三月始到其国。”

9. 指代生肖猴

十二地支对应十二生肖，申对应的是猴子。《论衡》：“戌，土也；申猴也。”下午三时至五时为申时，这个时候是猴子最活跃的时期，猴子喜欢在这个时候活跃啼叫。

10. 引申为施，用；到，至

其一，表施、用意，见唐·李邕《贺章仇兼理克捷表》：“高屋用于建瓴，铦戈申于破竹。”其二，表到、至意，如：申旦（通宵达旦）；申旦达夕（自夜至晨，白晨到夜）；申致（送达，送给）。《宋书·张邵传》：“魏主复令孝伯传语曰：‘魏主有诏借博具。’畅曰：‘博具当为申致。’”另，“申致”也有表达之意。宋·陆游《天申节功德疏》：“敢因

震夙之期，申致延鸿之祝。”清·蒲松龄《聊斋志异·马介甫》：“万钟泫然曰：‘在心之情，卒难申致。’”

11. 旧日向长官呈公文

《唐律疏议》：“主司，谓里正以上。里正须言于县，县申州，州申省，多者奏闻。”如申状：指上行公文。递申：犹呈递。宋·韩琦《论青苗》：“如不愿请领，即具结罪状，入马递申，以凭选官晓谕。”

12. 中国上海市的别称

因域内的黄浦江别称为申江，简称申而得名。

春申浦：即黄浦江。在今上海市。又名春申江，简称申江。相传为春申君所凿，故名。清·吴伟业《赠陆生》诗：“木叶山头悲夜夜，春申浦上望年年。”吴翌凤笺注引陆伯生《广舆记》：“黄浦一名春申浦，春申君所凿。”

13. 香木名

如露申，即申椒。《楚辞·九章·涉江》：“露申辛夷，死林薄兮。”姜亮夫校注：“戴震云：即申椒，状若繁露，故名。”一说，瑞香花。见明·杨慎《升庵诗话·瑞香花诗》。

（三）“申”字的读音问题

关于申字的读音，有三种情形。其一，《康熙字典》认为，申字“音身”，读 shēn，也就是和身字的读音是一样的。其二，申通“神（shén）”，是鬼神的意思，照这一解释应有一音读作 shén。其三，申还有一个意思是通“信”，意为守信。《管子·七臣七主》：“申主任势，守数以为常。”王念孙引王引之曰：“申，读曰信……信之通作申，犹申之通作信也。出政而信于民，故曰信主。”所以应如《康熙字典》所记，一般有读音“音信”，读作 xìn。

三、"申"字的文化内涵

（一）姓氏文化中的"申"

申氏是当今中国姓氏排行第123位的姓氏，人口176万余，占全国人口的0.11%。百家姓排名第298位。申姓起源有三：

一说申氏出自姜姓。远古时候，炎帝神农氏出生于姜水而姓姜，上古周朝子孙后裔申吕，被周王封于申（在今河北南阳市北），随后建立申国，子孙以国名为姓氏，世代相传以申氏为姓。

又一说，据《姓氏考略》《元和姓纂》和《史记》等所载，商代孤竹君长子伯夷之后受封于申（今河南南阳），春秋时灭于楚，子孙以国为氏。

再一说，炎帝后人吕封于申地（上海市一带），后被楚所灭，后人以国为氏，称申氏。

1. 申韩

战国时法家申不害和韩非的并称。后世以"申韩"代表法家。亦称"申韩之学"。《史记·李斯列传》："若此然后可谓能明申韩之术而修商君之法。"[①]《后汉书·酷吏传·樊晔》："政严猛，好申韩法，善恶立断。"后进一步借指酷法。清·谭嗣同《仁学》三七："自秦垂暴法，于

①（汉）司马迁：《史记》，中华书局2002年版，第2557页。

会稽刻石，宋儒炀之，妄为‘饿死事小，失节事大’之謍说，直于家施申韩，闺闼为岸狱。”

2. 申鲜

复姓。《左传·襄公二十三年》：“春秋齐有申鲜虞。”[1]

3. 申徒

复姓。申，通“司”。《庄子·大宗师》记载殷商时有申徒狄。也为官名，即司徒。《史记·留侯世家》：“项梁使良求韩成，立以为韩王。以良为韩申徒，与韩王将千余人西略韩地，得数城。”[2]

4. 申叔

复姓。春秋楚有申叔展。见《左传·宣公十二年》。[3]

5. 申句

复姓。春秋鲁有申句须。见《史记·孔子世家》。[4]

6. 申商

战国时申不害与商鞅的并称。两人均为法家的重要人物。《史记·袁盎晁错列传》：“晁错者，颍川人也。学申商刑名于轵张恢先所。”[5]南朝·梁·刘勰《文心雕龙·诸子》：“申商刀锯以制理，鬼谷唇吻以策勋。”也指申不害、商鞅的学说。清·姚鼐《贾生明申商论》：“太史公曰：贾生、晁错明申商。”

（二）语言文化中“申”

1. 词语中的“申”

（1）生申

申伯诞生之日，后为生日之祝辞。《诗经·大雅·崧

① 杨伯峻：《春秋左传注》，中华书局2000年版，第1076页。

②（汉）司马迁：《史记》，中华书局2002年版，第2036页。

③ 杨伯峻：《春秋左传注》，中华书局2000年版，第749页。

④（汉）司马迁：《史记》，中华书局2002年版，第1916页。

⑤ 同上书，第2745页。

高》："崧高维岳，骏极于天。维崧降神，生甫及申。"宋·张元干《望海潮·为富枢生朝寿》词："雪度崧高，影横伊水庆生申。"

（2）穷申

犹穷达。唐·张说《送宋休远之蜀任》诗："求殊友损益，行道异穷申。"

（3）虹申

亦作"虹伸"，如虹般伸展。晋·左思《魏都赋》："丹梁虹申以并亘，朱桷森布而支离。"明·杨慎《〈石鼓文〉序录》："远则虹伸结络，迩则琼树离披。"

（4）诎申

其一，弯曲和伸展。《荀子·解蔽》："故口可劫而使墨云，形可劫而使诎申，心不可劫而使易意。"梁启雄释："诎申，即'屈伸'。"《汉书·陈汤传》："汤击郅支时中寒病，两臂不诎申。"

其二，比喻控制和纵放。章炳麟《訄书·别录乙》："裔介先后所建白，于满汉间，时有诎申控纵，其归皆以便满洲政府，为子孙帝王万世计。"

（5）申锡

厚赐。《诗经·商颂·烈祖》："申锡无疆，及尔斯所。"毛传："申，重。"郑玄笺："天又重赐之以无境界之期。"高亨注："锡，赐。"[①] 唐·张九龄《奉和圣制幸晋阳宫》："孚朝将申锡，王业成艰难。"

（6）未申

其一，未能展现，未能表明。《宋书·鲁爽传》："方

①（汉）毛亨传，郑玄笺，（唐）孔颖达正义：《毛诗正义》（《十三经注疏》影印本），中华书局2003年版，第621页。

当束骸北阙，待戮司寇，懦节未申，伏心边表。”《旧唐书·玄宗纪上》：“逆贼窦怀贞等并以庸妄，权齿朝廷，毫发之效未申，丘山之衅仍积。”前蜀·杜光庭《洋州令公生日拜章词》：“将坛相印，未申报国之劳；洁己澄心，每切修生之愿。”

其二，古代阴阳五行家以十二支定方位。子在正北，午在正南，卯在正东，酉在正西。未申在西南方。《淮南子·天文训》：“子午、卯酉为二绳，丑寅、辰巳、未申、戌亥为四钩。”

（7）申擢

提拔。《南史·刘怀珍传》：“时魏孝文选尽物望，江南人士才学之徒，咸见申擢。”

（8）申着

明文公布。《三国志·魏志·赵王干传》：“高祖践阼，祗慎万机，申着诸侯不朝之令。”明·沉榜《宛署杂记·廊头》：“本县不得已，申着为例，每处各定数家为廊头。”

（9）指申

陈述。《隋书·孝义传·薛浚》：“故遣使人，指申往命。魂而有灵，歆兹荣渥。”

（10）面申

当面申述。《周书·韦孝宽传》：“帝曰：‘往已面申本怀，何烦重请也。’”

（11）保申

保荐申报。明·高明《琵琶记·蔡公逼试》：“谁知朝廷黄榜招贤，郡中把我名字保申上司去了。”

（12）类申

依类申报。宋·周密《齐东野语·杭学游士聚散》：“遂行下各州，自试于学，仍照旧比分数，以待类申，将以是岁七月引试为始。”

（13）申祝

祷祝。宋·苏轼《紫宸殿正旦教坊词·放小儿队》：“望彤墀而申祝，整翠袖以言归。”

2. 成语中的“申”

（1）申旦达夕

自夜至晨，自晨到夜，形容日夜不止。《梁书·张缵传》：“简宪之为人也，不事王侯，负才任气，见余则申旦达夕，不能已已。”

（2）引申触类

指从某一事物的原则，延展推广到同类的事物。同“引伸触类”。出自清·龚自珍《上大学士书》：“故事何足拘泥？但天下事有牵一发而全身为之动者，不得不引申触类及之也。”

（3）小屈大申

犹言先稍受委屈而后大有作为。

（4）三令五申

令：命令；申：表达，说明。多次命令和告诫。出自《史记·孙子吴起列传》：“约束既布，乃设铁钺，即三令五申之。”汉·张衡《东京赋》：“三令五申，示戮斩牲。”

（5）申祸无良

申：重复；申祸：第二次遭祸事。无良：形容自己没有道德。重遭祸事，是因为自己没有道德而造成的。出自《国语·诸稽郢行成于吴》：“今勾践申祸无良，草鄙之人，敢忘天王之大德，而思边陲之小怨。”

（6）奉申贺敬

送礼单上的套语，以表达敬贺之意。出自梁启超《饮冰室合集·文集》：“若不得已，则割三头两省之土地，奉申贺敬，以换我几个衙门。”

（7）达诚申信

达：表达；申：表明；信：诚实，表达真诚忠贞。出自清·曹雪芹《红楼梦》第七十八回："怡红院浊玉，谨以群花之蕊，冰鲛之縠，沁芳之泉，枫露之茗；四者虽微，聊以达诚申信。"

（8）引而申之

指由某件事或某种思想推衍到其他有关的意义，并进一步加以发挥。出自《周易·系辞上》："是故四营而成《易》，十有八变而成卦，八卦而小成。引而伸之，触类而长之，天下之能事毕矣。"《元史·儒学传·陈栎》："其微辞隐义，则引而伸之；而其所未备者，复为说以补其阙。"

（9）熊经鸟申

古代一种导引养生之法。状如熊之攀枝，鸟之伸脚。《庄子·刻意》："吹呴呼吸，吐故纳新，熊经鸟申，为寿而已矣。"成玄英疏："吹冷呼而吐故，呴暖吸而纳新，如熊攀树而自悬，类鸟飞空而伸脚。"郭沫若《豕蹄·孟夫子出妻》："那种的工夫，在古时候人是称为熊经鸟申，直译出来是说老熊吊颈，鸡公司晨，意译出来就是深呼吸。"亦作"熊经鸟伸"。

3. 歇后语中的"申"

天高皇帝远——有冤无处申。

八个老汉划拳——三令五申（伸）。

申公豹的脑袋——人前一面，人后一面，反着看。

申公豹的头——向后看。

申公豹的嘴——搬弄是非，拨弄是非，阳奉阴违。

申公豹下山——不干好事。

十二个时辰占了仨——身子虚（申子戌）。

十年冤案无处申——太冤枉。

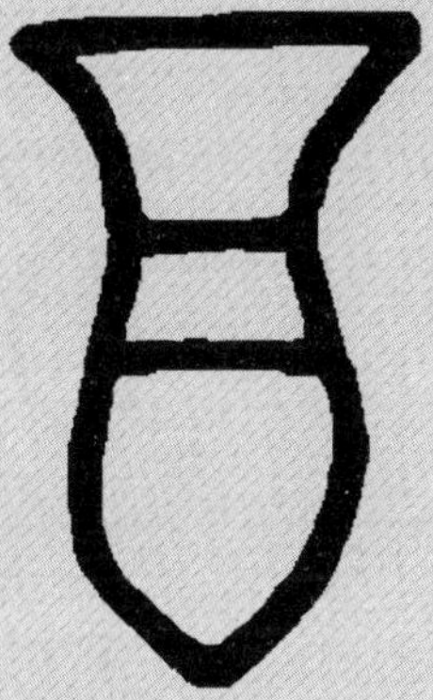

酉

东汉·许慎《说文解字》释“酉”：“就也。八月黍成，可为酎酒。象古文酉之形。凡酉之属皆从酉。”

一、“酉”字的形体演变

甲骨文“酉”字	金文“酉”字
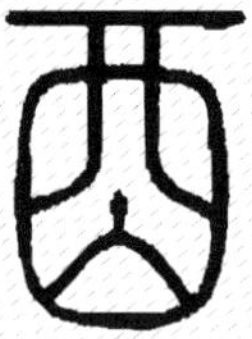	
小篆“酉”字	马王堆帛书隶书“酉”字

赵孟頫所写楷书“酉”字	楷书简体“酉”字（印刷体）

文徵明所写行书“酉”字	怀素所写草书“酉”字

二、“酉”字的含义

(一)“酉”字考源

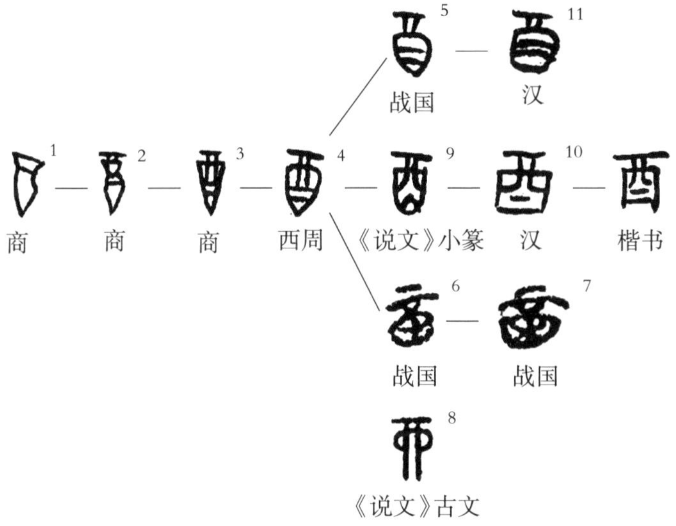

1—5《类编》329页。6、7《楚文编》858页。8、9《说文》311页。10、11《篆隶表》1067页。

图 20-1 “酉”字字形演变图[①]

1. 造字法

酉，象形字。甲骨文字形像酉形，是“酒”的本字。“酉”字的甲骨文原型可能来源于殷商时期装酒的坛子。金文的“酉”字图形除能看出酒坛的形状外，还能看出里面装上了酒。小篆的“酉”字字形基本上是继承了金文的字形。

① 李学勤:《字源》，天津古籍出版社2012年版，第1287页。

2. 字义

多数学者认为，酉字表示的是酒坛、器皿里装了酒，是象形字。酉是古文的酒字，这个酒字应该是后来有的。罗振玉《殷墟文字类编》：“酒，象酒由樽中挹出之状、《说文解字》酉与酒训略同，本为一字，故古金文酒字皆作酉。”刘心源《奇觚室吉金文述》：“酉，古文酒字，象酒器形。自假为丣丣字，乃加水以别之。”如《马王堆汉墓帛书·春秋事语》：“县钟而长饮酉（酒）。”《毛公鼎》：“毋敢湎于酉（酒）。”这些都很好地印证了酉就是酒的古文。

东汉·许慎《说文解字》释“酉”：“就也。八月黍成，可为酎酒。象古文酉之形。凡酉之属皆从酉。”[①] 其意为“酉是酒的意思。八月黄小米熟了，可以用来酿酒”。其按语为：“酉即酒字，象酿器形，中有实。”即“酉就是酒字，是个象形字，像是一个酿酒的坛子，酉字是里面的那一横，是指坛中有粮食”。

也有说法认为“酉”在许慎《说文解字》里是“就也”，是酒的本义。许慎认为：“酒，就也，所以就人性之善恶。从水，从酉，酉亦声，一曰造也，吉凶所造也。古者仪狄作酒醪，禹尝之而美，遂疏仪狄。杜康作秫酒。”由此可见，酉和酒都是“就也”的意思。从这一点看，酉和酒在早期应该是一个意思。并且，酉字现在是汉字里的一个偏旁，其作为偏旁的用字大多与酒有关。

郭沫若认为释“酉”为“就”不可取。郭沫若《甲骨文字研究》：“此字篆形与古文尚无大别，骨文变体颇多，

①（汉）许慎：《说文解字》，中华书局2006年版，第311页。

然大体……乃壶尊之象也。”“其从‘卯’作‘丣’之古文则迄今未有见……古金及卜辞每多假以为‘酒’字。许之释就，盖用转注以牵就其八月之义。酉纵为就，自当后起。”①

学者韩步璋进一步指出，酉字的甲骨文构型来自酿酒的尖底陶瓶，这个构型代表了两个意义：用为器皿，酉就是尊、酋、奠等字的主体构件，表示盛酒的器皿；用为实指，则表示酒。由酉字作字根的字都与酒有关，如酝、酿、配、酡、尊、奠、醉、醒、酣、酸、酵等。

（二）“酉”字的本义

1. 本义为“装酒的器皿”

酉字从西，从一。“西”本义是指“西方”。在我国古代传统文化中，西方与“秋季”搭配。“秋季”意味着“庄稼成熟”，故“酉”转义指“谷物成熟”。酉字的古文字形像酒坛，“一”字则是指“酒坛里的内容物”，本义是指粮食发酵、谷物腐败（即谷物成熟，可以酿酒；或谷物太多，因来不及吃而自然腐败）。另外，酉通卣，是酒器的意思。明·郎瑛《七修类稿·天地类·支干》：“郑樵，大儒也，解支干之名以为是皆假借……酉，卣也。”

2. 本义为“酒”

“酉”是汉字的一个部首，从“酉”部的字多与酒，或者因发酵而制成的食物有关，所以酉的本义就是酒。当“酉”的“酒坛”本义消失后，甲骨文再加“水”另造“酒”字代替。

① 郭沫若：《甲骨文字研究·释干支》（《郭沫若全集》考古编第一卷），科学出版社 1982 年版，第 216 页。

（三）“酉”字的引申义

1. 引申为干支字，用以表示地支的第十位，用以纪月、纪日、纪时，在太岁纪年法中亦用以纪年

用以纪月，即农历八月。《晋书·乐志上》：“八月之辰谓为酉。”

用以纪日，如明·冯时化《酒史·酒考》：“杜康作酒，以酉日死。故今云‘酉不会客’。”

用以纪时，即十七时至十九时。这个时辰夜幕逐渐降临，鸡开始归窝。如古代官府到酉时不再办公而挂出上写“酉”字的牌子。

用以纪年，如1945年为农历乙酉年。

2. 用作祭名

在甲骨文中，“酉”偶用作祭名，指用酒祭祀。如“酉阳甲”。[①]韩步璋在《甲骨文常用字解释》中认为，酉被假借为地支后，表示地支第十位，源自上古先民生下女婴后的祭酒祈福，企盼女婴成活长大，子子孙孙繁衍不绝。

3. 引申为老成

《白虎通义·五行》中说：“酉者，老也。”《史记·律书》：“酉者，老万物之老也。”[②]意思是说，酉字是老了，成熟了。于人，则表示这时候这个人成熟了，也可以说是“老成”了。

4. 表示蓄水灌溉

酉在古代尚有蓄水灌溉的意思。宋·陈造《房陵》：

① 郭沫若:《甲骨文合集》第33片，中华书局1978年版。

②（汉）司马迁:《史记》，中华书局2002年版，第1247页。

“祠坛歌舞杂嗟吁，下酉犹濡上酉枯。”旧注：“潴水溉曰酉。”

5. 指代生肖鸡

十二地支以生肖相配，酉指的是生肖鸡。东汉·王充《论衡·物势》：“酉，鸡也。”

6. 表示正西位

“酉”是十二地支中的一个。古人把东南西北四个方向的正中点分别用四个地支字代表：东卯、西酉、北子、南午。“酉位”即正西方，太阳每天早晨出于卯位，黄昏入于酉位。

7. 用作地方名

酉可以用作地方名，如酉阳在重庆境内。古为《禹贡》梁、荆二州接壤之域。商周为蛮夷地。春秋战国时期，今重庆市酉阳地域属楚。秦时，隶属黔中郡。酉州古城乃八百年州府古城，南起大酉方舟桃宫，北接二酉圣山宝地，东望酉溪环绕，钟灵毓秀，西倚七阳幽谷。万顷桃李，是酉阳桃花源景区景点之一。

三、“酉”字的文化内涵

（一）姓氏文化中的“酉”

酉曾作为姓，《万姓统谱·有韵》：“酉，黄帝十四子之一姓也。出太原。三国酉牧，陈留人。”

（二）语言文化中的“酉”

1. 词语、成语、惯用语中的“酉”

（1）寅酉

十二时辰中的寅时和酉时。宋·王禹偁《送戚维序》：“退耕无田，则伏腊寅酉，其可虞乎？”

（2）鬼酉

“丑”字可拆成“鬼”“酉”二字，故用以指丑。《金瓶梅词话》第三二回：“郑爱香笑道：‘这应二花子，今日鬼酉上车儿——推丑。东瓜花儿丑的没时了，他原来是个王瓜来子。’”

（3）咢酉

指太岁在酉之年。《晋书·刘曜载记》：“终南山崩，长安人刘终于崩所得白玉方一尺，有文字曰：‘皇亡，皇亡，败赵昌。井水竭，构五梁，咢酉小衰因嚣丧’……咢者，岁之次名作咢也，言岁驭作咢酉之年，当有败军杀将之事。”

（4）画酉

古时官署规定酉时（下午五至七时）下班签退，谓之“画酉”。清·曹寅《寓斋即事与诸同人夜话有怀晚研曾寓此三年》诗：“传舍纷纭真画酉，陶轮回斡谩呼庚。”

（5）酉字牌

古代官府到酉时不再办公而挂出的上写“酉”字的牌子。《三国志平话》卷中：“至来日，关公去辞曹丞相，至相府门前，挂着酉字牌，关公却归本宅。”

（6）酉仲

指八月。《诗经·小雅·采薇》中有“岁亦阳止”，孔颖达疏引《诗纬》：“阳生酉仲，阴生戌仲。”《广雅·释天》：“太初，气之始也，生于酉仲，清浊未分也。”曹宪注：“八月酉仲，号为太初，属雄。”

（7）酉泽

指酿造精熟的酒。《释名·释饮食》：“醳酒，久酿酉泽也。”毕沅疏证：“此《礼记》所谓旧绎之酒也。醳当作绎，从系，睪声；俗从酉，非。酉泽，从《说文》当作酋绎。”明·冯时化《酒史·酒考》：“《周礼》辨三酒之物：一曰事酒，有事而酿之酒也，如今之醳酒也。醳酒，久酿酉泽也。”

（8）酉阳

古荆州山名，即小酉山，在今湖南省沅陵县境西北。《太平御览》卷四九引南朝宋盛弘之《荆州记》：“小酉山上石穴中有书千卷，相传秦人于此而学，因留之。”后因以“酉阳”借指传世稀见的古籍。

另，酉穴、酉室、酉馆，均指小酉山石穴。相传其中有秦人藏书千卷。明·王思任《送李戒庵吏部出参辰沅》诗：“酉穴藏书在，公余字字雠。”清·钱谦益《答书砚》诗：“帘阁悄然私自问，蓬山酉室又何如?”明·王世贞《九友斋十歌》之十：“祇园山水天与开，酉馆图书世希识。”此外，酉藏：指古荆州小酉山的藏书，泛指世所稀见的珍藏秘籍。明·郑仲夔《耳新·立言》：“善为文者，观天之道，类物之情，广稽乎酉藏之秘，冥探炳巧智之渊。”

（9）酉时

旧式记时法指下午五点钟到七点钟的时间。《三国演义》：“赵云从辰时杀至酉时，不得脱走，只得下马少歇。”另，酉牌时分，也指酉时。《水浒传》第九六回：“孙新、王英依令回寨。此时已是酉牌时分。”《醒世恒言·两县令竞义婚孤女》：“张婆出衙，已是酉牌时分。”

（10）月酉

建酉之月，指旧历八月。《三国志·蜀志·谯周传》：“咸熙二年夏，巴郡文立从洛阳还蜀，过见周。周语次，因书版示立曰：‘典午忽兮，月酉没兮。’典午者谓司马也，月酉者谓八月也，至八月而文王果崩。”

（11）五酉

古代传说中指龟、蛇、鱼、鳖、草木等老而成妖怪者。晋·干宝《搜神记》卷十九：“孔子曰：‘此物也，何为来哉……夫六畜之物，及龟、蛇、鱼、鳖、草木之属，久者神皆凭依，能为妖怪，故谓之五酉。五酉者，五行之方，皆有其物。酉者老也，物老则为怪，杀之则已，夫何患焉。’”

（12）书通二酉

比喻读书甚多，学识丰富、精湛。二酉，指大酉山、小酉山。《古今小说·闲云庵阮三偿冤债》：“〔陈宗阮〕到一十六岁，果然学富五车，书通二酉。”

（13）书画卯酉

犹言上下班。卯时签到，酉时签退。《水浒传》第五一回：“依旧每日县中书画卯酉，听候差使。”

（14）三酉

“酒”的隐语。明·田艺蘅《留青日札·酒名》：“人称酒曰三酉，皆言三点水加酉也。”周作人《谈酒》：“我既是酒乡的一个土著，又这样喜欢谈酒，好象一定是个与‘三酉’结不解缘的酒徒了。其实，却大不然。”

2. 民俗文化中的“酉”

天津春节民谚：“二十三灶王爷上天；二十四扫房子；二十五糊窗户；二十六炖大肉；二十七宰公鸡；二十八白面发；二十九贴倒酉；三十晚上合家欢乐守一宿。”

所谓“贴倒酉”，就是“新桃换旧符”，以迎候“五福临门”——把福、禄、寿、喜、财和春天一起引进家门。在农历除夕之前的腊月二十九，家家户户都贴福字、春联、窗花、吊钱、年画、剪纸等，来迎接春节的到来。

“倒酉”这个术语，表达了以下民俗文化含义：第一，“酉”是地支的第十位。“酉”属金，“倒酉”就是“金到”的意思，与上句“白面发”的“发”都是发财之义。第二，酉时指下午五点到七点，指明贴春联最佳时间——腊月二十九傍晚酉时。第三，“酉”谐音“有”。所谓“倒酉”，就是“到有”，意为幸福年年降，好事天天有。

另一种民间说法是：“倒酉”是民间在春节前夕粘贴的吉祥物，俗称“小挂钱儿”。红色菱形方块涂上金粉，上书“福”字，表示“福到了”。除夕前一日，买卖家的幌子、钱柜、货箱，住宅的箱柜、水缸，农家的车辕、篱墙、草垛、碾台、推车、柳条筐上，均贴“倒酉”，象征“财到”“钱有”。简单的“倒酉”，在小挂钱儿上仅写一“有”字。“倒酉倒酉”，就是你有我有全都有。

贵州绥阳地方习俗，新年除贴“福”字外，还在门窗、仓房、柜箱上遍贴“酉”字。这种贴酉的习俗一说是起源于姜子牙。相传，姜子牙是白熊投生，他生下来就带着封神榜，所有的神仙都是他封的，所以诸神都敬重他，畏怕他。人们又传说，大年除夕夜，天门、地门都开着，凶神恶鬼都会趁机残害人。而姜子牙是出生在酉时的，人们贴了“酉”，表示姜子牙在此，便可驱逐鬼神，大吉大利，确保一年平安无事，人寿年丰。[①]

山东日照关于贴“酉”字的传说稍有不同。据说，从前有个有钱有势的人家，为了显示自己富有，春节这天，杀只鸡挂在门头上，作为富贵吉祥的标志。有个秀才很有才学，家境很穷，无钱买鸡，但他很爱面子，觉得门头上不挂只鸡，怕别人笑话他寒酸，于是绞尽脑汁，终于想出一个不失体面的法子：用块大纸，对角写了个工工整整的“酉”字贴在门头上——因为十二生肖中“酉”字代表鸡。这一来，不但高雅，还显得秀才有学问。人们认为这是个好办法，也都效仿贴起“酉”字来。后来，连器具上、粮囤上也贴起“酉”字，以示富贵吉祥。[②]

3. 谜语中的“酉”

谜题：酉时日落见星星（打一字）；谜底：尊。

提示：“时日落”解为“时”字的“日”落去，剩下“寸”，“星星”以象形法扣“丷”，所以谜底为尊。

谜题：酉时告白（打一字）；谜底：酷。

提示：从字形上分析，酉和告字形的结合。

谜题：二十一日酉时（打一字）；谜底：昔。

① 李万鹏、山曼主编：《中国民俗起源传说辞典》，明天出版社 1992 年版，第 66 页。

② 中国民间文学集成全国编辑委员会：《中国民间故事集成·山东卷》，中国 ISBN 中心 2007 年版，第 509—510 页。

提示：二十一日合成昔（可拆开为十十一日）。

谜题：酉时狗吠扰人心（打一成语）；谜底：鸡犬不宁。

提示：地支“酉”，属“鸡”；“狗”扣“犬”。

4. 歇后语中的“酉”

子午卯酉——总有一天。

鬼酉上车儿——推丑。

己酉年丢了堂客——不行。

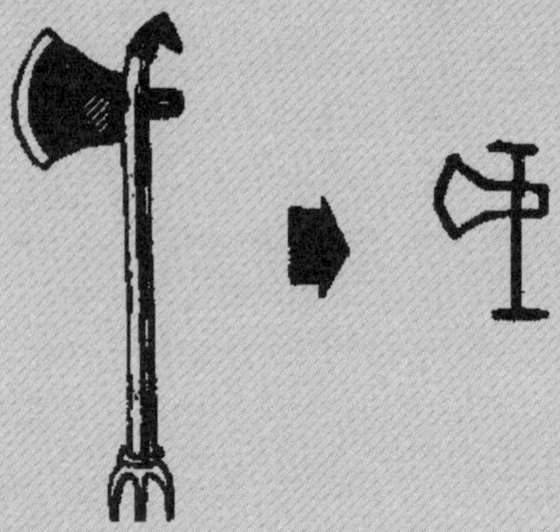

戌

东汉·许慎《说文解字》释“戌”：“灭也。九月，阳气微，万物毕成，阳下入地也。五行，土生于戊，盛于戌。从戊含一。凡戌之属皆从戌。”

一、“戌”字的形体演变

甲骨文“戌”字

金文“戌”字

小篆“戌”字

《曹全碑》所写隶书“戌”字

赵孟頫所写楷书“戌”字

楷书简体“戌”字（印刷体）

文徵明、唐寅所写行书“戌”字

文徵明所写草书“戌”字

二、"戌"字的含义

（一）"戌"字考源

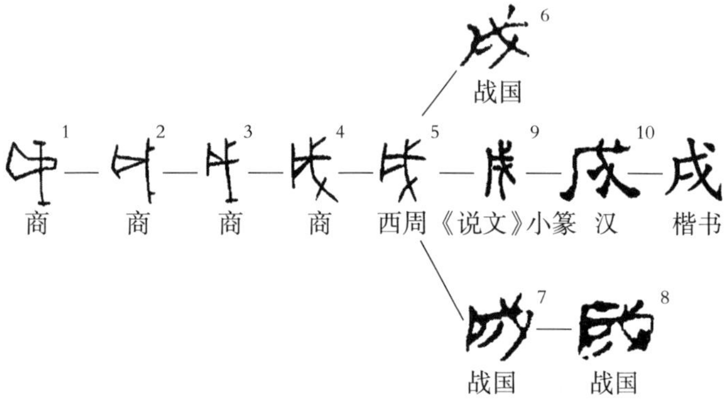

1《汉语字形表》567 页。2—5《类编》348 页。6、7、8《楚文编》863 页。9《说文》314 页。10《篆隶表》1072 页。

图 21—1 "戌"字字形演变图[①]

1. 造字法

戌，象形字。甲骨文，像是（战斧）和（干戈）的结合体，字形看起来像一把长柄宽刃平口的大斧形，是古代的一种斧钺类兵器；金文线条化，承续甲骨文字形，斧头的柄越来越像"戈"字，而斧头的样子却越来越小了；篆文整齐化，将战斧变形成，字形隶变后楷书写作戌。

韩步璋在《甲骨文常用字解释》中对于"戌"字的字

① 李学勤:《字源》，天津古籍出版社 2012 年版，第 1287 页。

形演变作出更为深刻的剖析："戌字的甲骨文构型源自一种圆刃而斧身宽阔的短柄战斧，古代称之为钺。甲骨文中突出其半圆形刃部，右部的长柄是钺的典型特征。金文的图形左边圆刃变为平刃，右边的长柄变形为戈。小篆的图形紧随金文，但左边的刃部形变为内凹形刃，线条化后形变为⺊。戌字的本义是斧钺的象形，但在地支中表示的却是生下男孩后的期许，希望他们长大，能够捍卫氏族的存在，征伐搏杀，开拓疆域。"[①]

2. 字义

（1）戌为消灭义

东汉·许慎《说文解字》释"戌"："灭也。九月，阳气微，万物毕成，阳下入地也。五行，土生于戊，盛于戌。从戊含一。凡戌之属皆从戌。"[②] 其意为：戌，消灭。在地支中"戌"代表九月，经过一个夏天，此时天地间的阳气已经变得很微弱，各种作物已经成熟，而阳气也下行转入地层。在五行之中，土生于位于中央的戊方位，而土气最旺盛的则在戌月。字形采用"戊"作字根，像"戊"含"一"。所有与戌相关的字，都采用戌作偏旁。

"九月之辰谓为戌，戌者灭也，谓时物皆衰灭也。"戌是代表九月，这个时候阳气微弱转入地下，万物开始衰败、破灭，所以许慎认为戌有灭的意思。

（2）戌为兵器

徐灏认为甲骨文的戌字形为斧戉之戉；罗振玉认为像斧戉形，并且认为与戊是一个字；叶玉森认为像斧锋端平直，疑是古之戚字；李孝定认为古文戌像兵器形，与戚之

① 韩步璋：《甲骨文常用字解释》，青岛出版社 2012 年版，第 687 页。

② （汉）许慎：《说文解字》，中华书局 2006 年版，第 314 页。

形制并近；林沄考证认为“戉”是象征权威的兵器，是国王权力的象征，而戌是一般性的兵器，是一种斧形的兵具。

故戌与戊一样，都是指像斧钺一类的兵器，但两者并不是同一种兵器。王本兴在《甲骨文字辨异》里讲：“戌虽然亦像斧形，然其斧口系更宽的兵器。二者之间有大小宽窄之分。”[①]

综上，戌是一种斧钺类兵器，与戌相关的字如“成”早期是武力守城、订立盟约的意思；威是武力、权势的意思，并且威从女从戌，有研究称“威”可能是早期女权的象征。

（二）“戌”字的本义

甲骨文“戌”造字本义是戈、斧组合的长柄斧钺类兵器。《殷墟甲骨文实用字典》：“戌独体像戊字，像兵器复戊之形……本义是钺。”[②]

（三）“戌”字的引申义

1. 地支的第十一位，与天干相配用以纪年、月、日、时

用以纪年，如周共和三年为壬戌年。用以纪月，即农历九月。《史记·律书》：“九月也……其于十二字为戌。”[③] 用以纪日，如《春秋·隐公十年》：“六月壬戌，公败宋师于菅。”古时用于纪时，指晚上七时至九时。《甲骨文字典》释“戌”：用为地支之一，如卜辞“翌戊戌不雨”。[④]

① 王本兴：《甲骨文字辨异》，辽宁美术出版社 2012 年版，第 32 页。

② 马如森：《殷墟甲骨文实用字典》，上海大学出版社 2008 年版，第 332 页。

③（汉）司马迁：《史记》，中华书局 2002 年版，第 2299 页。

④ 徐中舒：《甲骨文字典》，四川辞书出版社 2003 年版，第 1608 页。

2. 戌对应十二生肖狗

明人郎瑛所撰写的笔记类书籍《七修类稿》载："戌、亥，阴敛而潜寂，狗守夜、猪镇静。"东汉·王充《论衡·物势》："戌，土也，其禽犬也。"戌用于纪时是晚上七时至九时，正是夜的开始，这个时候狗开始守夜，所以主戌。

3. 戌字五行属土

《说文解字》："戌，五行，土生于戊，盛于戌。"[①]《淮南子》："土生于戊，壮于戌，死于寅。"

4. 指西北偏西方向

古代阴阳五行家将地支和四方相配，子在正北，卯在正东，午在正南，酉在正西。戌在酉、子之间，位置为西北偏西。《风俗通》："戌之神为风伯，故以丙戌日祀于西北。"

5. "诚"之意

戌还有诚的意思，如我国第一部以楷书为主体的古代字典《玉篇》："戌，诚也。"

6. 古老的姓

戌也是一个古老的姓氏。如清·张澍《姓氏寻源》："戌氏，《韵谱》云：唐河阳令戌盈孙。"

7. 疑为人名或神祇名

如卜辞有"贞黄尹蚩戌"和"贞告戉于上甲戌"等。[②]

①（汉）许慎：《说文解字》，中华书局2006年版，第314页。

② 徐中舒：《甲骨文字典》，四川辞书出版社2003年版，第1608页。

三、“戌”字的文化内涵

（一）历史文化中的“戌”

1. 戊戌维新

指1898年（农历戊戌年）以康有为为首的变法活动，亦称“百日维新”“戊戌变法”。改良派通过光绪皇帝所进行的资产阶级政治改革，主要内容是学习西方，提倡科学文化，改革政治、教育制度，发展农、工商业等。这次运动遭到以慈禧太后为首的守旧派的强烈反对。这年九月，慈禧太后等发动政变囚禁光绪，维新派遭捕杀或逃亡国外，历时仅一百零三天的变法以失败告终。

2. 戊戌六君子

1898年（旧历戊戌年）慈禧太后发动政变，囚禁光绪帝，推翻新政，并搜捕维新派，将谭嗣同、林旭、杨锐、杨深秀、刘光第、康广仁等六人处死。史称“戊戌六君子”。

（二）语言文化中的“戌”

1. 含“戌”的词语、惯用语

（1）戊戌

戊戌为干支之一，顺序为第35个。前一位是丁酉，后一位是己亥。论阴阳五行，天干之戊属阳之土，地支之戌属阳之土，是比例和好。

（2）屈戌

门窗、屏风、橱柜等上面的环纽、搭扣，铜制或铁制的带两个脚的小环儿，钉在门窗边上或箱、柜正面，用来挂上钌铞或锁，或者成对地钉在抽屉正面或箱子侧面，用来固定U字形的环儿。唐·李商隐《骄儿》诗：“凝走弄香奁，拔脱金屈戌。”明·陶宗仪《辍耕录·屈戌》：“今人家窗户设铰具，或铁或铜，名曰环纽，即古金铺之遗意，北方谓之屈戌，其称甚古。”

（3）建戌

夏历九月。《国语·周语中》“夫辰角见而雨毕”三国吴韦昭注：“建戌之初，寒露节也。”

（4）戌削

有四重含义：第一，形容衣服裁制合体。戌，也写作“恤”。《史记·司马相如列传》：“揌独茧之褕袘，眇阎易以戌削。”司马贞索隐引郭璞曰：“阎易，衣长貌。恤削，言如刻画作也。”[①]《文选·司马相如〈子虚赋〉》：“衯衯裶裶，扬袘戌削。”郭璞注引张揖曰：“戌削，裁制貌也。”清·钱谦益《云阳草堂记》：“山容婵娟，云衣戌削。”第二，清瘦貌。唐·李白《上云乐》诗：“康老胡雏，生彼月窟，巉岩容仪，戌削风骨。”《明史·奸臣传·严嵩》：“严嵩，字惟中，分宜人。长身戌削，疏眉目，大音声。”王闿运《罗季子诔》：“身则戌削，志坚金石。”亦用于形容诗文格调瘦硬。清·王夫之《姜斋诗话》卷二：“次则孙仲衍之畅适，周履道之萧清，徐昌谷之密赡，高子业之戌削，李宾之之流丽，徐文长之豪迈，各擅胜场，沉酣自

① （汉）司马迁：《史记》，中华书局2002年版，第3040页。

得。”第三，高耸特立貌。宋·范成大《中岩》诗：“赤岩倚吟嵘，翠逻森戌削。”第四，谓志行高洁。清·王夫之《文学刘君昆映墓志铭》：“间有初能戌削者，亦欣然与定交。”

（5）戌生命

谓狗。戌年属狗，故云。明《杀狗记·断明杀狗》：“告恩官抬明镜，杀的是戌生命。”

（6）戌日

即腊日。《后汉书·陈宠传》：“犹用汉家祖腊。”李贤注引汉·应劭《风俗通》：“汉火行，衰于戌，故腊用戌日也。”宋·梅尧臣《和腊前》：“汉家戌日看看近，云景苍茫已岁昏。”

2. 谜语中的“戌”

谜题：戊戌变法；谜底：一蹴而就。

提示：“戊”字加上“一”就变化成为“戌”字，所以谜底是“一蹴而就”。

3. 歇后语中的“戌”

十二个时辰占三个字——身子虚（申子戌）。

十二个属相缺了仨——身子虚（申子戌）。

亥

东汉·许慎《说文解字》释“亥”：“荄也。十月，微阳起，接盛阴。从二,二，古文上字。一人男，一人女也。从乙，象裹子咳咳之形。《春秋传》曰：‘亥有二首六身’。凡亥之属皆从亥。古文亥为豕，与豕同。亥而生子，复从一起。”

一、“亥”字的形体演变

甲骨文“亥”字

金文“亥”字

小篆“亥”字

马王堆帛书隶书“亥”字

褚遂良、欧阳询所写楷书“亥”字

楷书简体“亥”字（印刷体）

赵孟頫、米芾所写行书“亥”字

董其昌所写草书“亥”字

二、“亥”字的含义

（一）“亥”字考源

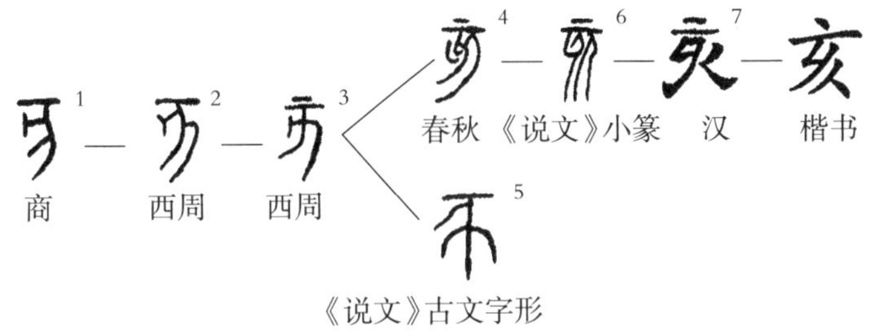

1、2、3《类编》407 页。4《汉语字形表》567 页。5、6《说文》314 页。7《篆隶表》1073 页。

图 22—1 “亥”字字形演变图①

1. 造字法

亥，象形字，甲骨文、金文字形像豕形。甲骨文“亥”字字形像个猪的形状：上面是头部，下面是尾部。金文的字形和甲骨文相比基本没有什么变化，但是小篆的“亥”字已经看不出猪的形状了，后期的“亥”字逐渐失去了其象形的写法。

也有学者认为，“亥”是甲骨文在的头部加一横指事符号，表示头重脚轻的小孩。有的甲骨文在人形的颈部再加一短横指事符号，表示喉咙发出声音。金文承续甲骨文字形。有的金文将加一横指事符号的人

① 李学勤：《字源》，天津古籍出版社 2012 年版，第 1293 页。

形写成张口的人形，表示张口发声；同时加一笔不知所云的曲笔。有的金文误将横着书写的“口”()写成“二”()。其造字本义是：幼儿在未学会语言之前，从喉部发出清亮的“呵呵”笑声。篆文在金文字形基础上有所变形。隶化楷书将篆文的“二”()写成一点。[①]

2. 字义

亥字字义复杂，主要有以下几种说法。

（1）亥为草根

东汉·许慎《说文解字》释“亥”：“荄也。十月，微阳起，接盛阴。从二，二，古文上字。一人男，一人女也。从乙，象裹子咳咳之形。《春秋传》曰：‘亥有二首六身。’凡亥之属皆从亥。古文亥为豕，与豕同。亥而生子，复从一起。”[②]亥，指草根。

在古代纪月方法中，十二地支中的“亥”代表十月，这时大地尚有微弱的阳气产生，续接着越来越旺盛的阴气。字形采用“二”作偏旁，“二”是古文写法的“上”字。字下部的两个“人”，表示一个是男人，一个是女人。字形也采用“乙”作边旁，像怀着胎儿腹部捲曲的样子。《春秋左传》上说：亥字上部有二画为首，下部有六画为身。所有与亥相关的字，都采用“亥”作偏旁。

（2）亥为怪兽形，为射手座

郭沫若在《甲骨文研究·释干支》中认为：“亥为怪兽形而当于射手座”；“此像二首，一人一犬；身则上体为人，下体为马，而有鸟翼、犬阴、牛尾、蝎尾。二者合

① 徐梦嘉：《梳理“己亥”》，《新民晚报》2019年2月13日，第20版。

②（汉）许慎：《说文解字》，中华书局2006年版，第314页。

计，恰当于‘二首六身’”。[1]但由于尚未有证据能证明射手座的图像是否在亥字出现之前而传入中国，所以此解释通常被认为是不可信的。

（3）亥为“二首六身”说

有解释说《春秋左传》里面“亥有二首六身”的意思是，亥字像男女相并交接，所以有两首；六甲为身，故云六身，指的是身怀六甲也，故亥字下面有三个人。

（4）“亥”为核、阂和劾

隋·萧吉《五行大义》言：“亥者，核也、阂也。十月闭藏，万物皆入核阂。《三礼义宗》云：‘亥，劾也’。言阴气劾杀万物也。亥名大渊献。渊，藏。献，迎也。言万物终亥。大小深藏窟伏。以迎阳也。”这个解释说明“亥”有两种意思：第一种意思是“核”“阂”。核多指果核，在这里指的是万物的果仁被封于果核之内，而阂就是从门外把门给关闭起来。亥用于纪月指的是农历十月，这时候应当封藏，所以万物都进入果核中或者门内被关起来或者收藏起来了。第二种意思是“劾”，我们最常见的词应该就是弹劾了，劾的意思是按照法律给罪犯定罪，现在引申为审理、判决的意思。十月，阴气太强，万物封藏，就好像阴气给万物判了死刑一样。

综上，按照许慎对“亥”字的解释，可以看出“亥”有多种意思：其一，亥为荄也，按许慎自己的解释，是草根的意思；其二，亥按照十二地支纪月的说法，代表农历十月，也就是亥月；其三，“亥”古文字形代表一人男、一人女也。从乙，象裹子咳咳之形；其四，古文亥字有

① 郭沫若：《甲骨文字研究·释干支》，《郭沫若全集》考古编第一卷，科学出版社 1982 年版，第 217 页。

“二首六身”，可能是当时亥字的写法；其五，亥在古代与豕相同；其六，亥而生子，复从一起。这几种解释看起来杂乱无章，几个解释之间没有必然的联系。正如李孝定所说的：“许说亥字支离灭裂，上文云一人男，一人女，下复言亥为豕，实风马牛不相及也。”[①]

许慎也说亥与豕同，但其实不然，亥与“豕”只是古文写法相似，看起来像猪形。古代“亥”与“豕”很容易写混，成语“鲁鱼亥豕”讲的就是这种误写现象。

（二）“亥”字的引申义

“亥”本义是个名词，指的是幼儿喉部发出的“呵呵”笑声，这个本义只见于古文常用。“亥”字现在常见的意思有：

1. 亥字可以与天干相配，用以纪年

古代与太岁纪年法相配，用以纪年。《尔雅 · 释天》：“太岁在寅曰摄提格……在戌曰阉茂，在亥曰大渊献，这个渊献就是亥年的别称。”亦用以纪月、纪日。如北周 · 庾信《哀江南赋序》：“戊辰之年，建亥之月。” 唐 · 白居易《东南行一百韵》：“亥日饶虾蟹，寅年足虎貙。”

2. 亥对应十二生肖猪

十二生肖产生以后，亥的本义便与猪结合在一起了，凡是亥年出生的人，他的属相便是猪。这种认为亥的本义是猪的说法很早就有了，东汉 · 王充《论衡》里有记载说：“亥，水也，其禽豕也。”

那么，猪为什么与十二地支中的“亥”联系在一起

① 李孝定：《甲骨文集释》，台湾“中央研究院”历史语言研究所，1970 年版。

呢？这是因为亥作为地支的最后一位，代表晚上 9 点到 11 点之间，这个时间距离子夜很近，属于阴阳交替即将开始的时刻。这个时间一般被认为是一天的归宿，亥时正是鸟归林、水归壑、动物归巢、人该归家的时候。而亥用来纪月表示农历十月，这个月份里阴阳交替往复开始。人类饲养猪的目的是供食用，按照旧历在年终之时杀猪，可以说是处在生死交替阴阳往复的过程中，所以用亥来代表十二生肖中的猪。

3. 亥可以用来表示方位

古代阴阳五行家将十二地支和四方相配，子在正北，卯在正东，午在正南，酉在正西。亥在酉、子之间而偏于子，所以亥的方向是位于西北偏北。

4. 代指 73 岁

有学者根据亥“二首六身”的说法，认为亥可以被用来指代 73 岁。唐 · 刘禹锡《送河南皇甫少尹赴绛州》有诗句：“午桥群吏散，亥字老人迎。”

5. 通“其”

亥在古文里通“其”，《墨子 · 经说上》：“忠不利弱子，亥足将入，止容。”谭戒甫校释：“亥，假为其，古音同。”

三、“亥”字的文化内涵

（一）姓氏文化中的“亥”

“亥”据记载也曾被当作姓，据《孟子·万章下》记载，春秋时晋国有亥唐。

（二）历史文化中的“亥”

1. 亥有“二首六身”说

《左传·襄公三十年》：“晋悼夫人食舆人之城杞者。绛县人或年长矣，无子而往，与于食。有与疑年，使之年。曰：‘臣，小人也，不知纪年。臣生之岁，正月甲子朔，四百有四十五甲子矣，其季于今三之一也。’吏走问诸朝，师旷曰：‘鲁叔仲惠伯会郤成子于承匡之岁也。……七十三年矣。’史赵曰：‘亥有二首六身，下二如身，是其日数也。’士文伯曰：‘然则二万六千六百有六旬也。’”晋·杜预注：“史赵，晋大史。亥字二画在上，并三六为身，如算之六。”①

春秋时，晋悼夫人赏赐筑杞城的役卒酒饭。绛县人中有个人年纪已经很大了，没有儿子，只好自己去修城，也参加了酒席。有人怀疑他的年龄问他岁数。他说：“下臣是小人，不知道记下年龄。下臣出生的那年，正月甲子是

①（晋）杜预注，（唐）孔颖达正义：《春秋左传正义》（《十三经注疏》影印本），中华书局2003年版，第212页。

朔日，到现在已经过了四百四十五个甲子了，剩下的日子到今天过了三分之一甲子。”官吏到朝廷来询问，师旷说：“是鲁叔仲惠伯在承匡回见郤成子的那一年……到现在七十三年了。”史赵说：“亥字是‘二’字头‘六’字身，把‘二’移到身上，就是他活的日数。”士文伯说：“这么说他生下二万六千六百六十天了。”

老人自言历四百四十五个甲子，其末周甲仅历三分之一，故实历四百四十四个六十日又加二十日，共计二万六千六百六十日。此言二万六千六百日，又六旬，又六十日。

2. 己亥杂诗

组诗名。清代龚自珍作。指 1839 年（旧历己亥年）作者辞官回乡途中所作的诗。均为七言绝句，涉及政治、军事、经济、文化等各方面，表达了作者对政府腐败、国家衰亡、社会黑暗的深切担忧和强烈不满，诗作大多感情沉郁、气势恢宏。“落红不是无情物，化作春泥更护花”，“我劝天公重抖擞，不拘一格降人才”等名句，历来被人传诵。

3. 辛亥革命纪念日

即每年的 10 月 10 日，是中国的纪念性节日。1911 年 9 月，资产阶级革命团体文学社和共进会，经过多次协商和策划，决定统一行动，在武昌发难，推翻清朝统治。10 月 9 日，共进会领导人在检查炸弹时失事受伤，起义计划泄露，湖广总督大肆搜捕革命党人。10 月 10 日，革命党人打响了武昌起义的第一枪。两三天工夫，武昌、汉口和汉阳就全部被革命党人占领，并通电全国，宣布成立湖北省革命政府。全国许多省纷纷响应、效仿。12 月，组成了新政府的各省代表聚集南京，商定成立中华民国并选举孙中山为中华民国临时大总统，决定以 1912 年为中华民国元年。1912 年 1 月 1 日，孙中山宣誓就职。1911 年是旧历辛亥年，因此这次革命叫“辛亥革命”。辛亥革命推翻了清朝200多年的封建统治，结束了中国2000多年的君主专制制度，为以后民主革命的深入发展开辟了道路。

（三）语言文化中的“亥”

1. 词语、成语、惯用语中的“亥”

（1）吉亥

古礼，天子于每年农历正月之亥日亲耕。其日卜须吉，故称“吉亥”。先卜上旬之亥日，如不吉，则再卜中旬、下旬。《旧唐书·礼仪志四》：“孟春吉亥，祭帝社于藉田，天子亲耕……诸祭祀卜日，皆先卜上旬；不吉，次卜中旬、下旬。”《续资治通鉴·宋真宗景德四年》：“《六典》、《礼阁新仪》，并先云上辛祀昊天，次云吉亥享先农。”

（2）亥正

颛顼历正月，即周历十二月或夏历十月。清·俞正燮《癸巳类稿·五行传用亥正论》：“伏生自以其时亥正言之。秦及汉初用颛顼法，以亥为正。”清·俞正燮《癸巳类稿·秦汉亥正记事记言说》：“《陈涉世家》云：‘腊月，陈王至下城父，庄贾杀以降秦。’此记事之词，腊为亥正，记事之十二月为亥正。”

（3）亥既珠

神话传说中的夜明珠。元·伊世珍《琅环记》卷中引《贾子说林》：“河伯宴伯禹于河上，献亥既之珠。亥既珠者，夜中宴乐，悬于殿中，光彻如白日。”

（4）亥合

指集市交易。前蜀·贯休《秋末入匡山船行》诗之五：“估喧如亥合，樯密似林枯。”

（5）亥地

指位于西北偏北方向的地区。古代志怪小说集《海内十洲记》："昆仑号曰昆崚，在西海之戌地，北海之亥地。"《隋书·礼仪志二》："隋制，于国城西北十里亥地，为司中、司命、司禄三坛。"

（6）亥市

隔日交易一次的集市。唐·白居易《江州赴忠州舟中示舍弟五十韵》："亥市鱼盐聚，神林鼓笛鸣。"宋·吴处厚《青箱杂记》卷三："蜀有痎市，而间日一集。"明·方以智《通雅·天文》："亥音皆，言如痎疟，间日一发也。讳痎，故曰亥市。"一说，以寅、申、巳、亥日集市，俗称"亥市"。

（7）鲁鱼亥豕

"鲁"和"鱼"，"亥"和"豕"篆文形似，以致引起误写错读。晋·葛洪《抱朴子·遐览》："谚曰：'书三写，鱼成鲁，虚成虎。'"《吕氏春秋·察传》："有读《史记》者曰：'晋师三豕涉河。'子夏曰：'非也，是己亥也。夫己与三相近，豕与亥相似。'"后以"鲁鱼亥豕"泛指书籍传写刊印中的文字错误。如元·黄溍《日损斋笔记·辩史》："去古既远，经史中鲁鱼亥豕，若此者不一。"《红楼梦》第一二〇回："既是'贾雨村言'，但无鲁鱼亥豕以及悖谬矛盾之处。"

（8）亥豕相望

指文字讹误很多。

"亥豕"有两重含义：其一，指书籍传写或刊印中文字因形近而误。《吕氏春秋·察传》："子夏之晋，过卫，有读《史记》者曰：'晋师三豕涉河。'子夏曰：'非也，是己亥也。夫己与三相近，豕与亥相似。'""亥"和"豕"的篆文字形相似，容易混淆。其二，谓猪。地支与生肖相配，亥配豕。"相望"有三义：其一，互相看见。形容接连不断，极言其多。其二，对峙；相向。其三，相去，相距。出自明·谢肇淛《五杂俎·事部一》：“吴兴凌氏诸刻，急于成书射利，又悭于请人编摩，其间亥豕相望，何怪其然？”

2. 神话、历史人物中的“亥”

（1）竖亥

神话传说中的人物。在中国神话传说中，竖亥是一个步子极大、特别能走的人物。虞舜后期，竖亥奉命丈量国土疆域，竖亥率领专员踏遍了中华大地，进行了较精确的测量。他们在测量时，发明了测量土地的步尺，为华夏民族的计量学创造了测量仪器——步尺和量度的基本单位尺、丈、里（华里）等，当为华夏量度制作鼻祖。

据《山海经·海外东经》载：“帝令竖亥步，自东极至于西极，五亿十万九千八百步。竖亥右手把算，左手指青丘北。一曰禹令竖亥。一曰五亿十万九千八百步。”《淮南子·墬形训》：“使竖亥步自北极，至于南极，二亿三万三千五百里七十五步。”高诱注：“太章、竖亥，善行人，皆禹臣也。”晋·郭璞注曰：“竖亥，健行人也。选，万也。”明·唐寅《金粉福地赋》：“竖亥健步，寻源于三岛。”清·龚自珍《送徐铁孙序》：“大海际南斗，竖亥不可复步。”由史料可知，天帝命令竖亥用脚步丈量大地，从最东端走到最西端，是五亿十万九千八百步。竖亥右手拿着算筹，左手指着青丘国的北面。另一种说法是，大禹命令竖亥测量大地。还有一种说法认为测量出五亿十万九千八百步。[1]

① 袁珂：《山海经校注》，上海古籍出版社 1980 年版，第 293 页。

（2）章亥

指大章和竖亥，为古代传说中善走的人。《文选・张协〈七命〉》："蹑章亥之所未迹。"李善注引《淮南子》："禹乃使大章步自东极，至于西极，二亿三万三千五百里七十步；使竖亥步自北极，至于南极，二亿三万三千五百七十里。"清・黄遵宪《逐客篇》："远步想章亥，近功陋卫霍。"

（3）王亥

王亥（前1854—前1803年），子姓，又名振，商族，夏朝时期商丘人（今河南商丘睢阳区）。

《山海经・大荒东经》中作"王亥"，《竹书纪年》作"王子亥"或"侯子亥"，《楚辞・天问》作"该"或"眩"。王国维在《殷卜辞中所见先公先王考》一文中说："卜辞作王亥，正与《山海经》同，又祭王亥，皆以亥日，则亥乃其正宗，《世本》作核，《古今人表》作垓，皆其通假字。《史记》作振，则因与核或垓二字形近而讹。"[①]在商代王室世系中，王亥是卜辞中所称的三位高祖之一，也是先商时期商强大过程中的关键人物。

王亥是商始祖阏伯（契）的六世孙冥的长子。相传冥是夏王朝管理治水工程的官吏水正，他忠于职守，是一位以身殉职的治水英雄。王亥年少时帮助父亲冥在治水中立了大功，冥死后，王亥即位。王亥曾驯养牛，用于交通和生产，使生产力水平有了较大的发展。王亥越过河、济之间，向黄河以北发展，结果被有易氏酋长绵臣所杀，运载物资的牛群遭抢夺。"传说相土作乘马，王亥作服牛，就是驯养牛马，作为运载的工具。这样就形成了农业生产的

① 王国维：《观堂集林・殷卜辞中所见先公先王考》，中华书局2006年版，第416页。

发展，形成农、牧结合的经济，使这个部落很快兴旺起来。”[①] 农业的发展促进了农业和畜牧业的分工，农业和手工业的分工也相应地扩大了。因此，商人和其他部落之间的交换是比较活跃的。

图 22—2 甲骨卜辞中的“王亥”

王亥在商朝人的心目中具有极大的神威。商朝人有时甚至用祭天的仪式来祭祀王亥。人们在祈祷风调雨顺时，也往往祭祀王亥，希望得到王亥的保佑。在商先公中，只有亥称王，王亥在商人的心目中有着王者风范、王者之尊的地位。

商人“肇牵车牛，远服贾”[②] 的史实，以及王亥从事商业贸易并因此被杀害的记载，是中国古代文献中关于商业和贸易行为的最早记录。王亥之后，商人沿其传统进行商业贸易，并形成了专门从事远方贩运货物进行贸易的商贾，久而久之，人们就把从事贸易活动的商部落的人称为“商人”，把用于交换的物品叫“商品”，把商人从事的职业叫“商业”，而作为最早进行贸易的王亥便是“商业”始祖，被尊称为“华商始祖”“中斌财神”。

（4）朱亥

战国时期魏国人，本是一名屠夫，因勇武过人，被信陵君聘为食客。朱亥曾在退秦、救赵、存魏的战役中立下汗马功劳，魏安厘王十九年（前 258 年），秦兵围赵，信陵君既窃符救赵，帅魏军，又虑魏将晋鄙不肯交兵权，遂使，亥以铁锤击杀晋鄙，夺晋鄙军以救赵。事见《史记·魏公子列传》。[③]

在《东周列国志》中，魏军告捷后，赵国重金谢魏公

① 郭沫若：《中国史稿》，人民出版社 1976 年版，第 156 页。

②（清）孙星衍：《尚书今古文注疏》，中华书局 2004 年版，第 377 页。

③（汉）司马迁：《史记》，中华书局 2002 年版，第 2381 页。

子和朱亥，信陵君回到魏国被魏王拜为上卿，授以相印，封朱亥为偏将军，以河南开封朱仙镇为朱亥汤沐邑。据《祥符县志》记载，朱仙镇原名聚仙镇，后因战国名士朱亥的食邑和封地而得名。唐·高适《古大梁行》："侠客犹传朱亥名，行人尚识夷门道。"明·许自昌《水浒记·遣讯》："勇能挟荆轲之剑，义堪提朱亥之椎。"

秦王见信陵君有合纵败秦之能，乃用蔡泽之策，遣使邀信陵君面会于秦，实则意欲擒杀。信陵君闻讯不肯入秦，故向魏王进谏，让朱亥奉璧使秦。结果朱亥到秦国后，秦王看朱亥是个人才，不让朱亥返回，想让他为秦国效力，并赐他高官厚禄，但朱亥不愿意，秦王就把朱亥囚禁起来，威胁朱亥。朱亥见回国无望，就用头撞柱子，柱断而不死，于是用手扼喉，最后喉断而死。

（5）胡亥

胡亥（前230—前207年），即秦二世，亦称二世皇帝，嬴姓，赵氏，秦始皇第十八子，公子扶苏之弟，秦朝第二位皇帝。秦始皇出游南方，病死沙丘宫平台，胡亥秘不发丧，在赵高与李斯的帮助下，杀死兄弟姐妹二十余人，并逼死扶苏而当上秦朝的二世皇帝。即位以后，赵高掌实权，实行残暴的统治，激起了陈胜、吴广起义，六国旧贵族复国运动。公元前207年，胡亥被赵高的心腹阎乐逼迫自杀于望夷宫，时年24岁。

（6）二亥

宋太祖赵匡胤生于丁亥年（927年），太宗赵炅生于己亥年（939年），因称"二亥"或"两亥"。宋·袁褧《枫窗小牍》卷上："虚皇曰：'嗟尔诸大，听予涣号……下方大乱，予闵是痌，爰召宓羲，遣兹讼灵。'下抚方州，二亥后先，命处天门，八方归王，天下太平。"

参考文献

一、著作

1. 李孝定：《甲骨文集释》，台湾“中央研究院”历史语言研究所，1970 年版。

2. 古风主编：《掌故大辞典》，团结出版社 1990 年版。

3. 王者悦主编：《中国古代军事大辞典》，国防大学出版社 1991 年版。

4. 吕绍纲主编：《周易辞典》，吉林大学出版社 1992 年版。

5. 俞鹿年编著：《中国官制大辞典 · 上卷》，黑龙江人民出版社 1992 年版。

6. 卢德平主编：《中华文明大辞典》，海洋出版社 1992 年版。

7. 陈高春主编：《中国古代军事文化大辞典》，长征出版社 1992 年版。

8. 李万鹏、山曼主编：《中国民俗起源传说辞典》，明天出版社 1992 年版。

9. 仲富兰：《十二生肖趣谈》，百家出版社 1992 年版。

10. 李修生、朱安群主编：《四书五经辞典》，中国文联出版社 1998 年版。

11. 韩式朋、吴国忠主编：《中国古代文人掌故辞典》，黑龙江人民出版社 1999 年版。

12. 孙书安编著：《中国博物别名大辞典》，北京出版社 2000 年版。

13. 郑天挺、吴泽、杨志玖主编：《中国历史大辞典 · 上卷》，上海辞书出版社 2000 年版。

14. 柴玉文：《中华姓名词典》，中国言实出版社 2002 年版。

15. 刘干先、董莲池、张玉春等主编：《中华文明实录》，黑龙江人民出版社 2002 年版。

16. 蔡希勤编著：《四书解读词典》，中华书局 2005 年版。

17. 龚延明：《中国历代职官别名大辞典》，上海辞书出版社 2006 年版。

18. 林玉山主编：《中华多用成语大辞典》，湖南人民出版社 2007 年版。

19. 中国民间故事集成全国编辑委员会：《中国民间故事集成 · 山东卷》，中国 ISBN 中心 2007 年版。

20. 全弘茗：《汉字趣谈》，金盾出版社 2009 年版。

21. 姚政、林力主编：《千万个语文故事》，时代文艺出版社 2009 年版。

22. 吕金华：《剪刀 · 石头 · 布：青少年必读现代寓言精品》，知识出版社 2012 年版。

23. 丁忱：《常语典》，武汉大学出版社 2012 年版。

24. 何洪江编著：《对偶成语词典》，上海辞书出版社 2012 年版。

25. 王本兴：《甲骨文字辨异》，辽宁美术出版社 2012 年版。

26. 苏渊雷主编:《名联鉴赏辞典》，上海辞书出版社 2012 年版。

27. 韩步璋:《甲骨文常用字解释》，青岛出版社 2012 年版。

28. 国光红:《古文字形意研究》，文物出版社 2013 年版。

29. 左民安:《细说汉字: 1000 个汉字的起源与演变》，中信出版社 2014 年版。

二、期刊论文

1. 李裕:《干支字义考原》,《武汉大学学报(哲学社会科学版)》1997 年第 5 期。

2. 陈剑:《说花园庄东地甲骨卜辞的“丁”，附：释“速”》,《故宫博物院院刊》2004 年第 4 期。

3. 王颖:《天干用字本义试探》,《廊坊师范学院学报》2005 年第 2 期。

4. 祝家君:《甲乙丙丁是谁，说个子丑寅卯——解读天干地支》,《阴山学刊》2006 年第 3 期。

5. 曹定云:《殷墟花东 H3 卜辞中的“王”是小乙：从卜辞中的人名“丁”谈起》,《人大复印报刊资料(先秦、秦汉史)》2007 年第 5 期。

6. 冯玉涛:《〈说文解字〉小篆之记号研究》,《华侨大学学报(哲学社会科学版)》2011 年第 4 期。

7. 丁一欢:《“丁”字考释》,《连云港职业技术学院学报》2014 年第 1 期。

后 记

本书由汉语海外传播河南省协同创新中心、教育部甲骨文信息处理重点实验室、河南省甲骨文信息处理重点实验室提供出版资助。

本书是汉语海外传播河南省协同创新中心汉字文化研究基地、河南省高校人文社科重点研究基地甲骨学与殷商文化研究中心、“甲骨文信息处理”教育部创新团队（2017PT35）、河南省高校哲学社会科学创新团队“甲骨文与传统文化研究”（2017-CXTD-10）、国家社科基金重大委托项目“大数据、云平台支持下的甲骨文字考释研究”子课题“甲骨文大数据云平台技术（16@ZH017A3）”“殷商社会文化形态与甲骨文研究（16@ZH017A6）”“甲骨文已释字与未释字整理、分析与研究（16@ZH017A9）”、2013年度河南省高校科技创新人才（人文社科类）支持计划项目“中国饮食文化史”（2013-06）的研究成果。

写后记总是让人感到欣慰，这代表书稿的写作进入了尾声，就像坐在高考的考场里，考试结束，考生可以交卷了。我们也一样，经历近四年的写作，《汉字中的干支》终于可以画上句号了。

干支是中国古代计时的方法，曾在生活中广泛使用，由于十天干、十二地支，其数目、范围比较明确，内容相对比较好划分，故写作起来框架是相当清楚的。丛书的写作任务从 2015 年底就确定了，但是由于当时我正在外访学，没有精力立刻投入写作，便委托我指导的学生郝聪聪（现为河南省开封市立洋外国语学校教师）、和苗苗（现为河南省南阳市内乡实验初中教师）先期收集资料。2016 年初，在做了必要的准备工作后，本书的写作正式提上日程。

写作的过程总是充满艰辛。全书内容在写作过程中经过多次调整，故而工作量大增。先期负责收集资料的学生面临考研、就业、实习、毕业论文等一系列事务，我自己也因为手头事务繁杂而无法全心写作。接受写作任务时正值另一本参编的丛书出版校对中，消耗了大量的精力；同时，作为军人家属，我面临着工作、生活和照顾孩子的多重压力，几方面牵扯精力不能全心进行写作；特别是 2016 年 9 月和 2019 年 11 月，我爱人两次外出执行为期一年的维和任务，第一次维和任务结束回国后，部队又经历了改革、换防，部队换防至千里之外的塞外，生活的重担一下子全部压到我一个人身上，再加上繁重的科研任务和教学工作，曾一度压得我喘不过气来，导致写作过程几度停滞。在这种情况下，我便邀请我曾经的学生、现在已经在安阳市光华中学任教的娄娟娟，承担尚未完成部分资料的搜集工作，最终统稿由我个人完成。这样，经过将近四年的写作，《汉字中的干支》最终得以现在这样的面貌呈现给读者。

当然，写作过程中也不时充满收获的喜悦。每当完成一部分或突破一两个难题之后，都有如释重负之感，从而欣慰异常。

在本书的写作中，资料搜集工作的具体分工如下：

郝聪聪：甲、乙、丙、子、丑、寅；

和苗苗：丁、戊、庚、辛；

娄娟娟：己、壬、癸、卯、辰、巳、午、未、申、酉、戌、亥。

本书在写作过程中得到了丛书主编、原历史与文博学院副院长刘朴兵教授的悉心指导，大家在遇到困难止步不前甚至打退堂鼓的时候，总会得到他的热情帮助和鼓励，正是在他的带动下，《汉字中的干支》才能够顺利完成。首都师范大学老师张志强、李慧琳在我写作过程中提供了宝贵的建议及数据支持，郑州大学历史文博学院老师苗利娟、安阳师范学院历史与文博学院古代史教研室主任李银良、《殷都学刊》编辑部仇丽萍等，对我的写作给予了充分理解、肯定和支持并提供数据，在此谨表衷心感谢！此外，还要感谢安阳师范学院汉语海外传播河南省协同创新中心、教育部甲骨文信息处理重点实验室、河南省甲骨文信息处理重点实验室的资助！同时感谢人民出版社岳改苓老师！

本书在编写过程中选用了部分网络图片，由于种种原因未能一一标明图片来源，在此深表歉意并致谢。请相关图片作者及时与编者或出版单位联系，以便按有关规定付酬。

限于编者的学识和水平，书中难免有纰漏、错误之处，敬请各位读者批评指正。

李慧芬

2021 年 8 月 31 日